교회는 무릎으로 세워진다

교회는 무릎으로 세워진다

지은이ㅣ 정필도
초판발행ㅣ 2005. 8. 5.
45쇄 발행ㅣ 2024. 10. 22.
등록번호ㅣ 제 3-203호
등록된 곳ㅣ 서울시 용산구 서빙고동 95번지
발행처ㅣ 사단법인 두란노서원
영업부ㅣ 749-1059 FAX 080-749-3705
출판부ㅣ 794-5100(#344)
인쇄처ㅣ 재형인쇄

▌책값은 뒤표지에 있습니다.
ISBN 89-531-0567-6 03230

▌독자의 의견을 기다립니다.
tpress@tyrannus.co.kr http://www.Durano.com

교회는 무릎으로 세워진다

| 정필도 지음 |

두란노

Contents

1장 》 부름받은 자는 묶어 두신다...소명 17

찢어지게 가난한 가정, 우상을 숭배하는 영적 무지함, 그 속에서도 부르심의 은혜는 찬란하게 임했다. 구름기둥과 불기둥, 만나와 메추라기, 주님의 인도하심은 그렇게 가장 세밀하고 가장 광대하셨다.

"껍데기 영성을 경건한 영성으로…"

옥한흠(사랑의교회 원로 목사)

정필도 목사님은 한국 교회가 주목하고 배워야 할 탁월한 목회자입니다. 나는 30년이 넘도록 그를 가까이서 지켜봐 왔습니다. 그리고 그의 목회를 통해서 그가 지닌 영적 탁월성과 순수함에 많은 감동과 도전을 받았습니다. 그는 한마디로 기도하는 목회자요, 영혼 구원에 남다른 열정을 가진 전도자입니다.

그는 서울 목회를 일부러 회피하고 한국 대도시 가운데 가장 복음화율이 떨어지는 것으로 소문난 부산을 자기 평생의 사역지로 선택하였습니다. "하나님이 가라고 하셨다"는 것이 그의 대답이었습니다. 따라서 그가 오늘날 만인의 주목을 받는 목회자로 우뚝 선 것은 조금도 이상한 일이 아닙니다. 그토록 신실하게 주님을 사랑하는데 주님이 그를 가만히 두실 리 없기 때문입니다.

수영로교회는 부산에서 복음의 능력, 교회의 영광을 다시 회복시켰을 뿐 아니라 부산에는 대형 교회가 생길 수 없다는 일종의 패배주의적 터부를 타파했습니다. 그리고 한국 교회에 새로운 꿈과 소망을 활짝 열어 보여 주었습니다.

나는 정 목사님이 앞으로 한국 교회를 위해 해야 할 일이 하나 더 남아 있다고 생각합니다. 그것은 교역자들의 건강한 영성을 회복시켜 주는 일입니다. 경건의 이름은 있으나 그 능력을 상실하고 있는 한국 교회 지도자들의 껍데기 영성을 하나님의 은혜로 거듭나게 하는 것, 이것을 위해 주님이 정 목사님을 높이 들어 사용해 주셨으면 하는 마음이 간절합니다.

좀 늦은 감이 있지만 그의 자전적 고백인 「교회는 무릎으로 세워진다」가 출간됨을 진심으로 축하드립니다. 이 책을 통해 우리 모두가 내일을 위해 성령이 열어 보이시는 새로운 비전을 볼 수 있기를 빕니다.

"기도의 메아리로 사막에 샘을 터트린 개척자의 삶"

김삼환(명성교회 담임목사)

정필도 목사님의 모습을 볼 때면 청년 바울이 떠오릅니다. 세상의 모든 지식을 배설물로 여기며 예수님을 아는 지식으로 최고의 전문가가 되었습니다. 척박한 땅을 개척하기 위해 뜨거운 땀과 눈물로, 끊임없는 도전으로, 풀 한포기도 포기하지 않는 끈질긴 사랑과 헌신으로 사막에 샘을 터뜨리는 개척자가 되었습니다.

정 목사님의 길을 따라 걸으면, 골목마다 외치는 성도들의 소리와 기도의 메아리로 죽음의 바다를 향해 우뚝 선 생명의 등대, 구원의 방주로 이제 세계 앞에 선

수영로교회를 만납니다. 주님의 말씀대로 깊은 곳에 그물을 던지는 어부의 모습으로 하나님이 주신 목회의 생생한 현장에서 직접 끌어올린 시원한 샘물을 이 책을 통해 마시기를 기대합니다.

"성령과 기도의 사람에게 배우는 행복한 삶의 원리"

하용조(온누리교회 담임목사)

정필도 목사님은 기도의 사람입니다. 목사님이 살아오신 삶과 사역을 돌아보면 끈질긴 기도와 놀라운 기도 응답의 연속입니다. 목숨 건 기도를 통해 온갖 어려움을 헤쳐 온 그분의 기도를 배우십시오.

정 목사님은 성령의 사람입니다. 성령의 음성에 민감하고 그분의 말씀을 따라 그분이 주신 지혜와 담대함으로 한 걸음 한 걸음 하나님의 사역을 이루어 가고 있습니다.

목사님은 사랑의 사람입니다. 성도들이 교회에서 천국의 삶을 누림으로써 행복을 느낄 수 있도록 애쓰고 직접 본이 되었습니다. 함께 일하는 사역자들이 맘껏 일할 수 있도록 맏형 같은 포근한 사랑을 베풉니다.

목사님은 또한 꿈의 사람입니다. 하나님이 주신 꿈, 부산 복음화, 민족 복음화, 더 나아가 세계 복음화를 위해 오늘도 전심전력을 기울입니다. 목사님의 가슴은 하나님을 위한 더 좋은 것을 이루기 위해 아직도 청년의 열정으로 뛰고 있습니다.

이 책을 통해 정 목사님의 신앙과 사역의 원리를 배우십시오. 여러분도 기도와 성령의 사람, 사랑의 사람, 꿈의 사람으로 세워지며, 견고한 믿음의 삶에 더 가까이 다가서게 될 것입니다.

"믿는 자의 특권을 누리십시오"

정근모(명지대학교 총장)

기도 속에서 하나님의 계획에 따라 수영로교회를 이끌어 오신 정필도 목사님의 말씀과 간증을 담은 이 은혜의 저서는 예수 그리스도의 제자로서 살겠다는 믿는 자들의 필독서입니다. 믿는 자들의 특권은 예수님의 이름으로 기도 드리는 것입니다. 기도 속에서 삶의 지침을 받고 하나님께 영광을 드릴 수 있는 기쁨을 배우기 바랍니다.

목회는 하나님이 하신다

30년 전, 하나님께서는 부산에 있는 수영 로터리에 교회를 하나 세우셨다. 초등학교 6학년 때 나를 만나 주신 주님은 '민족 복음화'의 소망을 어린 가슴에 불타오르게 하셨다가 마침내 개척 교회를 세우게 하시고 '민족 복음화를 위한 부산 복음화'의 사명을 맡겨 주신 것이다.

그날 이후 수영로교회의 목회 핸들은 온전히 주님께 있다. 주님이 사람을 보내 주셨고 훈련시켜 주셨으며 사명으로 이끄시어 복을 주셨다. 모든 것이 주님의 은혜 속에 이루어졌다. 목회는 주님이 하시는 일이지, 사람이 하는 게 아니다. 교회를 자라게 하시는 분은 오직 하나님이시기 때문이다. 사도 바울도 이 사실을 성경 곳곳에 기록하고 있다.

"나는 심었고 아볼로는 물을 주었으되 오직 하나님은 자라나게 하셨나니"(고전 3:6).

사도 바울이 복음을 전함으로 교회가 세워졌고, 아볼로가 목회를 했지만, 결국 자라게 하시는 분은 하나님이셨다. 바울이 한 일도 아니고, 아볼로가 한 일도 아닌, 오직 하나님께서 하신 일이었다.

"그런즉 심는 이나 물 주는 이는 아무것도 아니로되 오직 자라나게 하시는 하나님뿐이니라 심는 이와 물 주는 이가 일반이나 각각 자기의 일하는 대로 자기의 상을 받으리라 우리는 하나님의 동역자들이요 너희는 하나님의 밭이요 하나님의 집이니라"(고전 3:7-9).

성장케 하시는 이는 하나님이며 인간은 단지 그 일에 쓰임받는 종일 뿐이라는 것이다. 그럼에도 불구하고 하나님께 쓰임받는 것은 얼마나 영광스러운 일인가! 감히 우리에게 '하나님의 동역자'란 호칭이 붙여지다니 말이다.

우리는 이 사실을 중국 교회에서 본다. 과거 중공 시절, 중국의 모든 교회는 핍박과 환란으로 문을 닫아야 했다. 그러나 문호가 개방된 지금, 얼마나 많은 사람들이 중국 교회 안에 이미 이루어진 성장을 보고 놀라움을 금치 못하는가! 누가 나서서 목회하는 이도 없었고, 드러내 놓고 전도하는 이도 없었다. 그러나, 목숨을 걸지 않으면 그리스도인이 될 수 없었던 형편 속에서도 중국 교회는 폭발적인 성장을 이루고 있었던 것이다. 성령님이 하신 일이었다. 중국을 향한 하나님의 주권적인 계획과 섭리 속에 이루어진 성장이었다. 자라게 하는 권세가 오직 하나님께 있음을 알게 하는 대목이다.

출애굽 한 이스라엘 백성들이 젖과 꿀이 흐르는 가나안 땅에 도착하기까지의 기록도 결국은 역사의 주권이 하나님께 있음을 보여 준다. 모세 한 사람의 영웅담이 아닌, 하나님께서 그 백성을 어떻게 이끄시고 훈련하시고 약속의 땅에 도착하게 하셨는지, 그리고 그 과정에 모세가 종으로서 어떻게 순종했는지를 보여 주는 기록인 것이다. 이스라엘 백성들의 지도자는 모세였지만 이스라엘을 애굽 땅에서 탈출시킨 분은 하나님이셨고, 백성들이 광야에서 굶주릴 때 백성들을 먹인 분도 하나님이셨으며, 가나안에 도착하기까지 수많은 적들과 싸워 이기도록 하신 분도 하나님이셨음을 성경은 철저하게 보여 준다.

다만 모세는 하나님의 명령을 전달하는 자로, 하나님의 뜻에 철저하게 순종하는 종이었으며, 하나님의 영광을 드러내는 도구였다. 하나님께서 구름기둥과 불기둥으로 이스라엘 백성들을 이끄실 때 모세와 백성들은 그것을 따라가기만 하면 되었다. 그들에게 특별한 지혜와 능력이 필요했던 것이 아니었다. 하나님의 지시를 따르는 순종 하나면 되었다. 백성들의 잘잘못을 가리며 치리하신 분도 하나님이셨고, 목마른 백성들에게 목을 축이도록 허락하신 분도 하나님이셨다. 모세는 다만 하나님께 여쭙고 기도하고 구하는 가운데 하나님의 뜻을 백성들에게 전달하는 역할을 했을 뿐이다.

오늘날의 목회 현장도 이와 다를 바가 없다. 모든 것은 하나님이 하신다. 사람은 그저 하나님께 쓰임받는 그릇일 뿐이다. 하나님을 주목하고 하나님의 인도하심을 무조건 따라가면 된다. 그렇게 하면 목회 가운데 하나님의 값진 열매가 반드시 나오리라 나는 믿는다.

나는 그 믿음으로 이 책을 써 내려갔다. '수영로교회 30년사'의 일관된 주제가 바로 그것이기 때문이다. 수영로교회 30년사의 역정 속에는 하나님의 절대주권이 유유히 흐른다. 하나님께서 수영로교회를 사용하시기 위해 나 같이 부족한 사람을 어떻게 인도하셨는지를 나누며 하나님의 영광을 노래하고 싶어 펜을 들었다.

수영로교회의 역사는 성령의 역사다. 그 역사 속에는 눈물로 예배당을 채우며 헌신한 성령의 사람들이 많이 있다. 그분들과 함께 수영로교회 창립 30주년의 기쁨을 나누고, 또 고맙다는 말씀을 전하고 싶다. 책의 출간을 위해 기도해 준 두란노서원 출판부의 유종성 본부장님과 출판부 식구들, 또 늘 언제나 나를 섬겨 주며 기도 동역자로 헌신해 준 아내 박신실 사모에게 감사와 사랑의 마음을 전한다.

무엇보다 이 땅의 복음화를 위해 수고를 아끼지 않는 많은 주의 동역자들과 함께 성령께서 이끄시는 교회의 은혜를 나누고 싶다.

1

부름받은 자는 묶어 두신다

...소명

"단지 결과물을 통해 주님께 영광 돌리려 하지 말고 주님 위해서라면 모든 것을
바치려는 마음 중심을 통해 주님께 영광 돌리는 게 옳다."

변화된 사람이 세상을 변화시킨다

수영 로터리에 교회를 개척한 지 26년이 지나, 우리는 지금의 부지에 새
성전을 지어 입당하는 기쁨을 누리게 되었다. 50만 부산 영혼을 구원하려는
주의 소망을 품고 새 성전을 지으려고 했을 때 많은 이들이 고개를 저으며 불
가능하다고 말했다. 무엇보다 새 성전 부지는 80여 명의 공동 지주로 이루어
진 매립지였고, 갑자기 불어 닥친 IMF 한파로 인해 성전 건립이 결코 순탄치
않을 거라는 예상이었다.

그러나 그 예상은 사람의 생각이었을 뿐, 하나님은 오히려 이사야 45장
2-3절의 말씀으로 내게 확신을 주셨다.

"내가 네 앞서가서 험한 곳을 평탄케 하며 놋문을 쳐서 부수며 쇠빗장을
꺾고 네게 흑암 중의 보화와 은밀한 곳에 숨은 재물을 주어서 너로 너를 지명
하여 부른 자가 나 여호와 이스라엘의 하나님인 줄 알게 하리라."

과연 이 말씀대로 하나님은 주의 전을 건축하기 전에 성도들의 믿음을 먼
저 건축하셨고, 자원하며 헌신하는 마음을 갖게 하셨다. 그래서 건축 기간

동안 모두가 주의 세밀한 손길을 체험하며 한 치의 사고나 오차나 어려움 없이 감격스럽게 성전 건축을 마무리 짓게 하셨다. 건축 후에는 수영로교회 성도들은 물론 교회를 방문하는 모든 이들이 성전 부지에 대해 감탄을 연발했다. 그도 그럴 것이 지금의 수영로교회는 교회 위치로서는 최적의 위치가 아닐 수 없기 때문이다. 해운대와 광안리를 잇는 길목일 뿐더러 반짝이는 부산 앞바다가 정면에 위치해 있고 옆으로는 장산이 있어 신선한 공기가 감싸고 있다. 게다가 교회 주변엔 아파트촌이 형성되어 있어서 매우 좋은 여건이다.

그런 좋은 위치에 수영로교회는 하늘 높이 비상하는 새처럼 날렵하고 웅장한 모습으로 세워졌다. 모두가 하나님이 하신 일이다. 이 새 성전을 통해 부디 부산 복음화의 소망이 하루 속히 앞당겨지기를 바라고 또 바란다.

그러나 수영로교회가 그렇게 좋은 위치에 그렇게 좋은 외형을 가지고 있다는 것이 하나님께서 수영로교회를 주목해서 보시는 요인이 되지는 않을 것이다. 그것은 마치 큰 교회 목사라는 타이틀이나 큰 사업을 하는 사업가라는 타이틀 자체가 하나님을 기쁘시게 할 수 없는 것과 마찬가지다. 외형이 커질수록 오히려 교만도 커질 수 있기에 더욱 핵심을 놓치지 않는 믿음이 필요하다. 그래서 나는 입당을 즈음해서 아래와 같은 설교를 한 적이 있다.

"어떤 사람이 새 집을 얻어 이사를 했습니다. 그 동안 여러 가지 문제로 부부싸움도 잦았던 그 가정은 가정 불화가 심했던 만큼, 이제 새 집으로 이사했으니 마음을 새롭게 하고 행복하게 잘 살아야겠다는 다짐을 했습니다. 그러나 그 마음은 오래 가지 못했습니다. 예전과 다름없이 밤낮 다투기 시작하면서 행복하게 살자고 다짐했던 마음도 사라지고 말았습니다. 왜 그렇습니까? 집도 가구도 커튼도 모두 새것으로 바꾸었지만, 이 집에 살고 있는 사람들은 아무것도 달라진 것이 없었기 때문입니다. 이처럼 사람이 달라지지 않으면 세상은 달라지지 않습니다.

성도 여러분! 우리 교회가 새로 성전을 지어 이사하고, 여기서 예배를 드리게 되었으니 얼마나 좋습니까? 한편으로는 교회 건물이 커지고 좋아졌으니 수영로교회도 덩달아 더 커질 것으로 생각할 수 있지만, 분명한 것은 성전이 달라졌다고 해서 교회가 달라지는 것이 아니라는 사실입니다. 우리 교회가 예전보다 더 좋은 교회, 하나님이 더 기뻐하시는 교회, 그리고 이 세상 사람들로부터 칭송을 듣는 아름다운 교회가 되려면 저와 여러분이 달라져야 합니다.

'너희는 유혹의 욕심을 따라 썩어져 가는 구습을 좇는 옛사람을 벗어 버리고 오직 심령으로 새롭게 되어 하나님을 따라 의와 진리의 거룩함으로 지으심을 받은 새사람을 입으라' (엡 4:22-24).

여러분은 누가 이 세상을 변화시킬 수 있다고 생각합니까? 한마디로 변화된 사람만이 이 세상을 변화시킬 수 있습니다."

주를 위해 살되 끝까지 주를 위해

수영로교회가 성장한 배경에는 하나님의 손에 들린 수많은 평신도들이 있었다. 그 사람들이 누구인가. 바로 복음으로 변화된 사람들이다. 변하되 확실하게 변한 사람들이다. 하나님은 그런 사람들을 찾으시고, 붙잡고 일하신다. 그리고 교회를 자라게 하신다.

목회가 그런 것이다. 목회자는 언제나 주님 앞에 변화된 새사람으로 서

있으면 된다. 그러면 성령께서 모든 목회를 이끌어 가신다. 그게 핵심이다. 목회자가 나머지 외형적인 것들을 붙잡으려고 하면 그 순간에 모든 것은 무너져 내린다. 한 영혼을 천하보다 귀하게 여기는 '영혼 사랑의 열정'에 언제나 마음이 뜨거운, 그런 목회자를 주님께서 찾으신다. 마음이 변화된 목회자는 바로 그런 목회자가 아니겠는가!

중학교 어느 때쯤이었던 것 같다. 밥 피얼스 목사님이 한국에 와서 부흥회를 인도했을 때 나는 평생 잊지 못할 말씀을 듣게 되었다.

밥 피얼스 목사님이 홍콩에 갔을 때의 일이다. 숙박을 위해 호텔에 들어갔는데 비어 있는 방이 하나도 없었다고 한다. 다른 호텔을 찾을 수 있는 상황도 아니어서 카운터에 부탁하기를 "미국 사람 혼자 쓰는 방이 있으면 그분께 양해를 구해서 침대 하나를 더 갖다 놓고 다른 한쪽에서 잠을 잘 수 없을까요?"라고 했다고 한다. 그런데 마침 어떤 분이 승낙을 해줘서 밥 피얼스 목사님은 함께 방을 쓸 수 있게 되었다.

너무도 고단했던 피얼스 목사님은 곧 잠에 골아 떨어졌는데, 얼마나 지났을까, 옆 침대에서 자고 있던 젊은 사람의 울음소리에 잠이 깨었다고 한다. 얼마나 흐느껴 우는지 단잠을 깨울 만큼 우는 그 사람을 보자 목사님은 연민이 들었다. 불을 켜고 그 사람을 흔들었다. 흔들다 보니 그 젊은 사람은 깬 채로 우는 게 아니라 잠을 자면서 울고 있었다고 한다. 꿈을 꾼 것이다. 피얼스 목사님은 곧 '아, 이분이 큰 슬픔을 당했나 보다'라고 생각하고는 그 사람을 흔들어 깨워 자신을 소개한 후 말했다. "무슨 일인지 몰라도 도울 수 있는 일이 있다면 돕겠습니다."

울다가 깨어난 젊은 사람은 알고 보니 네팔 선교사였다고 한다. 그는 그곳에서 통역을 쓰며 몇 년 동안 선교 사역을 했지만 열매가 전혀 없었다. 그러다가 미국에서 백인 여자를 데려와 결혼하고 딸아이까지 낳았는데, 그 딸아이가 동네에 나가 흙을 만지며 놀다가 그만 나병에 걸리고 말았다. 그래서 그는 사랑하는 딸아이를 하와이에 있는 나병 치료 시설에 보내고 다시 집으로 돌아가고 있었던 것이다.

그때 아버지로서의 그 심정이 어떠했을까? 몇 년 동안 통역까지 쓰며 선교를 해도 열매 하나 없고, 자식은 자식대로 몹쓸 병에 걸려 부모와 생이별을 해야 했으니 그 좌절과 슬픔이 얼마나 컸겠는가!

그는 그 밤에 결심을 하고 잠을 잤다고 한다. '이제 내가 무슨 자격으로 선교를 하겠는가. 열매도 없고 아이는 병들고…. 이제 집으로 돌아가면 짐을 싸서 아내와 함께 미국으로 돌아가리라.'

그런데 그 밤에 주님께서 그의 꿈속에 나타나셔서 애원하시더라는 것이다.

"너까지, 너까지 선교를 그만두면 그 영혼을 위해서 누가 복음을 전하겠느냐? 너까지 그만두면….'

주님의 애원은 그를 감격하게 했다. 자신은 그 세월 동안 한 명도 전도하지 못한 채, 선교비만 축내며 세월을 보냈다고 생각했는데 주님께서는 자신을 그렇게 평가하고 있지 않음을 알았기 때문이다. 네팔의 영혼을 향한 주님의 계획이 있으셨기에 그를 붙잡고 계셨던 것이다. 주님의 생각은 우리의 생각과 다르며, 복음 사역의 차원은 인간적인 차원을 뛰어넘는다는 사실을 깨달은 그는 너무나 감격하여 그렇게 울었던 것이다. 영혼 구원을 향한 주님의 그 절절한 사랑과 집념 앞에 울 수밖에 없었던 것이다. 꿈이었지만 영혼을 향한 주님의 마음을 생생하게 발견했으니 또한 너무나 기뻤을 것이다.

나는 밥 피얼스 목사님의 그 얘기를 들으면서 어린 나이였지만 평생의 목회 철학이 세워지는 듯한 느낌을 받았다.

'그렇구나. 예수 믿는 사람이 생기느냐 안 생기느냐, 부흥하느냐 그렇지 않느냐는 성령께서 전적으로 하실 일이다. 창세 전에 택함받은 백성이 주변에 많으면 많이 믿을 거고, 적으면 적게 믿을 거다. 그건 하나님만이 아시는 일이다. 우리에게 중요한 것은 그들 영혼을 위해 복음을 전하는 것이다. 그 자체가 하나님께 상 받을 일이고, 그 자체를 하나님은 제일 귀히 보신다. 구원에 이르도록 하시는 분은 성령이시니까.'

그렇다. 우리의 할 일은 그저 "얼마나 순종하고 어떻게 순종하느냐?"이다. 주님이 귀히 보시는 것은 부르심의 사명을 따라 주님께서 하시는 일에 적극 동참하는 것이다. 그 과정에서 우리의 재능이나 능력이나 힘이나 시간을 땅에 묻어 두지 않고 가진 바 달란트대로 힘껏 주님을 위해 사는 그것 자체를 가장 귀히 보시는 분이 주님이시다. 땅에 묻는다는 것은 무엇인가? 소명을 받고도 부족하다는 핑계로 주님의 일을 안 하는 것이다. 두 달란트 받으면 두 달란트 남기면 된다. 어떤 사람은 다섯 달란트 받아서 다섯 달란트를 남기지만 나는 부족해서 두 달란트 남기면 되는 것이다. 주님은 그것을 보신다.

그러므로 목회의 결과물을 통해 주님께 영광 돌리려 하지 말고 주님 위해서라면 모든 것을 바치려는 마음 중심을 통해 주님께 영광 돌리는 게 옳다. 그것이 변화된 새사람의 마음이다. 그런 사람들에게 하나님은 가장 좋은 것들을 주신다고 약속하셨다.

"예수께서 가라사대 내가 진실로 너희에게 이르노니 나와 및 복음을 위하여 집이나 형제나 자매나 어미나 아비나 자식이나 전토를 버린 자는 금세에 있어 집과 형제와 자매와 모친과 자식과 전토를 백 배나 받되 핍박을 겸하여 받고 내세에 영생을 받지 못할 자가 없느니라"(막 10:29-30).

주님으로부터 가장 큰 상을 받으리라고 약속 받은 자들은 누구인가? 주님과 복음을 위해 산 사람들이다. 복음을 위해서 살되 헌신하며 살아간 사람들에게 주님은 큰 축복을 약속하셨다. 복음 전파 사역 때문에 내 부모와 자녀가 고생했든지, 아내가 힘들었든지, 그 무엇이든지 간에 복음을 위해 살면서 고난을 받은 자들에게 백 배의 복을 주겠다고 하신 것이다.

나는 목회 동역자들에게 이 말씀에 대한 확신을 붙들고 살라고 부탁하곤 한다. 목회에서 이런 확신을 갖는 것은 매우 중요하기 때문이다. 결국, "무엇을 위해 목회를 하느냐?" 이 문제만 확실하게 해결된다면, 우리의 목회는 흔들릴 이유가 없다. '나를 위해서'가 아닌, '주님을 위해서 목회를 하면, 핍박 받아도 괜찮고 초막에 살아도 괜찮고 병들어도 괜찮다. 결국은 주님께서 목회의 핸들을 잡고 계시기에 이기게 하실 것이기 때문이다.

"이기는 자와 끝까지 내 일을 지키는 그에게 만국을 다스리는 권세를 주리니 그가 철장을 가지고 저희를 다스려 질그릇 깨뜨리는 것과 같이 하리라 나도 내 아버지께 받은 것이 그러하니라"(계 2:26-27).

아무리 핍박이 있어도, 아무리 어려워도, 아무리 고통이 따라도 끝까지 주의 일을 지키는 그에게는 만국을 다스리는 권세를 주되, 마치 철장을 가지고 질그릇을 깨뜨리는 것과 같은 권세를 주신다는 말씀이다. 이 얼마나 놀라운 약속의 말씀인가!

주의 일을 한다는 것은 이처럼 놀라운 일이요, 감격적인 일이다. 기쁨으로 충성하지 않을 수 없는 일이다. 성경 곳곳에는 주의 일을 하는 자들에 대한 표현들이 구체적으로 언급된다. 그만큼 주의 일을 하는 사람들은 복된 사람들이다. 빌립보서 4장 1절 말씀을 보라.

"그러므로 나의 사랑하고 사모하는 형제들, 나의 기쁨이요 면류관인 사랑하는 자들아 이와 같이 주 안에 서라."

사도 바울은 빌립보 교인 한 사람 한 사람을 향해 "나의 기쁨, 나의 면류관"이라고 말하고 있다. 참으로 행복한 표현이다. 우리가 목회를 하고 있다면 적어도 양 떼 하나하나를 향해 이렇게 부를 수 있는 마음이 되어야 하리라. "나의 기쁨, 나의 면류관."

목자라면, 진짜 목자라면 양 떼를 향해 이런 마음이 자연스럽게 들게 될 것이다. 그것이 변화된 새사람의 마음이다. 그는 양을 돌보고 위해서 희생할 마음의 준비가 언제든 되어 있다. 왜 그런가? 목자에게는 바로 부르심의 소명(Calling)이 있기 때문이다.

하나님은 누구에게나 소명을 주신다

일찍이 아버지를 잃은 나는 곱고 선한 어머니 밑에서 비교적 착실한 아들로 자라나고 있었다. 그러나 우리 집은 계속해서 경제적으로 몰락해 가고 있었고, 그야말로 판잣집 중에서도 가장 허름한 판삿집에 살면서 매우 극심한 경제적 압박을 받아야 했다. 아버지도 없는 우리 집에 찾아와 기거하는 친척들은 왜 그렇게 많았는지, 먹을 게 부족했던 것은 물론이고 날이 갈수록 늘어가는 빚은 감당할 길이 없을 정도였다. 하도 답답한 일이 많으니까 가끔씩 어머니는 무당을 데려다가 굿을 하기도 하셨다. 이렇게 영적으로도 매우 빈곤한 가정이었다. 세상적으로나 영적으로 내세울 것 하나 없는 정말 초라하기 짝이 없는 집안이었다고 할 수 있겠다.

그런 환경 속에서 어린 나는 신문을 돌리거나 아이스크림을 팔며 조금이나마 가계에 보탬을 주려 애썼지만 사정은 점점 어려워만 갈 뿐, 조금도 나아질 기미가 보이지 않았다. 끼니 걱정은 물론, 학교 공납금을 못 내는 일이 다반사였다. 하루하루가 돈 때문에 아슬아슬한 시간이었다고 해도 과언이 아니다. 감사한 것은 늘 공납금을 제때 내지 못해 앞에 불려나가긴 했어도 다른 친구들처럼 공납금을 가지러 집으로 돌아가는 일은 없었다는 것이다. 선생님께서 특별히 봐주시거나 공납금 면제 혜택이 주어지거나 해서 겨우겨우 지나갔는데, 어쨌거나 특별한 은혜가 늘 임했던 것 같다.

초등학교 6학년에 올라가면서 나에게 중대한 사건이 생겨났다. 사건의 시작은 이범호(현, 창신교회 장로)라는 친구가 강원도에서 전학을 오면서부터였다. 당시 학급 반장이었던 나는 맨 뒤에 앉아 수업 시간마다 "차렷, 경례!"를 하며 아이들을 통솔하고 있었는데 마침, 내 옆자리가 비어 있어서 그 친구가 내 옆에 앉게 되었다.

그때부터 시작된 그 친구의 전도는 어쩐지 내 마음에 거부감을 일으키지 않았다. 싫은 느낌보다는 한번 가 보고 싶다는 생각이 들어 몇 번의 권유 끝에 처음으로 교회라는 데를 가게 되었는데, 그 교회가 바로 서울 창신교회다.

창신교회와의 만남은 내 인생을 완전히 뒤바꿔 놓았다. 하나님께서 창세

전에 나를 택하시고 부르셨다는 증거였을까? 교회에 첫발을 디딘 그 순간부터 모든 것이 그렇게 좋을 수가 없었다. 예배를 드려도 좋고, 찬송을 불러도 좋고, 기도를 해도 좋았다. 마치 물고기가 물을 만난 듯이 나의 영혼은 교회에 발을 들여놓은 그 순간부터 기뻐 춤추었다. 지금 생각해 보니 그때 나는 하나님이 계획하시고 준비하신 충만한 은혜들을 시간마다 받고 있었다. 물을 빨아들이는 스펀지처럼 복음을 믿고 온전히 받아들이고 깨닫고 기뻐했다. 그것이야말로 은혜 중의 은혜였다. 내가 복음을 받아들이려고 해서 받아들인 게 아니라 주께서 은혜를 주시니까 복음이 받아들여졌다. 그러고 보면 은혜란 어떤 면에서 '피동형'이다. 하나님께서 은혜를 주시려고 내 심령을 열어 주시니까 나는 그저 마음 문 열어 받기만 하면 되는 것이기 때문이다. 초등학교 6학년 어린아이가 말씀 앞에서 고개를 끄덕이고, 기도하다가 뜨거움을 체험하고, 찬양하면서 기뻐하는 모습, 이야말로 전적인 하나님의 은혜였다.

자연스럽게 내 얼굴빛도 변했던 것 같다. 어느 때부터인가 학교 선생님들도 나를 만나면 그냥 지나치는 법이 없었다. 복도에서 나를 보시면 "어쩌면 이렇게…" 하시며 얼굴을 꼭 한 번씩 쓰다듬고 가셨다.

그때부터였을 것이다. 열세 살 어린 나이였지만 나는 은혜 속에 사는 신비를 체험하며 살았다. 밥을 먹어도 좋고 안 먹어도 좋고, 판잣집에 살아도 좋고, 아버지가 일찍 돌아가셨어도 괜찮았다. 공납금을 못 내도 아무 근심 걱정이 없었다. 죽어도 좋다고 생각했다. 천국 간다는 확신이 있었기 때문에 죽음에 대한 두려움도 없었다. 그만큼 은혜는 좋은 것이었다. 은혜 충만은 내 몸과 마음을 주장했고, 그 충만한 은혜 덕에 내 몸과 마음은 빛이 났다.

그때 나는 예수님을 잘 믿으면 공부도 더 잘하게 된다는 사실을 체험했다. 잡념이 없어져서인지 그렇게 머리가 맑고 집중이 잘될 수가 없었다. 공부를 잘하는 편이기는 했지만 그리 특출하게 잘하지는 않았던 내가 은혜를 받으면서부터 두각을 나타내기 시작했다. 실수만 안 하면 전 과목 백 점을 맞을 정도가 되어서 선생님이 안 계실 때는 내가 반 아이들에게 요점 정리를 해 주기도 했다.

앞에 나가서 노래 부르는 시간이 되면 나는 꼭 찬송가를 불렀다. 그때 가장 많이 불렀던 찬송가가 318장과 186장이었다.

예수가 우리를 부르는 소리 / 그 음성 부드러워
문 앞에 나와서 사면을 보며 / 우리를 기다리네
오라 오라 / 방황치 말고 오라
죄 있는 자들아 이리로 오라 / 주 예수 앞에 오라(318장).

내 주의 보혈은 / 정하고 정하다
내 죄를 정케 하신 주 / 날 오라 하신다
내가 주께로 / 지금 가오니
골고다의 보혈로 / 날 씻어 주소서(186장).

이 찬송가를 4절까지 다 부르며 나는 속으로 우리 반 아이들 모두가 '돌아오라'는 주님의 음성을 듣게 되기를 간절히 소원했다. 그때부터 친구들은 나를 '정 목사'라 불렀다.

무엇을 하다 가면 예수님이 가장 기뻐하실까

주님과의 만남이 어린 나에게 그토록 축복으로 다가왔던 데에는 나를 전도한 친구의 큰형님 영향이 매우 컸다. 교회에 가자마자 만나게 된 친구의 큰형님(이문호 장로님)은 어린 내게 예수님 다음으로 커 보이는 분이었다. 당시 그 형님은 서울대학교를 다니는 건실하고 똑똑한 청년이었을 뿐만 아니라 주의 일이라면 누구보다 열정적으로 섬기는, 그야말로 믿음의 본이 되는 분이셨다. 내 눈에 보기에는 목사님보다 훌륭해 보일 정도로 밤낮으로 기도하고 밤낮으로 성경을 사모하는, 예수님을 믿는다면 적어도 그렇게 믿어야 한다는 사실을 처음부터 어린 심령에 뚜렷하게 각인시켜 준 사람이었다. 성품이나 살아가는 삶의 모습이나 모든 면에서 내게 모델이 되고도 남았다. 서울대 학생이라는 신분을 갖고 우쭐대거나 거만해 하지도 않았다. 언제나 은혜를 사모해서 부흥회란 부흥회는 모두 쫓아다녔고, 교회 일이라면 낮은 자리에서 최고로 열심히 섬겼기 때문에 모든 사람들로부터 칭송을 받았다.

나와 친구는 그 형님을 보면서 '믿음 생활이란 당연히 저렇게 하는 것'임을 깨달았던 것 같다. 당시는 중학교 입시제도가 있어 6학년만 되면 모두들 공부하느라 바쁜 시간을 보내야 했는데도 나와 친구는 형님을 따라 부흥회 쫓아다니느라 정신이 없었다.

한번은 한강 모래사장에서 열리는 부흥회를 쫓아갔다가 얼마나 은혜를 받았는지, 그 형님과 함께 밤을 새며 철야 기도를 했다. 한강이 꽁꽁 얼어붙은 겨울, 천막 안에 가마니를 깔아 놓은 채 밤을 지새우며 기도를 하자니 온몸이 사시나무처럼 떨려왔다. 그런 혹한의 환경 속에서도 어린 심령은 은혜로 뜨겁게 지펴져 눈물, 콧물 흘리며 밤새 회개 기도를 드렸다. 회개의 영이 임하니 추위가 문제 되지 않았다. 시간 가는 줄 모르고 주님 앞에 나의 죄를 고백하고 또 고백했다. 그렇게 밤새도록 회개 기도를 한 후 맞이하는 한강에서의 새벽은 얼마나 환하고 눈부셨는지, 내 속에 성령께서 벅차도록 자리하고 계심을 몸과 마음으로 느낄 수 있었다. 내 주의 보혈은 정하고 정해서 내 죄를 맑게 씻어 주심을 그렇게 체험하고 있었다.

그래서 나는 어린 심령에도 얼마든지 성령께서 찾아가심을, 성령께서 새롭게 하심을 백 퍼센트 믿는다. 성령이 아니고서는 할 수 없는 일 중 하나가 회개하는 일이다.

"그러므로 형제들아 내가 하나님의 모든 자비하심으로 너희를 권하노니 너희 몸을 하나님이 기뻐하시는 거룩한 산 제사로 드리라 이는 너희의 드릴 영적 예배니라 너희는 이 세대를 본받지 말고 오직 마음을 새롭게 함으로 변화를 받아 하나님의 선하시고 기뻐하시고 온전하신 뜻이 무엇인지 분별하도록 하라"(롬 12:1-2).

죄를 비워 내고 성령께서 내 안에 충만한 기쁨을 부어 주시자 가장 크게 달라진 것은 나의 '생각'이었다. 자나 깨나 앉으나 서나 천국 가서 예수님 만날 생각만이 나를 지배했다. '내가 무엇을 하다가 가면 예수님께서 가장 기쁘게 맞아 주실까?'가 내 고민이 되었다.

학교에서도 선생님 말씀 잘 듣고 공부 잘하면 선생님께서 기뻐하시듯이, 예수님 만날 그때, "너는 내 말을 참 잘 들었다. 기특하다"며 머리를 쓰다듬으시는 예수님의 손길을 느끼고 싶었다. 예수님께서 나를 보시며 얼굴 가득 웃음을 머금으신다면 얼마나 좋을지 상상하는 즐거움에 파묻혀 지냈다. 나 자신을 온전히 예수님께 드리고 싶었다. 그러자 결론이 자연스럽게 나왔다.

예수님은 꿈을 넓혀 주신다

전도! 반 친구들을 전도하면 예수님께서 가장 기뻐하실 거라는 확신이 들었다. '예수님은 나를 구원하시기 위해 이 세상에 오셔서 십자가에 못 박혀 죽기까지 하신 분이다. 그렇다면 내가 전도해서 친구들이 구원받을 수 있다면 예수님이 얼마나 기뻐하실까!' 그때부터 나는 우리 반 친구들을 앞줄부터 차례로 전도하기 시작했다. 머릿속에는 언제나 그 목표가 새겨져 있었다. "우리 반 친구들 전원이 예수 믿도록 전도하는 것."

누가 시킨 것도 아닌데 학교에 가면 기도부터 했고, 도시락을 먹을 때도 기도하고 먹었으며, 노래를 부르면 늘 찬송가를 불렀다. 나의 이런 변화에 친구들은 처음에 놀리기도 하고 내 도시락을 감추기도 했지만, 내가 아이들 공부를 지도해 주는 반장의 위치에 있었고, 하나님께서 주신 지혜로 학습 능력도 앞서 나갔기 때문인지 곧 모든 친구들은 내 모습 그대로를 인정하고 받아들였다. 나의 지도력 안으로 흡수되어 들어오는 듯한 느낌이 들었다. 마침 입시를 눈앞에 둔 6학년생들이어서 나는 종종 선생님을 대신하여 반 아이들 입시 공부를 도맡아 지도하곤 했는데 그 덕을 좀 보았던 것 같다.

곧 전도의 열매가 나타나더니 매주 새로운 친구들을 데리고 교회에 나가는 일이 또 하나의 즐거움이 되었다. 그렇게 새로운 친구들을 데리고 갈 때의 감격이란 이루 말할 수가 없었다. 그때마다 예수님께서 내 머리를 쓰다듬어 주시는 것만 같았기 때문이다. 반 친구들을 전도하기 시작하면서 차츰 내 꿈의 폭도 더 넓어져 갔다.

"내가 이 나라 백성들을 몽땅 예수 믿게 해야 되겠다."

사실, 이런 나의 꿈은 엄밀한 의미에서 틀린 말이다. 먼저는 전도가 사람의 힘이나 능력으로 가능한 일이 아니기 때문이고, 또 하나 내가 전도를 하든지 안 하든지 택함받은 백성이라면 언젠가는 반드시 성령께서 역사하셔서 예수 믿게 되어 있기 때문이다. 영혼 구원의 절대주권은 전적으로 하나님께 있다.

그럼에도 불구하고 하나님께서는 전도의 미련한 것을 통해 구원하심을 기뻐하셨다. 따라서 철없던 내가 그런 꿈을 꾼 것은 결국 하나님께서 주셨기 때문이 분명하다.

"하나님의 지혜에 있어서는 이 세상이 자기 지혜로 하나님을 알지 못하는 고로 하나님께서 전도의 미련한 것으로 믿는 자들을 구원하시기를 기뻐하셨도다"(고전 1:21).

하나님은 왜 주의 백성들이 '전도의 미련한 것'으로 구원받는 일을 기뻐하셨을까? 우리가 아무리 전도해 봐야 세상 사람들한테는 예수님의 십자가 사건이 미련하기 짝이 없는 걸로 보일 텐데 말이다. "십자가의 도가 멸망하는 자들에게는 미련한 것이요"(고전 1:18). 이 말씀은 예수님의 십자가가 세상 사람들에겐 미련한 것으로 들리게 되어 있다는 뜻이다. 성령께서 그 심령에 역사하실 때라야 십자가의 도가 "구원을 얻는 우리에게는 하나님의 능력"(고전 1:18)으로 나타나는 것이다. 따라서 전도를 하든지 안 하든지 구원 사역은 삼위일체 하나님의 일에 속한 것이다. 하지만 하나님은 굳이 일꾼을 택하셔서 복음을 전하게 하시고 복음의 열매를 맺게 하신다. 왜 그럴까?

우리는 그 답을 성경 곳곳에서 찾을 수 있다. 하나님은 당신의 일을 하시되 반드시 일꾼을 찾아 세우시고 연단하시고 복을 주시며 그로 인해 영광 받으시기를 원하시는 분이다. 모든 것을 직접 다 하실 수 있지만, 그럼에도 불구하고 인생을 세우시고 그 인생에 복 주기를 기뻐하신다. 따라서 우리에게 전도의 열심을 주시는 것은, 인간 편에서 볼 때 인간인 우리들 자신을 위한 일이라고도 할 수 있다. 우리에게 복 주시기 위해서, 상 주시기 위해서 택한 백성들을 우리 손에 붙여 주시는 것이다.

그렇다면 하나님은 어떤 사람을 일꾼으로 불러 복 주기 원하시는가?

"형제들아 너희를 부르심을 보라 육체를 따라 지혜 있는 자가 많지 아니하며 능한 자가 많지 아니하며 문벌 좋은 자가 많지 아니하도다 그러나 하나님께서 세상의 미련한 것들을 택하사 지혜 있는 자들을 부끄럽게 하려 하시고 세상의 약한 것들을 택하사 강한 것들을 부끄럽게 하려 하시며 하나님께서 세상의 천한 것들과 멸시받는 것들과 없는 것들을 택하사 있는 것들을 폐하려 하시나니 이는 아무 육체라도 하나님 앞에서 자랑하지 못하게 하려 하심이라"(고전 1:26-29).

하나님은 당신의 일꾼들을 부르실 때 세상적인 기준으로 택하지 않으신다는 말씀이다. 권력과 지력과 능력과 문벌 면에서 오히려 세상 사람들보다 못한 사람을 부르셔서, 모든 것을 하나님 당신이 직접 하심을 보여 주신다. 하나님 앞에서는 세상의 지혜가 아무것도 아닌 까닭이다. 따라서 어느 누구도 자신이 유능해서 교회를 부흥시켰노라 말할 수 없다. 자신의 능력이 탁월해서 하나님의 많은 일들을 했노라 말할 수 없다.

특히 구원 사역에 관한 한 더욱 그렇다. 하나님의 절대주권에 대해서 하나님은 결코 양보하지 않으신다. 이는 마치 출애굽 사건에서와 같다. 홍해를 가를 때 모세가 지팡이를 들어 가른 것 같지만, 실질적으로 홍해를 가른 것은 지팡이가 아니라 하나님이셨음을 성경은 명백히 증거하고 있다. 모세가 다 한 것 같지만 실은 하나님이 모세의 손에 지팡이를 쥐어 주셨기에 가능한 일이었다. 결국 하나님이 다 하시고 모세는 순종했을 뿐이다.

영혼 구원은 하나님이 하시는 일이며 일꾼은 다만 쓰임을 받는 사람이다. 그러나 하나님께서는 그 쓰임받을 일꾼을 끊임없이 찾으신다. 모세를 찾아오신 하나님을 보라. 모세는 하나님의 일을 할 수 있는 사람이 아니었다. 애굽에서 이스라엘 백성들을 이끌고 가나안을 향해 갈 수 있다고 생각할 수 있는 처지가 아니었다. 40년 동안 아침에 일어나면 양과 염소들을 데리고 들로 나갔다가 저녁이 되면 돌아오는 반복적인 일상들 속에서 그가 얼마나 절망했겠는가! 아마 나이 80이 되었을 무렵에는 바로의 궁에서 생활했던 모든 습관과 신분의 추억을 다 포기했을 것이다. 삶에 대한 소망과 비전도 다 잃어버렸을지 모르겠다. 그는 이름 없는 한 사람의 양치기에 불과했고, 그에게서 특별한 권력이나 능력이나 지략은 찾아볼 수 없었다. 그런데 하나님은 바로 그때 모세를 찾으셨다. 이스라엘 백성을 애굽에서 탈출시켜 마침내 가나안 땅에 이르게 하신다는 약속은 이미 아브라함 때부터 이루어졌던 하나님의 언약이었다. 따라서 누구를 통해서든지 그 약속은 이루어지게 되어 있다. 하나님의 계획이며 약속이기 때문이다. 하나님께서 하시면 반드시 이루어진다.

그런데 문제는 누구를 통해서 그 일을 하느냐이다. 하나님은 그 엄청난 일을 초야에 묻혀 지내는 모세에게 맡기셨다. 그를 불러 소명을 주시고 당신의 약속을 이루어 가셨다. 그때부터 모세는 이전의 모세가 아닌 전혀 다른 모세가 되었다.

기드온을 찾아오신 하나님을 보라. 기드온에게 처음부터 이스라엘 백성들을 구원할 힘이나 배경이 있었던 건 아니었다. 그런데 하나님은 그에게 찾아오셔서 "이스라엘의 용사여!"라고 말씀하시며 소명을 주셨다.

베드로를 찾아오신 예수님도 베드로에게 먼저 소명을 주신다. "네가 이 사람들보다 나를 더 사랑하느냐?"라고 물으시고, "내가 주를 더 사랑하는 줄 주께서 아시나이다"라는 베드로의 대답을 세 번이나 들으시며 "내 양을 먹이라, 내 양을 치라"고 당부하셨다. 베드로는 부활하신 주님을 만난 뒤에도 자신이 감히 사도로서 사역할 생각을 하지 못하고 있었다. 주님은 그런 베드로에게 찾아오셔서 소명을 주신 것이다.

소명이란 이처럼 놀라운 것이다. 소명을 받을 때는 이미 하나님이 모든 것을 인도하시리라는 믿음이 생겨난다. 때문에 소명이 확실하면 두려움도 없다. 소명을 주실 때에는 이미 하나님께서 계획하신 일이 있다는 뜻이고, 성취하실 일이 있다는 뜻이기에 하나님이 반드시 모든 역사를 이루실 것임을 믿는 믿음도 함께 찾아온다.

"썩는 양식을 위하여 일하지 말고 영생하도록 있는 양식을 위하여 하라"(요 6:27).

영생하도록 있는 양식, 즉 복음을 위하여 살도록 부름받는 그것, 그것이 바로 '소명'이며, 나는 그 하나님의 부르심을 초등학교 6학년 때 받았다.

가족을 구원하는 믿음

부르심 이후 하나님은 내게 더 큰 은혜를 부어 주시며 믿음의 뿌리를 다지게 하셨다. 그럴 수 있었던 데는 불신자 가정이라는 우리 집안 환경의 열악함도 크게 작용했던 것 같다. 신자는 핍박을 받으면 받을수록 믿음에 더욱 굳게 서는 존재가 아니던가! 감사하게도 주님은 어린 내가 믿음으로 인한 고난과 핍박까지도 이길 수 있도록, 그래서 더욱 큰 믿음에 서도록 인도해 주고 계셨다.

당시 우리 집안에서 예수를 믿는 사람은 나와 내 여동생밖에 없었다. 일가친척 중에서도 유일하게 믿음 생활을 하고 있던 터라 친척들의 시선은 곱지 않았다. 더욱이 아버지를 일찍 여의고 살아가던 형편인지라 툭하면 먼 일가친척들이 찾아와 아버지 행세를 하며 훈계를 하기 일쑤였다. 어느 날은 친척 중 한 분이 작정을 하셨는지 아예 나를 방구석에 앉히고 무서운 눈초리로 협박하셨다.

"야, 이놈아, 너 때문에 우리 집안이 망하는 거 알아?"

우상을 숭배하는 무지한 사람들은 예수를 믿으면 예수 귀신이 집안에 들어와 집이 망한다고 굳게 믿고 있었다. 자신들의 죄악 때문에 집안이 망해 간다는 생각은 못하고 예수 믿는 사람을 모든 문제의 원인으로 몰고 간다. 그것도 모자라 협박까지 해댔다.

"너 계속 예수 믿으려면 집 나가! 당장 나가!"

협박하다가 지쳤는지 나중에는 무거운 빨래 다듬잇돌을 들어 나를 내리칠 기세였다.

"이놈의 자식, 너 죽고 싶어? 이래도 정말 예수 믿을 거야?"

핍박받을 때 나타나는 그리스도인의 특징은 담대함이다. 그 누가 아무리 위협하고 협박해도 성령께서 주신 담대함이 있으면 마음이 요동할 수가 없다.

'설마 나를 죽이기야 할까? 설령 나를 죽인다 해도 죽으면 죽었지, 예수님을 부인하지는 않을 거야. 죽더라도 예수님 품에 안기는 게 낫지, 예수님을 부인할 수는 없어!'

그것이 진짜 내 마음이었다. 그래서 나는 눈빛조차 흔들리지 않았다. 친척 아저씨는 그런 나에게 더 이상 협박하지 않았다. 아니, 협박할 수가 없었을 것이다. 그렇게 한 차례 시련을 넘겼지만, 중학생이 된 이후에도 핍박은 계속 찾아왔다.

할아버지께서 돌아가신 때였다. 모두들 집안의 어른이신 할아버지의 죽음을 슬퍼하며 고인이 되신 할아버지를 향해 절했다. 그러나 나는 절을 할 수가 없었다. 그래서 하지 않았다. 죽은 이에게 절하는 것은 우상에게 절하는 것과 다름없다는 사실을 알았기 때문이다. 친척들이 보기에 그런 내가 얼마나 예의도 모르고 건방진 손자처럼 보였을까? 그래서 모두들 한 마디씩 욕을 해댔다.

그러나 그쯤은 얼마든지 견딜 수 있었다. 주님은 나를 위해 십자가까지 지셨는데 나는 주님을 위해 이 정도도 견디지 못하는 자녀가 되고 싶지 않았다. 약해지지 않으려고 입을 꼭 앙다물었다. 그런데 그때, 나를 너무도 사랑하고 아껴주시던 할머니의 말씀이 내 마음을 아프게 했다.

"너는 내가 죽은 다음에도 절하지 않겠구나!"

할머니는 할아버지를 보낸 슬픔보다도 고인 앞에 절하지 않는 손자의 모습에 더 가슴 아파하셨다. 그런 할머니가 주님을 안다면 얼마나 다른 모습으로 바뀔까 생각하니 할머니가 속히 예수 믿기를 바라는 소망이 내 안에 가득 찼다. 나는 당당함을 잃지 않고 할머니께 여쭈었다.

"할머니, 돌아가신 분에게 절을 하면 그분이 알아요?"

나의 이런 갑작스런 물음에 할머니는 버럭 화를 내셨다. 가뜩이나 속상한데 뜬금없는 질문까지 던지니 더 속이 상하셨나 보다.

"죽은 사람이 어떻게 알아?"

할머니의 대답이셨다.

"그래서 제가 절 안 하는 거예요. 살아 계시다면 하루에도 열 번, 아니 백 번이라도 하지요. 마찬가지로 할머니 돌아가셔도 저는 절 안 할 거예요. 만약 그 일 때문에 억울하고 섭섭하시다면 할머니 살아 계실 때 열심히 절할 테니 미리 절 받으세요."

나는 그렇게 말씀드리고는 그 자리에서 할머니께 넙죽 절을 했다. 그리고 다음 날부터 아침에 일어나면 학교 가기 전에 할머니 방부터 들러서 "할머니, 미리 절 받으세요"라며 큰절을 하고는 학교로 갔다. 이렇게 매일 할머니께 절을 하고 등교하는 일을 몇 달이나 지속했을까. 어느 때인가 할머니가 성령의 감동을 받으셨는지 이렇게 말씀하시는 게 아닌가.

"이제 그만해라. 됐다. 나도 예수 믿을란다."

나는 어려서부터 할머니 사랑을 특별히 많이 받은 손자였고, 나 역시 할머니를 정성 다해 공경했다. 특히 그 사건 이후로는 더욱 극진히 할머니를 섬겨 드렸다. 시간 날 때마다 할머니 방에 들러 팔 다리를 주물러 드리고 간혹 눈깔사탕이라도 생기면 먹지 않고 주머니에 넣었다가 집에 와서 할머니께 드렸다. 그것도 갖은 애교를 다 부리면서 말이다.

"할머니, 눈 감으세요. 아, 하고 입 벌려 보세요."

그런 손자의 모습에 할머니는 몹시 기뻐하셨다. 그리고 손자 손을 잡고 교회에 나가시면서 예수님을 잘 믿으시다가 천국에 고이 가셨다. 내 간절한 소망을 주님께서 들어주신 것이다.

어머니 역시 아들의 전도로 교회에 다니셨는데, 아마 중3 때였던 걸로 기억한다. 그전부터도 주일마다 어머니를 모시고 교회에 가려고 애썼건만 잘 되지 않았다. 그래서 늘 '어머니 전도'가 내게는 큰 기도 제목이었다.

그날도 나는 학생 예배를 마친 후 친구들과 함께 집에 와서 어머니를 모시고 가려고 간곡히 말씀드렸다.

"어머니, 오늘 저랑 같이 교회 가요."

그러자 어머니는 뭐에 그리 화가 나셨는지 막 호통을 치시며 나를 나무라셨다.

"무당이 그러는데 네가 예수를 믿어서 우리 집안이 이 모양 이 꼴이라 하더라! 너 때문에 우리 집이 망하고 있단다! 너 계속 예수 믿을 거면 이 집을 나가거라. 차라리 집을 나가라고!"

나는 그때까지도 야단맞은 적이 거의 없었다. 그런데 예수 믿는다는 이유로 어머니에게 야단을 맞으니 눈물이 왈칵 쏟아졌다. 엉엉 울면서 어머니께 말씀드렸다.

"죽은 자식의 소원도 들어준다는데 저 같은 효자의 말을 왜 안 들어 주세요? 제가 어머니 속을 썩여 드린 일이 한 번이라도 있었나요? 어머니가 오히려 제 속을 아프게 하면 했지."

왜 그렇게 서럽고 속상했던지 나는 그간의 서러움을 다 토해내듯 어머니께 눈물로 호소했다. 그런 나의 모습을 어머니도 처음 보셨기에 슬그머니 기어 들어가는 목소리로 이렇게 말씀하셨다.

"알았어. 가면 되잖아."

그날이 바로 어머니와 함께 예배 드린 첫날이 되었다. 그 후 우리 가족은 물론 일가친척들도 한 사람 한 사람 모두 교회에 나와 예수 믿는 역사가 계속 이어졌다.

하나님께 드린 세 가지 약속-기도, 예배, 말씀

너무도 가난해서 출세만이 유일한 삶의 희망이던 시절, 그 시절에 하나님은 어린 내게 하나님 나라를 위해 사는 것이 가장 큰 낙이요, 기쁨임을 알게 하셨다.

"나를 훈계하신 여호와를 송축할지라 밤마다 내 심장이 나를 교훈하도다 내가 여호와를 항상 내 앞에 모심이여 그가 내 우편에 계시므로 내가 요동치 아니하리로다"(시 16:7-8).

그 기쁨을 한 번 맛보고 나자 나는 돈 잘 버는 판검사가 되기보다는 온 나라 사람들을 예수 믿도록 하는 목회자가 되고 싶었다. 집안에 누구 하나 예수 믿는 사람도 없었고, 목회자 되라고 권면하는 사람도 없었지만 내 마음은 목사가 되고 싶은 열망으로 불타올랐다. 영혼 구원의 열정이 내게서 떠나지 않았던 것 같다.

'목사가 되어서 이 나라 이 백성을 몽땅 예수 믿도록 해야 되겠다.'

기왕 목사가 될 거면 훌륭한 목사가 되고 싶었다. 어떤 사람이 훌륭한 목사인지는 잘 몰라도 어쨌든 하나님께서 머리를 쓰다듬어 주시는 그런 훌륭한 목사가 되고 싶었다. 그것은 분명 성공이나 출세에 대한 욕구가 아니었다. 그저 훌륭한 목사가 되어 예수님께 칭찬받고 싶었다. 예수님의 마음을 기쁘게 해드리고 싶었다. 초등학교 6학년짜리에게 그런 소명이 임하자 일생의 계획도 나름대로 다 세우게 되었다.

"나는 하나님께 칭찬받는 목사가 되겠다. 그러기 위해서 학교를 갈 수 있다면 경기중학교, 경기고등학교, 서울대학교를 나온 뒤에 신학교를 가서 목사 안수를 받겠다."

당시 경기 중·고등학교는 명문 출신의 수재들이나 다니는 학교였다. 내가 아무리 공부를 잘한다 한들 우리 집 형편으로는 꿈도 꿀 수 없는 학교였다. 그러나 하나님이 허락하시면 못 갈 것도 없다는 생각에 일단 경기중학교 입학을 목표로 공부해 나갔다. 명문 코스의 마크를 달고 싶어서가 아니라 기왕 하나님 일을 할 거면 가장 들어가기 어렵다는 학교에도 당당히 입학해서 세상 사람들에게 예수님을 증거하고 싶었다. 어쨌든 공부를 열심히 해서 좋은 성적을 거두면 하나님께서 더 기뻐하실 거라는 생각이 들었다.

그런 내 마음을 하나님이 받으셨는지 남학생 네 개 반 중 6명이 경기중학교에 들어갔는데 그중 우리 반에서만 5명이 합격했다. 그 정도로 우리 반은 반장인 나를 중심으로 공부도 열심히 했고 믿음 생활도 뜨거웠다. 그때 내가 전도해서 함께 신앙 생활했던 이들 중에 지금은 훌륭한 장로님이 되신 분들도 많이 있다.

중학교 진학 뒤, 하나님은 주신 소명을 완성하기 위해 내 마음을 붙드셨다. 철 따라 흔들리기 쉬운 사춘기 소년의 마음에 믿음의 결단을 하도록 함으로써 초등학교 때 시작된 믿음의 깊이를 더하도록 인도하셨던 것이다. 당시 나는 중학교에 입학하고 나서 상당한 위기감을 느끼고 있던 차였다. 예쁜 여학생들이 남학생들에게 눈빛을 보내며 이성교제를 하는 분위기 속에서 나는 자칫 초등학교 때 받은 은혜를 잊어버릴 것 같은 위기감을 느꼈다. 예수 안에 사는 기쁨이 그렇게 컸는데 그 소중한 은혜에서 떠나게 될까 봐 기도하지 않을 수 없었다.

"예수님, 어떻게 해야 예수님께 받은 은혜를 붙들 수 있을까요? 어떻게 해야 경건하게 살 수 있을까요?"

그렇게 기도하다 보니 성령께서 지혜를 주셔서 세 가지 결심을 하기에 이르렀다. 그 첫째가 하루에 세 번씩 교회에 나와서 기도하겠다는 결심이었다. 학교 갈 때 기도하고, 학교에 갔다가 오면서 교회에 들러 기도하고, 저녁식사 후 교회에 와서 기도하는 것이었다.

그 결심을 한 후 나는 언제나 하루에 세 번 교회에 들러 기도하는 것을 거르지 않았다. 때로는 하루 세 번뿐만 아니라 밤을 새워 기도한 적도 있다. 길을 걸으면서도 기도하고, 잠자기 전에도 기도하고 친구와 놀다가도 기도했다. 성령께서 붙드시니까 당시의 어려웠던 우리 집 형편은 나를 더 기도하도록 인도했다.

어느 날이었던가, 여동생이 사친회비가 없어 울며불며 학교엘 갔다. 그 모습을 본 나는 오빠로서 너무 마음이 아파 하루 종일 신경이 쓰였다. 그런 날은 종일토록 그 문제를 놓고 기도하지 않을 수 없다. 학교 가는 길에 들른 교회에서 그 문제를 놓고 집중적으로 기도했지만, 학교에 가서도 운동장을 거닐며 기도하기를 쉬지 않았다. 아니, 쉴 수가 없었다. '하나님, 주실 때가 됐는데요, 주실 때가 됐는데요'라

어린 시절, 예수님을 영접한 후 나는 세 가지 결심을 했다.

첫째, 하루에 세 번씩 교회에 나가 기도한다.

둘째, 어떤 일이 있어도, 어떤 상황이 와도 교회의 공 예배는 절대로 빠지지 않는다.

셋째, 하루에 성경을 한 장 이상씩은 꼭 읽는다.

하나님은 이 세 가지 결심을 통해 내가 어려웠던 어린 시절을 잘 견디고 믿음이 자라도록 붙들어 주셨다.

고 기도했다. 신기한 것은 그렇게 기도할 때마다 주님이 곧 신속하게 응답해 주셨다는 사실이다. 집에 돌아와 보니 내게 학비를 줄 분이 기다리고 있었다. 주님이 보내 주신 천사였다. 우리는 그 돈으로 여동생의 사친회비를 해결할 수 있었다.

이처럼 당시의 기도 응답은 신속했을 뿐 아니라 기도의 깊이와 체험도 날이 갈수록 더해 갔다. 누가 시켜서가 아닌, 성령께서 이끄셔서 시작한 기도였기 때문인지 시간마다 주시는 성령의 은혜는 나의 상상을 초월했다. 성령께서 임하시는 게 어떤 것인지, 성령의 임재를 어떻게 확인할 수 있는지 나는 그때 몸과 마음과 영으로 체험할 수 있었다. 필설로 다할 수 없는 성령의 감동이 강하게 임했기 때문에 어떤 날은 밤을 새워 기도하기도 했다.

예수님의 제자들이 3년 동안이나 예수님을 따라다니면서 주님을 "그리스도요 살아계신 하나님의 아들"이라고 고백했던 걸로 봐서 그들은 분명히 거듭난 사람들임을 알 수 있지만, 그때까지도 그들은 성령의 세례를 받지 않

앉을 때였다. 사도행전 2장 1절 이하에 가서야 그들이 비로소 성령의 세례를
받았음을 알 수 있다.

"오순절 날이 이미 이르매 저희가 다 같이 한곳에 모였더니 홀연히 하늘
로부터 급하고 강한 바람 같은 소리가 있어 저희 앉은 온 집에 가득하며 불의
혀같이 갈라지는 것이 저희에게 보여 각 사람 위에 임하여 있더니 저희가 다
성령의 충만함을 받고 성령이 말하게 하심을 따라 다른 방언으로 말하기를
시작하니라"(행 2:1-4).

말씀에 분명히 나와 있듯이, 성령께서 임하시면 분명히 볼 수 있고, 들을
수 있고, 느낄 수 있다. 그때 나는 사도행전 2장의 말씀이 어떤 뜻인지 뚜렷
하고 분명하게 알게 되었다. 특별히 죄 때문에 철야하며 회개하는 날, 마음
이 컬컬해서 그런 마음이 없어질 때까지 오랫동안 기도하는 날에는 성령께
서 강력하게 임하시곤 했다. 새벽 1시나 2시쯤, 눈물 콧물 흘리며 기도하다
모든 기운이 쇠잔해졌을 그 무렵, 성령께서는 불의 혀같이 뜨거운 기운으
로 임하시곤 하셨다. 누가 성령의 나타나심이 어떤 것인지, 성령의 은사가
무엇인지 가르쳐 준 적은 없었지만 성령께서는 그렇게 특별한 방법으로 찾
아오셨다. 그런 날이면 나는 희한한 경험을 하며 꼬박 밤을 새우곤 했다. 저
녁 먹은 후 기도하러 교회 갔다가 밤을 지새우고 다시 학교에 가는 날이 종
종 생겼던 것은 그 때문이었다. 그런 날은 학교에 가서 꾸벅꾸벅 조는 수밖
에 없었다.

어찌됐든 나는 그때 강력한 하나님의 은혜를 체험하며 천국에서 사는 기
쁨을 누렸다. 집에만 가면 경제적 압박 때문에 답답한 일들이 우리 가족을
짓눌렀지만 교회에 가서 기도만 하면 "세상과 나는 간 곳 없고 구속한 주만

보이는" 영원의 기쁨이 내 영혼을 감쌌다. 하나님은 믿음을 지키기 위한 나의 첫 번째 결심에 그렇게 응해 주고 계셨다.

두 번째 결심은 "어떤 일이 있어도, 어떤 상황이 와도 교회의 공 예배는 절대로 빠지지 않는다"는 것이었다. 그 때문에 나는 중고등학교 아니, 대학교 때까지도 교회의 공 예배를 빠진 적이 거의 없었던 것 같다.

세 번째 결심은 "하루에 성경을 한 장 이상씩은 꼭 읽는다"는 것이었다. 이 결심대로 살다 보니 중학교 1학년 때부터 나는 1년이면 성경을 몇 번씩 통독하게 되었다.

돌아보면 그때 내가 세 가지 결심을 할 뿐 아니라 실행할 수 있었던 것은 부르심의 소명 이후, 나의 믿음을 반석처럼 굳게 세우시려는 하나님의 붙드시는 은혜가 있었기 때문임을 깨닫는다. 부모나 형제나 누가 나를 신앙적으로 붙들어 줄 수 없었던 만큼 크나큰 은혜로 나의 믿음이 자라도록 붙들어 주셨던 것이다.

그 세 가지 작정 때문에 나는 아무리 죄 짓고 흔들리고 마귀에게 유혹을 받아도 오뚝이처럼 다시 일어서며 중고등학교 생활을 승리할 수 있었던 것 같다. 또한 그 세 가지 작정으로 인한 영적인 체험들은 주님을 향해 가졌던 소명이 결코 어린아이의 한낱 감상적인 결심이 아니었음을 뚜렷하게 각인시켜 주었다. 하나님이 살아 계시고 주님이 나와 함께하시며 성령이 모든 역사를 주관하신다는 사실을 기도와 말씀과 예배 속에서 생생하고도 확실하게 체험케 함으로써 주님은 내 신앙의 기초를 튼실하게 다져 주고 계셨던 것이다.

사랑하시니까 묶어 두신다

중고등학교를 졸업한 후 서울대학교에 다니던 시절, 내 소원은 오직 하나였다. '언제쯤 24시간 내내 주의 일만 할 수 있을까?' 그래서 나는 없는 시간을 억지로라도 내서 5백 명 이상 모이는 교회의 주보 등사를 자원해서 하곤 했다. 중3 때부터 시작된 그 일은 언제나 내게 기쁨이었다. 충성 봉사한다는 것이 얼마나 큰 기쁨인지는 해 본 사람이라면 누구나 알 것이다.

그러나 당시 나는 매우 어려운 시간을 보내고 있었다. 어린 시절, 우리 집은 해마다 가세가 기울어져 갔다. 좋은 집은 아니었지만 원래 살고 있던 판잣집 외에 기와집도 한 채 있을 정도로 아주 가난한 형편은 아니었다. 그러나 워낙 우리 집에 와서 손 벌리는 친척이 많았던 데다가 홀어머니는 생활 능력이 없었기 때문에 날이 갈수록 빚을 떠안으며 생활을 이어가야 했다. 해마다 빚이 기하급수적으로 늘어갔던 데에는 착하고 융통성 없는 어머니의 책임도 컸다.

당시 이웃에게 돈을 빌린다는 건 엄청난 이자를 감당해야 한다는 것과 다름없었다. 처음 빚을 얻은 집에다 통사정을 해서라도 빚 갚는 일을 조금만 늦췄다면 같은 이웃끼리 원금에다 이자 약간 얹혀서 갚을 수도 있었을 텐데, 어머니는 마치 카드 돌려 막기라도 하듯이 다른 집에서 돈을 빌려 착실하게 빚을 갚는 방식을 되풀이하면서 엄청난 빚을 떠안고 말았다. 만 원은 곧 십만 원이 되었고, 십만 원은 곧 백만 원이 되었다. 가지고 있던 집도 곧 사라지고 가장 초라한 판잣집으로 나앉게 되었다. 하지만 그마저도 나중에는 헐리고 말았다.

우리 가족은 그야말로 어디 가서 등 붙여 잘 곳도 없는 처지가 되어 버렸다. 그리고도 엄청난 빚은 우리의 어깨를 내리눌렀다. 내가 서울대학교를 다니고 여동생이 경기여고를 다닐 무렵, 우리 집안은 완전히 몰락을 한 것이다. 온 식구가 겨우 잠을 잘 수 있는 조그만 방 한 칸을 사글세로 얻어 이사해야 할 정도였다.

답답하신 어머니는 때로 고무 대야를 머리에 이고 온 동네를 돌아다니며 야채 장사를 하시기도 했지만, 돌아오신 어머니의 대야 속에는 야채가 그대로 담겨져 있었다. 어머니는 "야채 사세요!"라는 그 한마디를 외치지 못하는 너무도 내성적이고 얌전한 분이셨다. 그 모습을 본 나는 어머니를 만류했다. "어머니, 이제 장사하지 마세요. 제가 어떻게 해 볼게요"라고 말씀드리고는 모든 책임을 내가 떠안았다.

그런 와중에도 하나님께서는 주의 천사들을 보내 주셔서 나의 학업만큼은 계속할 수 있게 하셨다. 정말 기적 같은 도움의 손길이 내 걸음걸음마다 따라다녔다. 하지만 생활비와 동생 학비, 내 책 값과 빚과 사글세는 고스란히 내 몫으로 남아 있었다.

그 때문에 나는 대학 4년 내내 과외를 하느라 쉴 틈이 없었다. 입주 과외를 중심으로 여러 과외를 했던 내게 찾아온 어려움은 시간과 체력의 한계였다. 학교 공부는 주로 휴강이 될 때 도서관에 가서 집중적으로 했을 뿐, 따로 시간을 내서 한다는 것은 상상 속에서나 가능했다. 그러다 보니 대학 내내 체력의 한계에 시달렸다. 체격이 좋은 나였지만 잠 한숨 제대로 못 자며 대학 4년을 보낸 탓에 나중에는 뼈만 앙상한 몰골이 되었다. 4년 내내 그린 일상은 계속되었다. 잠깐이라도 대학의 낭만을 즐긴다는 건 상상할 수도 없었다. 늘 공부시키는 애들과 함께 입시 전쟁에 시달리면서 나의 대학 생활은 숨 막히게 흘러갔다. 그런 와중에도 유일한 기쁨이 있었다면 공부시키는 애들을 데리고 주일마다 교회에 가서 주일성수하는 것이었다. 물론 온종일 봉사하느라 바쁘긴 했지만, 그 하루만큼은 내게 주어진 유일한 자유가 느껴졌다. 주의 장막에 거하는 것 자체가 내겐 쉼이요, 기쁨이었던 것이다.

"주의 궁정에서 한 날이 다른 곳에서 천 날보다 나은즉 악인의 장막에 거함보다 내 하나님 문지기로 있는 것이 좋사오니"(시 84:10).

당시 극한 경제적 압박과 고달픔 속에서도 잘 견딜 수 있었던 것은 역시 기도의 힘이었다. 그때도 나는 하루에 세 번씩 기도했고, 학교에 오갈 때나 과외 수업을 오갈 때면 꼭 찬송가를 불렀다. 길을 걷는 시간은 찬송하는 시간이었고, 잠시라도 혼자 있거나 앉아 있는 시간은 기도하는 시간이었다. 그렇게 기도와 찬송의 시간 속에서 주님은 지쳐 있는 나를 어루만져 주셨다. 괜스레 복잡한 생각에 시달리거나 염려에 휩싸이지 않게 하셨고, 허탄한 데에 마음을 두지도 않게 하셨다. 그저 하루하루 충실히 살아갈 힘을 주셨고 덕분에 나는 내 마음과 생각을 지킬 수 있었다.

그렇게 대학 4년을 보낸 뒤 졸업식을 마치고 교회에 와서 기도를 하려고 무릎을 꿇으니 저절로 눈물이 주르륵 흘러내렸다. 무사히 졸업을 했다는 것 자체가 기적처럼 느껴졌기 때문이었다. 남들이 꿈에 그리던 대학에, 그것도 명문대학이란 데를 들어갔으면서도 낭만은커녕, 공부도 맘껏 해보지 못한 채 대학 4년을 보냈다. 어떻게 학업을 마칠 수 있었는지 생각할수록 신기하기만 했다. 한편 감격스럽고 한편 서글펐다. 저절로 내 입에선 이런 고백이 나왔다.

"주님, 도대체 이게 뭡니까? 그렇게 벼르고 별러서 대학에 들어갔지만 공부를 실컷 한 것도 아니고 겨우 애들 과외 가르치느라 대학 4년을 다 소비하고 말았습니다. 저는 왜 이렇게 시간을 보내야만 합니까?"

갑자기 너무너무 속상한 마음이 들었다. 깊은 한숨이 터져 나왔다. 듣다 못한 주님이 가만히 계실 수가 없으셨나 보다. 주님은 내게 분명하게 말씀하셨다.

"내가 너를 그렇게 묶어 놓지 않았으면 네가 나의 종이 될 거 같으냐?"

너무도 분명한 주님의 음성이었다. 한눈 팔 새 없이 그렇게 바쁘고 힘겨웠던 것이 모두 주님의 계획하심과 섭리 속에 이루어진 일이었다는 것이다. 왜? 그렇게 하지 않으면 내가 소명을 저버릴 수 있다는 것이었다. 정말 대학 4년 동안 주님이 철저하게 묶어 놓지 않으셨다면 내가 다른 길로 갔을까?

성실하게 공부 잘해서 일류대학에 진학한 뒤로 나에게는 결혼 제의가 참 많이 들어왔다. 목사님 집안부터 시작해서 장로님 집안, 입주 과외하는 가정에 이르기까지 나를 사위 삼으려는 적잖은 제안들이 끊임없이 계속되었다. 그만큼 나를 사랑해 주는 사람들이 주변에 많았다. 그 덕분에 나는 힘든 생활 속에서도 힘을 잃지 않고 살아갈 수 있었다. 하지만 만약 그때 내게 마음의 여유가 생겨 누군가와 교제하거나 결혼을 했더라면 나는 전혀 다른 길로 가고 있을지도 모를 일이다.

주님은 내가 소명을 잃어버리는 것을 원치 않으셨다. 소명을 향해 오로지 정진하도록 내 모든 시간을 묶어 놓으셨다. 그리고 그 시간 속에서 나를 단련하셨고 주를 향한 소망의 빛을 더욱 뚜렷하게 밝히셨다. '언제쯤 24시간 내내 주를 위해서 살까? 언제쯤 24시간 내내 소처럼 주의 일을 할 수 있을까?' 바쁘고 힘든 시간이 계속되면 될수록 내 꿈도 더 뚜렷해졌다. 썩는 양식을 위해서가 아닌, 영생하도록 있는 양식을 위해 일하는 기쁨을 더욱더 소망하게 하셨다.

2

하나님께만 답이 있다

...연단

환란이 있는가? 주님께만 엎드릴 일이다.
그러면 주님이 풀어 가시고 주님이 갈 길을 보여 주신다.

연단에는 뜻이 있다

소명 받은 자에게 하나님이 반드시 허락하시는 시간이 있다면 그것은 '연단의 시간'일 것이다. 성도는 연단을 통해, 땅에 살면서도 하늘을 바라보는 사람으로 거듭난다. 땅엣 것은 순간이요 허무한 것이지만, 하늘에 속한 것은 영원한 것이요 가치 있는 것임을 깨닫게 된다. 물질의 연단을 통해 물질에 대한 집착이 얼마나 허망한지 알게 되며, 육신의 연단을 통해 육체는 곧 마른 풀처럼 시들 수밖에 없는 유한한 가치라는 것도 깨닫게 된다.

인간관계에 대한 연단은 궁극적인 의지의 대상이 하나님밖에 없음을 알게 할 뿐 아니라, "서로 사랑하라" 하신 주님의 말씀의 뜻이 무엇인지 깨닫게 한다. 부와 명예와 권력에 대한 연단도 결국 해 아래 모든 것들이 다 한때라는 사실과, 그 때문에 영원하신 하나님 여호와를 위해 사는 것만이 진정한 삶의 방향임을 깨닫게 한다.

"다만 이뿐 아니라 우리가 환난 중에도 즐거워하나니 이는 환난은 인내를, 인내는 연단을, 연단은 소망을 이루는 줄 앎이로다"(롬 5:3-4).

연단은 우리를 하늘의 소망으로 인도한다. 물질의 연단을 많이 받은 자를 들어 하나님은 물질 관리의 청지기적 소명을 주시고, 기도할 수밖에 없는 많은 시련을 통과한 자를 들어 기도의 사명자로 사용하신다.

목회를 하면서 우리는 많은 연단을 받는다. 그런 연단을 통해 고백할 수밖에 없는 한 가지 사실이 있다. 목회 사역은 성령과 함께하지 않으면 절대로 성공할 수 없다는 것이다. 성령의 기름 부으심, 성령의 함께하심, 성령의 개입하심이 없으면 절대로 풀어갈 수 없는 사역이 목회 사역이라는 것이다. 그래서 주님은 제자들에게 "사도와 같이 모이사 저희에게 분부하여 가라사대 예루살렘을 떠나지 말고 내게 들은 바 아버지의 약속하신 것을 기다리라"(행 1:4)고 하셨다. 성령이 함께하시지 않으면 절대로 승리할 수 없음을 아시기 때문에 먼저 성령의 세례를 받으라고 당부하셨던 것이다.

나는 어린 시절부터 지금까지 받은 연단을 통해 배운 게 하나 있다. 그것은 '기다림'이다. 돌이켜보면 '기다림'을 가르치기 위해 하나님이 내게 고난과 연단을 허락하셨다는 생각마저 든다. 약속하신 주의 성령을 기다리면, 성령께서 오셔서 모든 문제를 풀어 가신다. 그런데 이 기다림이 없이 덮어놓고 내 힘으로 밀어붙이거나 조급증을 내면 반드시 실패하게 되어 있다. 기다려야 한다. 아버지께서 약속하신 성령의 세례를 기다리는 과정이 바로 '연단'의 의미다.

우리 자신의 힘으로 목회 문제를 풀려고 하면 목회자 자신뿐 아니라 맡겨진 양들까지도 다치게 된다. 그런데도 성령께서 일하시는 때를 기다리지 못하는 것은 아직 성령께서 풀어 가시는 목회의 묘미를 느껴보지 못했기 때문이다.

예수님의 제사들은 3년 동안 예수님을 따라다니면서 많은 표적과 기사를 보았고 체험했고 들었지만, 결국 주의 성령이 임하시기 전에는 구원 사역에 실패할 수밖에 없었다. 그들도 실패했다면 우리는 100퍼센트 실패하게 되어 있다. 왜 그런가? 영혼을 구원하고 영혼을 변화시키고 영혼을 양육하며 십자가 군병으로 만드는 일은 전적으로 성령께 속해 있는 사역이기 때문이다. 성령이 아니고서는 절대로 열매를 맺을 수 없는 게 목회 사역인 것이다. 따라서 목회자는 온전히 성령의 도구가 되어야만 한다. 그렇게 성령의 충만함이 임하면 성령께서 나를 이끄시며 사용하시는 증거들을 보게 된다.

죽기 위해 사는 게 아니라 주를 위해 사는 것이다

나는 어려서부터 도저히 해결할 수 없는 문제, 사무치게 주님만을 갈구하게 되는 여러 난관들을 겪으며 자랐다. 그 연단의 시간 속에서 주님께서 내게 원하셨던 것은 무엇이었을까?

'오직 하나님.' 바로 그것이었다. 문제 해결의 열쇠는 오직 하나님 손에 쥐어져 있음을 느끼고 또 느끼게 하셨다. 아무리 절망적이고 어려운 일이라 해도 하나님이 개입하시면 순식간에 해결될 수 있음을, 모든 문제의 해결은 결국 주님 손에 달려 있음을 알게 하셨다. 그런 연단의 시간들을 통해 주님은 내게 주님만을 목마르게 기다리는 습관을 가르쳐 주셨다. "이제 주님께서 해결해 주실 때가 되었는데요"라는 기도를 드리고 또 드리게 하셨다. 돌이켜보면 어린 시절부터 성인이 될 때까지 우리 가정의 실질적인 가장처럼 경제적 짐을 내가 떠맡았던 것도 그렇게 주님을 기다리는 습관을 가르쳐 주기 위함이셨다는 생각이 든다. 그 습관으로 인해 나는 형언할 수 없는 하나님의 은혜와 성령의 은사를 체험하곤 했다.

경기중학교를 입학할 때도 하나님은 당신께만 답이 있음을 분명히 보여 주셨다. 학교는 막상 입학했지만 입학금이 없었기 때문에 하루하루 마감 날짜가 다가올수록 내 마음도 초조해졌다. 결국 돈 나올 구석이 전혀 없음을 알게 된 나는 주저앉아 엉엉 울었고, 이를 본 어머니도 함께 우셨다. 이제 더 이상 우리 가정의 힘으로는 학교 공부를 할 수 없음을 실감한 날이었다.

그 며칠 후 우리 집 맞은편에서 쌀가게를 하시는 아저씨가 신문 한 장을 들고 우리 집엘 찾아오셨다. 나를 보시더니 냉큼 이렇게 말씀하신다.

"신문 봤냐? 너 이름 나왔던데."

믿을 수 없는 일이었다. 신문에는 분명 창신초등학교를 졸업하여 경기중학교에 입학 예정인 내 이름과 소개가 나와 있었다. 민관식이라는 유명한 국회의원이 후원하는 장학생 명단에 내가 선발되었다는 것이었다. 그분은 경기중학교를 졸업한 분으로 일 년에 남자 한 명, 여자 한 명씩 후원자를 선발해서 입학금과 졸업할 때까지의 전액 학비를 장학금으로 지급해 주고 계셨다. 그런데 내가 그 명단에 선발된 것이다. 전혀 예측하지도 상상하지도 못했던 방법을 통해 하나님은 그렇게 내 앞길을 인도하고 계셨다. 주님을 기쁘시게 해드리고 싶은 마음으로 도전한 경기중학교 입학에 그런 식으로 응답해 주신 것이다. 그래서 나는 더욱 기도하지 않을 수 없었다. 하루에 세 번씩 기도하며 주님을 사무치게 갈급해 했던 것은 주님이 그렇게 때마다 나를 도우셨고 이끄셨기 때문이기도 했다.

그러나 가정 형편은 갈수록 더욱 어려워졌다. 고등학교에 갔을 때는 빚이 더 많아졌다. 생활도 말이 아니었다. 나중에 깨달은 일이지만, 하나님께서는 나를 하나님의 종으로 만들기 위해 이 기간 특별히 연단하셨다.

그 시절 나를 고통스럽게 한 것은 가정 형편만이 아니었다. 세상 사람들은 더욱 더 타락하고 있고, 교회 안에서는 분쟁과 분열이 거듭되었다. 나는 이런 현실을 바라보며 점차 세상살이에 대한 환멸과 고통을 느꼈다.

어려운 가정 형편과 세상의 타락을 보고 겪으면서 나는 두 가지 사실을 깨달았다. 하나는, 이 세상에서 살아 봤자 고생만 하게 된다는 것이다. 또 하나는, 이 세상에서 살아 봤자 죄만 더 많이 짓게 된다는 것이다. 그러므로 예수님을 믿어 구원받은 사람은 이 세상을 빨리 떠날수록 복이라는 결론을 얻게 되었다.

이렇게 되니 나는 어떻게 해서든지 빨리 죽고 싶었다. 그러나 내 생명이 하나님의 것이니 자살은 할 수 없었다. '그러면 어떻게 해야 죽을 수 있을까' 생각해 보니 길이 있었다. 그것은 금식 기도 하다가 죽는 것이었다. 고등학교 2학년 여름 방학이 되자마자 나는 금식하며 기도하기 시작했다.

지금은 우스운 생각도 들지만, 그때는 절체절명의 심정으로 금식하며 부르짖었다. "하나님, 저를 좀 데려가 주십시오. 살기 싫습니다. 정말 살고 싶지 않습니다. 조금도 살고 싶지 않습니다. 저를 불러가 주세요. 저를 좀 속히 데려가 주십시오."

그렇게 하루가 지나고 이틀이 지났다. 그런데도 하나님께선 묵묵부답이셨다. 그렇게 죽게 해달라고 기도했으니 숨이 질 것도 같은데 여전히 나는 살아 있었다. 하나님께선 내 생명을 거둬가지 않고 계셨다. 점점 배는 고파

갔다. 안 그래도 늘 곯던 배였는데 완전히 곡기를 끊으니 참을 수 없는 허기가 밀려왔다. 그러나 여전히 숨은 쉬고 있었다. 가만히 생각해 보니 이러다가는 40일 금식 기도를 해도 안 죽을 것 같았다. 가슴이 철렁 내려앉았다. 큰일이다. 그러면 나는 괜히 40일 동안 고생만 하고 또 고생스런 생을 살아가야 하지 않는가? 끌면 끌수록 손해라는 생각이 들었다. 하루라도 빨리 죽는 게 손해 안 보는 지름길이었다.

드디어 사흘째 되던 날엔 있는 힘을 다해 기도했다. 기도하다가 "꽥!" 하고 죽을 심정으로 주님께 부르짖었다. 조금이라도 기운 남아 있을 때 그 기운을 다 모아 기도하자는 심정으로 기도했다. "주님, 저 좀 빨리 죽게 해 주세요. 저는 정말 살기 싫어요. 저 좀 불러가 주세요. 제발 좀 빨리 불러가 주세요."

그때 주님은 어떤 심정이셨을까? 당신의 자녀가 죽겠다고, 빨리 죽게 해 달라고 부르짖으니 말이다.

주님은 그렇게 울부짖는 나를 더 이상은 그냥 보고 계시지 않았다. 사흘째 되던 날, 주님이 내게 찾아오셨다. 그리고 분명한 음성을 들려주셨다.

"너는 죽었느니라."

분명한 주님의 음성이었다.

"너는 죽었느니라. 이제는 나를 위해서 살아 줄 수는 없겠니? 나를 위해서 살아줄 수는 없겠니? 나를 위해서 살아줄 수는 없겠니?"

주님은 그 시각에 이미 내가 죽었다고 말씀하셨다. 그리고 이제는 주님을 위해 살아 달라고, 세 번을 연속해서 애원하셨다.

"나를 위해서 살아줄 수는 없겠니?"

주님의 그 음성, 수님을 위해서 살아 달라는 그 밀씀은 내게 '죽음'의 문제를 완전히 해결해 주었다. 죽기 위해서 사는 게 아니라 이제는 주를 위해서 살아야 한다는 사실을 분명히 알게 하셨다.

그때 나는 죽을 만큼의 고난이 오면 엎드려 기도하면 된다는 것을, 주님이 한 번만 말씀해 주시면 모든 게 평정된다는 것을 강렬하게 체험했다. 죽을 정도로 힘들다면 죽을 정도로 사무치게 주님을 기다리면 된다. 그러면 주님께서 핵심을 건드리시며 모든 문제를 풀어 가신다.

"내가 그리스도와 함께 십자가에 못 박혔나니 그런즉 이제는 내가 산 것이 아니요 오직 내 안에 그리스도께서 사신 것이라 이제 내가 육체 가운데 사는 것은 나를 사랑하사 나를 위하여 자기 몸을 버리신 하나님의 아들을 믿는 믿음 안에서 사는 것이라"(갈 2:20).

주님께서 앞서 가시게 하라

1969년, 강도사 고시를 앞두고 있을 때였다. 당시 내 주위에는 강도사 고시 준비를 위해 교회에서 휴가를 받아 아예 도서관에서 사는 전도사도 있었다. 그러나 이상하게도, 나는 전혀 준비를 하지 않고 교회 일에만 전념하고 있었다. 그리고 내 마음속에는 이런 의문들이 맴돌았다. '강도사 고시에 합격하면 목사가 될 터인데, 내가 과연 목사가 될 자격이 있을까? 평생 주님만을 위해서 산다는 것이 꼭 목사가 되어야만 가능한 일일까? 평신도가 되어도 얼마든지 주님을 위해 살 수 있는 것이 아닐까?

이런 생각이 들자, 내가 목사가 되는 것에 대해 주님으로부터 확답을 얻고 싶었다. 그래서 청계산에 올라가 금식하며 기도하기 시작했다. "말씀 한마디만 해주십시오! 제가 꼭 목사가 되어야 합니까? 월요일부터 금식은 시작되었고 나는 솔직하게 내 마음을 하나님께 아뢰었다.

죽을 만큼의 고난이 오면 엎드려 기도하면 된다. 주님이 한 번만 말씀해 주시면 모든 게 평정된다. 죽을 정도로 힘들다면 죽을 정도로 사무치게 주님을 기다리면 된다. 그러면 주님께서 핵심을 건드리시며 모든 문제를 풀어 가신다.

"아버지, 제 생각에는 차라리 평신도로 주를 위해 사는 게 나을 것 같아요. 이런 제가 꼭 목사가 되어야 할까요? 주님은 제가 정말 목사가 되기를 원하십니까?"

산에 올라 월요일부터 기도하기 시작하는데 목요일이 되도록 아무런 응답이 없었다. 더구나 목요일에는 비까지 내리기 시작했다. 할 수 없이 우산을 받쳐 들고 기도했다. 그렇게 기도하다가 문득, 우산 들고 기도하는 내 모습이 한심스럽게 느껴졌다. 소명을 확인하기 위해 금식하며 기도하는 마당에 비 좀 안 맞겠다고 우산을 받쳐 들고 있는 모습이라니…. 스스로의 모습이 부끄러워 얼른 우산을 팽개쳤다.

쏟아지는 비를 맞으며 바위 위에서 무릎 꿇고 간절히 기도하기 시작한 지 얼마 안 되었을 때 하나님의 분명한 음성이 들려왔다. 목사가 되라는 것이었다.

이때의 기쁨을 뭐라 표현할 수 있을까!

"할렐루야, 할렐루야! 감사합니다. 목사가 되겠습니다."

이렇게 응답받고 하산하는 내 발걸음은 뛸 듯이 가벼웠다.

이후에 내 목회의 길은 언제나 주님께서 앞서 행하시며 인도하셨다. 언제나 여호와 이레의 축복으로 인도하셨다.

목회자들은 누구나 어려움을 겪으며 살아간다. 때로는 절망적인 상황에 처하기도 한다. 그러나 언제나 하나님 앞에 전심으로 기도하며 하나님의 응답을 받기만 하면 문제는 곧 해결된다. 그리고 그 문제는 간증거리로 변하여 더할 수 없는 축복의 사건이 된다.

"여호와께서 내게 이르시되 너는 아이라 하지 말고 내가 너를 누구에게 보내든지 너는 가며 내가 네게 무엇을 명하든지 너는 말할지니라 너는 그들을 인하여 두려워 말라 내가 너와 함께하여 너를 구원하리라 나 여호와의 말이니라 하시고"(렘 1:7-8).

눈물의 기도로 하나님의 사인을 받다

수영 로터리에서 목회할 때의 일이다. 개척 이후 교회는 계속해서 성장했는데 교회 주차장은 부족하다 보니 주일마다 문제가 생겼다. 주차장이 없어서 길 양 옆에 차를 주차해 두면 예배드리는 동안 교인들의 차가 견인당하는 일이 잦았다. 예배를 마친 뒤 은혜 충만한 얼굴로 예배당을 나온 교인들은 자기 차가 없어진 것을 보고 울상이 되곤 했다. 주일마다 되풀이되는 그런 사건으로 목사인 나는 애간장이 녹지 않을 수 없었다. 이러다가는 아무도 수영로교회에 나와 예배드리지 않겠다는 생각에 나는 강단에 엎드려 울기 시작했다.

"주님, 주차장을 주세요. 주차장을 주세요."

주일마다 차를 견인당하는 교인들의 심정을 생각하니까 눈물이 쏟아졌다. 목사가 기도를 하되 특별히 눈물 흘리며 드리는 기도는 주님이 신속하게 응답하시는 것 같다. 그날 밤 꿈속에서 주님은 "주차장을 주겠노라"고 응답하셨다. 그리고 그 땅 주인의 자녀 중 유일한 크리스천인 자매로부터 점심 대접을 받게 되었다. 이것은 우연히 된 일이 아니라 하나님이 급히 응답해 주신다는 사인처럼 다가왔다. 나는 그 확신으로 교회에 주님의 약속을 선포했다.

"저 땅을 하나님이 주겠다고 약속하셨습니다. 여러분들도 저 땅을 우리 교회가 매입하길 원하십니까? 원하시면 두 손 들어 '할렐루야'하십시오."

그러자 모두가 "할렐루야"로 화답했다. 그 땅은 주차장으로서는 최적의 조건을 가진 땅이었다. "장로님 중에 반대하시는 분, 계십니까?" 아무도 반대하는 분이 없었다.

"그럼, 진행합시다."

그 말이 채 끝나기가 무섭게 일은 일사천리로 진행되었다. 장로님들은 계약금 외에는 준비된 돈이 전혀 없는 상황에서 땅 임자를 찾아가 매매 계약을 해버리고 말았다. 나중에서야 나는 장로님들께 물었다. "어떻게 겁도 없이 금방 계약부터 하셨어요?" 그러자 장로님들은 이구동성으로 말했다. "목사님께서 응답 받았다고 하시기에 누가 목사님께 돈을 드린 줄 알았지요. 허허."

나는 그저 주님의 약속을 믿고 진행하자고 한 것뿐이었다. 계약 전에 헌금 작정을 하지도 않았고 그런 말을 꺼내 보지도 않았다. 다만 문을 열어 주신다는 사인이 주님으로부터 있었기에 한 치의 의심도 없이 진행하자고 말씀드렸던 것이다. 그 때문에 일은 급속도로 진행되어 곧 중도금을 내야 할 시점이 다가왔다. 그러나 주차장 헌금을 하겠다고 나서는 이는 아무도 없었다. 그럴 때는 그저 주님께 매달리는 수밖에 없다. 아내와 나는 금식 기도에 들어갔다. 나는 강단에서, 아내는 밑에서 금식하며 주님께 기도했다.

"주님, 주신다고 해놓고 왜 안 주십니까?"

그렇게 얼마 동안이나 기도했을까. 주일 새벽에 기도하는데 주님께서 말씀으로 응답하셨다.

"내가 네 앞서가서 험한 곳을 평탄케 하며 놋문을 쳐서 부수며 쇠빗장을 꺾고 네게 흑암 중의 보화와 은밀한 곳에 숨은 재물을 주어서 너로 너를 지명하여 부른 자가 나 여호와 이스라엘의 하나님인 줄 알게 하리라"(사 45:2-3).

이 말씀을 받는 순간, 나는 너무 기뻐서 소리를 질렀다.

"다 됐네요! 다 됐네요! 다 됐네요! 할렐루야! 감사합니다!"

주님께서 그렇게 응답하시면 다 된 거였다. 내 손에 보이는 증거는 아무것도 없었지만 주님께서 그렇게 응답하실 때는 모든 것을 다 준비해 놓으셨다는 뜻이다.

그날 주일 설교에서 나는 이 사실을 온 성도에게 간증했다. 내가 분명히 응답 받았노라고, 하나님께서 감춰진 재물을 주시겠다고 말씀하셨노라고 선포했다. 온 성도는 목사의 간증을 은혜롭게 듣고 있었지만 그날 밤이 지나도록 헌금은 들어오지 않았다.

다음날은 중도금을 내는 날이었다. 그날 중도금을 내지 못하면 계약은 무효가 될 뿐 아니라 위약금마저 물어 줘야 했다. 하나님께선 과연 어떻게 응답하실까?

그날 오후, 부산 전역의 수영로교회 교인들이 교회 계좌로 헌금을 얼마씩 보내 왔다. 10만 원, 100만 원씩 해서 십시일반으로 모인 액수가 어마어마한 중도금을 훨씬 넘어섰다. 그 이후에도 헌금은 계속해서 들어와 일 년 안에 주차장 부지 매입액을 다 갚을 수 있었다. 작정헌금 한번 하지 않았어도 주님이 응답해 주셨기에 온 교인들의 마음에 그렇게 자원하는 심정이 생겨난 것이다. 어느 한 사람의 부자를 통해서가 아니라 온 교인들의 헌신을 통해 매입하게 하신 것도 감사할 일이었다. 그해 공동의회 때 온 교인들은 일어나 춤을 추었다. 금싸라기 땅을 주차장으로 얻었을 뿐 아니라 한 해 교회 헌금도 우리의 예상을 넘어 훨씬 많이 들어왔기 때문이었다. 공동의회 자리는 하나님께서 부어 주신 복에 대한 감사의 박수를 올려 드리는 축제의 자리가 되었다.

사람을 설득하려는 에너지를 하나님께 쏟으라

내가 이 경험을 나누는 이유는 다른 게 아니다. 교회 건축이든 교회 부흥의 문제든 목회 현장에는 언제나 풀어야 할 일들이 산적해 있다. 그런데 우리는 종종 문제를 풀어가는 순서를 뒤바꾸는 바람에 어려운 상황을 맞이하는 것 같다. 무엇보다 주님 앞에서 먼저 응답을 받아야 하는데, 그 순서를 거치지 않는 바람에 소용돌이 속에 휩싸이고 마는 것이다.

중요한 일을 계획하고 있는가? 그렇다면 먼저 주님으로부터 확실한 응답을 받을 일이다. 응답이 더디다면 응답하실 때까지 기다려야 한다. 개척을 하든 교회를 건축하든 선교사로 나가든 중요한 것은 주님의 응답하심이다. 목회 사역의 주권이 하나님께 있음을 진실로 고백한다면 덮어놓고 일을 시작해선 안 된다. 덮어놓고 하는 것만큼 교만한 일은 없다.

사람을 통해 해결하고 설득하려 하는 그 에너지를 이제는 하나님 앞에서 풀어놓아 보라. 하나님은 벙어리가 아니시다. 어떤 식으로든 사인을 주신다. 하나님이 사인을 주시면 모든 문제는 성령께서 풀어 가시고 그때에 비로소 최선의 해결책이 나오게 되어 있다.

주님의 응답을 기다리는 사람은 세상이 감당할 수 없는 배포와 능력도 함께 받게 된다. 인간적으로 타고난 배짱이나 기질은 위기 앞에 서면 곧 흔들리고 말지만 성령께서 응답하시면 아무리 겁 많은 사람에게도 두둑한 배포가 생겨나고 아무리 무능한 자에게도 능력이 생겨난다. 적어도 그런 체험이 있으면 메시지가 살아나고 얼굴빛이 달라진다. 말 한마디에도 하나님의 권위가 실리기 시작한다.

반대로 주님보다 인간적인 뜻이 먼저 앞선 일을 하면 벌써 얼굴빛부터 불안하다. 일이 조금이라도 지연되면 목회자 자신이 가장 먼저 초조해진다. 메시지에도 그 불안과 초조의 내용이 묻어 나오고 그런 메시지를 듣는 교인들도 불안의 소용돌이에 휘말린다. 교인들을 닦달하다가 교회 내 분란을 조장하는 주인공이 되는 경우도 많다.

나는 고민이 생겨 머리가 복잡해지거나 가슴이 답답하면 무얼 제대로 해낼 수가 없다. 그럴 때는 생각이 맑고 단순해질 때까지 주님께 붙들려 있어야 한다. 새벽이든 한밤중이든 주님께 나아가 주님을 붙잡는다. 중고등학교 때도 그랬고 전도사 시절에도 그랬다. 너무너무 급하고 답답할 때는 아예 산에 올라 낭떠러지 끝에 앉아 버린다. "하나님 맘대로 하십시오. 오늘 밤에 응답해 주지 않으시면 저는 기도하며 몸부림치다가 떨어져 죽을 겁니다." 그렇게 죽으면 자살한 게 아니라 기도로 몸부림치다가 죽은 거니까 천국 가서도 할 말이 있을 것 같았기 때문이다.

살다 보면 우리에게는 절체절명의 순간들이 자주 찾아온다. 하지만 하나님께서는 그런 심정을 안고 기도하는 당신의 자녀를 외면하지 않으신다. 그렇게 끝장이라도 낼 기세로 기도하는 우리들의 상한 심령을 반드시 어루만져 주신다. 응답해 주신다. 불 같은 성령, 비둘기 같은 성령으로 임하신다. 그럴 때의 형용할 수 없는 기쁨은 필설로 표현할 수가 없다.

때로는 즉각적인 응답을 주시지 않지만 당신을 간절히 찾는 자들에게는 반드시 어느 때에라도 꼭 응답해 주신다. 오랫동안 기도하지 못해도 죽을 각오로 주님께만 매달리겠다고 결단하는 그 순간에, 이미 응답해 주실 때도 있다. 따라서 기도를 오래 했다고 해서 충분한 기도가 되는 것은 아니다. 마음 속 숨은 동기를 중요하게 보시는 주님은 우리 마음이 얼마나 주님과 온전히 맞닿아 있는가를 살피신다. 따라서 기도한 시간이 길다고 해서 자랑할 것도 없다.

고3 때의 일이다. 대학은 가야 하겠는데 집안 형편은 너무 어렵고 도저히 길이 보이지 않자 입시일이 가까울수록 마음이 답답해지기 시작했다. 아무래도 대학 진학을 포기해야만 할 것 같았다. 하루에 세 번씩 교회에서 기도하는데도 컬컬하고 답답한 마음은 풀리지 않았다. 그래서 하루는 죽을 각오를 하고 기도하기 위해 삼각산에 올랐다. 그것도 일부러 가파른 낭떠러지를 택해 그쪽에 올랐다. 자칫 잘못하면 떨어져 죽었을 그런 위험한 낭떠러지에서 나는 기도하기 시작했다. 죽으면 죽으리라는 생각에서였다. 한겨울 추위 속, 그것도 산 낭떠러지에서의 추위는 가히 살인적이었다. 두꺼운 외투 하나

변변히 갖춰 입지 못한 채 매서운 칼바람을 정면으로 맞는다는 것은 쉬운 일이 아니었다. 그때 주님의 은혜가 아니었다면 나는 얼어 죽었을지도 모른다. 해야 할 사명이 있었기 때문에 특별히 붙들어 주셨던 것 같다.

나는 혼신의 힘을 다해 등에 땀이 나도록 기도했다. 그러나 기도를 멈추자 곧 그 땀이 얼어붙어 더 이상 견딜 수가 없었다. 오랫동안 기도한 것 같았지만 시계를 보니 고작 20분 정도밖에 안 지났다. 사람이 얼마나 간사한지 죽기를 각오하고 오른 산이었건만 추위를 이기지 못해 나는 결국 산을 내려오고 말았다.

그러나 하나님은 이미 응답해 놓고 계셨다. 대학교에 합격하기도 전에 장학금을 주겠다고 약속한 분이 나타났던 것이다.

목숨 걸고 기도한다는 것은 온전히 주님의 응답만을 기다린다는 뜻이다. 주님이 해결해 주시지 않으면 길이 없음을 고백하는 것이다. 인생을 이끄시는 궁극적인 주권이 주님께만 있음을 우리의 마음과 뜻과 정성을 다해 고백할 때 주님은 도우시는 손길을 우리에게 보여 주신다. 삼각산에서 나는 비록 오래는 기도하지 못했지만 그런 사건들을 통해 내 삶의 주권을 주님 앞에 맡길 수 있도록 의도하셨던 것 같다.

내가 목회자가 되기 전까지의 여러 훈련 과정은 주로 그렇게 귀결되었다. 인생을 향한 하나님의 절대주권! 내 힘으로 사는 게 아니라 하나님의 인도하심 따라 사는 게 인생임을, 주님은 때마다 시마다 가르쳐 주셨다. 내 힘을 빼고 하나님의 힘으로 살아가는 게 승리의 비결임을 연단의 과정을 통해 깨닫게 하셨다.

그래서 나는 목회의 어려운 순간이 찾아오면 누군가를 찾아가서 상의하거나 도움을 요청하지 않게 되었다. 마음 맞는 어떤 분을 찾아가기보다 그저 하나님 앞에 엎드리는 것이 목회의 비결임을 주님께서 끊임없이 가르쳐 주셨기 때문이다.

목숨 걸고 기도한다는 것은 온전히 주님의 응답만을 기다린다는 뜻이다. 주님이 해결해 주시지 않으면 길이 없음을 고백하는 것이다. 인생을 이끄시는 궁극적인 주권이 주님께만 있음을 우리의 마음과 뜻과 정성을 다해 고백할 때 주님은 도우시는 손길을 보여 주신다.

목회에 실패하는 여러 요인 중에는 나를 향한 주님의 시선보다는 사람들의 시선을 더욱 의식하는 데서 오는 것도 많다. "사람들이 나를 어떻게 생각하고 있느냐"에 신경을 쓰다 보면 나를 비방하는 소리나 억울한 소리가 들릴 때 이 사람 저 사람 찾아다니며 여론을 바꿔 놓으려 인간적으로 애쓰게 된다. 때문에 분란은 더 커지는 것이다. 그러나 누가 나를 비방하거나 무시하더라도 "주님께서 나를 어떻게 보시는가? 어떻게 말씀하시는가?"에 초점을 두고 살아가는 목회자는 결국 기쁨의 열매를 거두게 된다. 그런 삶은 흔들림이 없고 확신과 평안이 넘쳐 난다. "네 짐을 여호와께 맡겨 버리라 너를 붙드시고 의인의 요동함을 영영히 허락지 아니하시리로다"(시 55:22).

주님께서 하신 말씀이 있고 보여 주신 게 있는데 두려울 게 무어란 말인가! 그럴 때 결국, 하나님이 함께하시고 인정하시고 사용하시는 목회자라는 사실을 교인들이 가장 먼저 알게 된다. 그때 돌아오는 목회의 축복은 이루 말할 수 없다.

환란이 있는가? 주님께만 엎드릴 일이다. 그러면 주님이 풀어 가시고 주님이 갈 길을 보여 주실 것이다. 목회가 전적으로 성령께서 하시는 일임을 인정하는 믿음이 있는지 없는지 이때를 통해 보이기를 기대하시는 것이다.

곧 구름기둥이 나타날 것이다. 그때에도 우리는 조금 더 기다려야 한다. 구름기둥이 움직일 때까지. 구름기둥이 움직일 때 나도 비로소 같이 움직이면 된다. 그것이 목회다.

사랑한 만큼 쓰신다

3

...준비

하나님은 사랑의 사람을 가장 크게 사용하신다.
즐겨 헌신하고 즐겨 충성하는 사람의 내적 동기 속에는 반드시 '사랑' 이 있다.

하나님은 사랑의 사람을 가장 크게 쓰신다

가끔씩 신학생들과 대화하는 자리가 마련될 때가 있다. 그때 빠지지 않고 받는 질문은 "어떻게 목회를 준비해야 합니까?" 라는 것이다. 이미 많은 사람들이 "준비된 만큼 쓰시는 하나님"에 대해 공감대를 형성하고 있기에 이젠 "어떻게 준비할 것인가"에 관심이 가 있다.

그럴 때 나는 '사랑' 이라는 단어를 제일 많이 쓴다. 율법의 최고봉이 사랑인 것처럼, 목회자가 준비해야 할 최선의 것은 다름 아닌 '사랑' 이다. 인류를 창조하시고 다스리시는 하나님의 본질이 사랑이시기에 하나님은 사랑의 사람을 들어 사용하기를 기뻐하신다.

이새의 아들 다윗을 보라. 이새에게는 여덟 아들이 있었지만 왜 그는 다윗에게 양 떼를 맡겼을까? 다윗은 양을 칠 때 사자나 곰이 와서 양의 새끼를 움켜 물면 생명까지도 걸고 나가 그 양을 구해 왔다. 사자나 곰의 수염을 잡고 때려잡았던 그 용기가 어디서 났겠는가. 다윗은 하나님이 함께하시면 양의 새끼를 구해낼 수 있다는 믿음 때문에 사자나 곰도 때려잡았던 것이다.

다윗의 믿음은 사랑에 기초한다. 양을 위해서라면 생명까지도 거는 그 사랑이 다윗의 믿음을 반석처럼 굳세게 했다. 그런 다윗이었기에 이새는 마음 놓고 양을 맡길 수 있었다. 다윗에게 양을 맡기면 걱정할 필요가 없었던 것이다.

하나님께서도 당신의 종을 찾으실 때 다윗과 같은 사람을 찾으신다. 한 사람을 천하보다 귀히 보시는 하나님이시기에 아무에게나 당신의 양을 맡길 수 없으실 것이다. '누구에게 양을 맡겨야 좋은 꼴을 먹일꼬? 누구에게 양을 맡겨야 내 양들을 살찌울꼬? 누가 내 양들을 잘 돌보아 줄꼬?' 하나님은 이런 심정으로 목회 현장의 우리들을 보고 계실 것이다.

목회의 주권은 하나님께 속해 있다. 하나님이 많이 맡기시면 큰 교회가 되고 적게 맡기시면 작은 교회가 된다. 많든 적든 모두가 주의 일이기에 귀한 일이고, 주님께서 맡기신 양 무리가 있다는 것 자체가 크나큰 은총이 아닐 수 없다. 하나님은 많이 맡기셔도 양들을 굶겨 죽이지 않을 사람을 찾으시고, 적게 맡기셔도 그것에 감사해 하며 충실하게 양들을 양육할 신실한 사람을 찾으신다. 어찌됐든 부족한 우리가 목회 사역을 한다는 것은 전적인 하나님의 은혜인 것이다. 사역에의 부름 자체가 감격스러울 뿐이다.

그렇다면 부름받은 우리가 할 수 있는 최선의 것은 무엇일까? 그것은 사랑의 사람이 되는 것이다. 양 무리를 사랑하고 교회를 사랑하고 주님을 사랑하는 것이 우리가 해야 할 유일한 준비다. 사랑의 폭이 넓어지고, 깊어지는 그런 사람이 되어야 한다. 그렇게 사랑이 많은 사람일수록 일을 잘하게 되어 있다. 주변을 둘러보라. 사랑으로 요리하는 사람이 가장 정성껏 요리를 잘한다. 요리의 비법은 만드는 이의 정성과 사랑이 아닌가? 사랑하면, 깊은 사랑이 있으면 매끼마다 해야 하는 요리도 귀찮지 않다. 남편이 아파서 매끼마다 자연식으로 차려야 해도 남편을 사랑하는 아내는 그것에 큰 불만을 표하지 않는다. 사랑하는 남편이 건강해질 수만 있다면 그쯤이야 아무것도 아닌 일로 여긴다. 사랑하기 때문이다. 사랑한다면 공부하는 자식 뒷바라지를 위해 매일 새벽밥을 해 먹이는 일도 귀찮지 않다. 그저 사랑하는 자식이 새벽밥 잘 먹고 힘내기를 바라는 마음이 더 클 뿐이다. 그게 사랑하는 사람의 마음이다. 사랑할수록 일을 잘하는 것은 그 때문이다.

양 떼를 사랑하는 목자는 그런 마음을 갖고 있어야 한다. 그 마음을 갖고 있는지 아닌지는 하나님께서 가장 잘 아시고 두 번째로 양 무리들이 안다. 절대로 속일 수가 없다. 얼굴만 봐도 알고 때로는 대화를 나누면서 안다. 메시지를 들어도 알고 함께 일을 해 보면 정말 알게 된다. 진심으로 사랑하는지, 가식적으로 사랑하는지, 계산적으로 사랑하는지 시간이 지날수록 정확하게 안다. 사랑은커녕 미워하고 있지는 않은지, 양들을 축복하기는커녕 저주하지는 않는지도 알게 되어 있다.

집에 개 한 마리만 키워 보면 개들이 얼마나 주인의 사랑에 민감한지 금방 알 수 있다. 개는 자신을 진심으로 사랑해 주는 주인을 진심으로 따르며 살랑거리지만 자신을 미워하는 주인은 눈치만 보며 따르지 않는다. 결국은 주인을 경계하는 개도 생겨난다.

문제는 사랑이다. 우리 안에 사랑하는 마음이 깊이 담겨 있다면 양 무리들은 진심으로 목자를 따를 수밖에 없다. 따르게 되어 있다. 그게 목양의 원리이다.

하나님은 사랑 많은 사람들을 크게 사용하셨다. 요셉은 자기를 애굽의 상인들에게 팔아넘긴 형들과 억울한 죄를 뒤집어씌우고 감옥에 넘긴 보디발의 아내를 원망하며 세월을 보내지 않았다. 보복하지도 않았다. 오히려 형들의 자손들까지 잘 살도록 길을 닦아 주었다.

하나님의 종 모세를 보라. 그는 이스라엘 백성들의 죄악으로 인해 많은 어려움을 겪어야 했다. 그들은 툭하면 애굽에서 종살이하던 시절을 그리워하며 모세를 원망했고 하나님께도 죄악을 저질렀다. 백성들의 거듭된 패역을 보며 하나님은 백성들을 폐하고 모세를 통해 새로운 민족을 일으키겠다고 말씀하셨다. 그러나 모세는 "옳소이다. 그렇게 하시옵소서"라고 하지 않았다. 오히려 목숨을 걸고 하나님의 뜻을 만류했다.

"여호와께로 다시 나아가 여짜오되 슬프도소이다 이 백성이 자기들을 위하여 금신을 만들었사오니 큰 죄를 범하였나이다 그러나 합의하시면 이제 그들의 죄를 사하시옵소서 그렇지 않사오면 원컨대 주의 기록하신 책에서 내 이름을 지워 버려 주옵소서"(출 32:31-32).

모세는 백성들을 사랑하는 지도자였다. 못된 백성들이었지만, 자신의 이름이 생명책에서 지워진다 하더라도 그들을 구하고 싶을 만큼 그들을 사랑했다. 모세의 고백은 위장이나 위선이 아니었다. 하나님께서 그것을 모르실 리가 없다. 진실한 고백을 즐겨 받으시는 하나님은 백성들의 패역함에 분노하셨으면서도 이스라엘 백성들을 향한 모세의 진심 어린 마음을 읽으셨을 것이다. 하나님께서 모세를 택하신 이유를 굳이 들자면 바로 이토록 백성들

능력 있는 사람도 많고, 학벌 좋은 사람도 많지만 사랑 많은 사람은 찾아보기 힘든 세상에서 하나님은 영혼 사랑의 열정을 품은 한 사람을 오늘도 찾고 계신다. 하나님을 사랑하고 이웃을 내 몸처럼 사랑하는 그 한 사람. 그 한 사람의 진심 어린 사랑 고백을 듣고 싶어 하신다. 하나님은 사랑의 사람을 가장 크게 사용하신다.

을 품었던 모세의 사랑 때문이 아니었을까 싶다.

능력 있는 사람도 많고, 학벌 좋은 사람도 많지만 사랑 많은 사람은 찾아보기 힘든 세상에서 하나님은 영혼 사랑의 열정을 품은 한 사람을 오늘도 찾고 계신다. 하나님을 사랑하고 이웃을 내 몸처럼 사랑하는 그 한 사람. 그 한 사람의 진심 어린 고백을 듣고 싶어 하신다. 하나님은 사랑의 사람을 가장 크게 사용하신다. 즐겨 헌신하고 즐겨 충성하는 사람의 내적 동기 속에는 반드시 '사랑'이 있다.

주님이 가라 하신 길에서 만난 축복

군목 시절, "이 나라 백성들 모두 예수 믿게 해 주십시오"라고 기도하는 내게 하나님은 잊지 못할 교훈 하나를 일깨워 주셨다.

부교역자 시절을 마치고 일월산에 올라 처음 군목으로 섬기던 때였다. 첫 주일을 맞아 설레는 마음으로 교회에 갔는데 이게 웬일인가. 예배 드리러 나온 장병이 한 사람도 없었다. 이유를 알아봤더니 장병들이 선뜻 교회로 찾아올 수 없는 어떤 환경이 조성되어 있었다.

이 사실을 알고 기가 막혔다. 매일 강단에서 울 수밖에 없었다.

"아버지, 왜 저를 이런 데로 보내셨습니까? 전(全) 장병 복음화를 위해 기도하는 저를 왜 하필 이런 곳으로 인도하셨습니까?"

나는 너무나 힘이 빠지고 괴로워서 날마다 주님 앞에 간절히 기도했다. 신실한 신자 한 명 없는 이런 곳에 왜 나를 보내셨는지 모를 일이었다. 전 장병 복음화는커녕 매주 몇 명만 모여 예배 드려도 감격할 형편이었다. 나는 강단을 떠나지 못한 채 "주님, 전 장병을 복음으로 변화시켜 주시옵소서"라며 매일 눈물로 기도 드렸다.

그렇게 얼마 동안이나 기도했을까. 갑자기 주님의 음성이 들려왔다.

"네가 정말 전 장병이 신자가 되기를 원하느냐?"

나는 주님의 음성에 귀를 기울였다.

"내가 너 한 사람 구원하기 위해서도 하늘 보좌를 버리고 이 세상에 내려와 십자가에 못 박혀 죽기까지 해서 비로소 구원할 수 있었는데, 전 장병이 구원받길 원한다면 네가 얼마나 희생해야 하는지 아느냐?"

주님의 이 말씀은 내게 "이 장병들을 구원하기 위해 죽을 수 있겠느냐?"라는 질문처럼 느껴졌다.

눈물이 쏟아졌다. 잠시 마음을 가라앉힌 후 주님께 고백했다.

"주님, 전 장병 신자화(信者化)를 위해서라면 저는 죽어도 좋습니다. 죽어도 좋으니까 전 장병들 다 예수 믿게 해 주십시오."

그날 이후, 나는 전 장병의 복음화를 위해 생명을 걸기로 결단했다. 순교할 각오로 희생하리라고 주님 앞에 약속했다. 내 모든 것을 다 걸겠다는 뜻이었다.

이 문제를 놓고 아내에게 먼저 양해를 구했다.

"여보, 미안하지만 아이를 데리고 친정에 가 있구려."

아무것도 모르는 어린 자식은 그렇게 해서 외가에 가서 살게 되었다. 남편으로서 아버지로서 정말 미안한 일이었다. 다행스럽게도 처가 형편이 비교적 괜찮아서 나는 아예 군목 월급도 주지 않았다.

"당분간 친정에 가서 얻어먹고 지내시구려."

월급은 고스란히 장병들을 위해 사용했다. 부대 관사로 들어가기 전 당분간 셋방살이를 했던 터라 나는 자유롭게 사병들을 찾아다녔다. 새벽 1시든 2시든 일월산 지역을 돌며 보초병부터 전도하기 시작하는데 그 전략은 '사랑'이었다. 커피도 끓여 주고 과자도 나눠 주면서 나는 마치 동생이나 형님을 보살피는 마음으로 섬기려 노력했다. 그 추운 날씨에 잠도 못 자며 보초를 서는 사병들을 보면 실제로 그런 마음이 안 들 수가 없었다. 진심 어린 마음으로 곁에 다가가 커피와 먹을 것을 건네고 "수고한다"는 격려도 아끼지 않았다. 그래서였을까, 사병들은 내가 건넨 커피며 음식을 다 먹은 뒤 "기도 한번 해주고 싶은데 기도해도 될까요?"라는 요청을 거절하지 않았다. 당시는 유신 시절이었고, 이데올로기 대립이 심각했던 까닭에 한밤중에 산 근처를 그렇게 다닌다는 것은 매우 위험한 일이었다. 자칫 수상한 사람으로 몰리는 날에는 그 자리에서 총살을 당할 수도 있었다. 그러나 이미 주님 앞에서 죽기를 작정한 마당에 두려울 건 아무것도 없었다. 내 안에는 이미 주께서 주신 담대함이 충천해 있었다.

그렇게 일주일을 전도하자 주일에 예배 드리러 온 사병들이 10여 명 정도 되었다. 그런데 희한한 일이 벌어졌다. 무섭기로 소문난 부대장이 교회에 나온 것이다. 나는 예를 갖춰 여쭈었다.

"어떻게 나오셨습니까?"

"예배 드리러 왔지."

"그럼, 어서 오십시오!"

부대장이 예배당에 들어오자 모두들 거수경례를 한다. 한 바퀴 휘 둘러본

부대장은 내게 물었다.

"왜 이렇게 없어?"

"없다니요? 옛날엔 이 정도도 없었습니다."

부대장이 교회에 나온 이유는 다음과 같았다. 새로 온 목사가 밤잠도 안 자고 수상하게 여기저기 돌아다닌다는 소문이 즉각 보안대를 통해 부대장에게 올라갔다고 한다. 부대장은 곧 목사라는 사람이 무슨 짓을 하기 위해 그 시각에 돌아다니는지 뒤를 밟아 조사토록 했다. 아마 나에 대한 뒷조사도 보고가 되었을 것이다. 조사 결과는 뻔했다. 밤에 돌아다니는 목사는 매일 커피와 먹을 것을 갖다 주며 야간 근무하는 사람들을 위해 기도해 주는 게 전부였다.

이 사실을 보고 받은 부대장의 마음에 성령의 감동이 임했던 것 같다. 그는 크게 감명을 받아 스스로 교회에 찾아온 것이었다. 부대장은 예배당 자리가 비어 있는 게 무척 못마땅했는지 당장 사무실로 가더니 당직사령에게 "5분 내에 전 장병 기지 교회로 집합!"이라는 명령을 내렸다.

5분. 정확히 5분 내에 전 장병이 교회로 모여들었다. 그 전부터 부대장은 호랑이 부대장으로 이름을 날렸었다. 전 장병 앞에서 참모들을 몽둥이로 때릴 만큼 무섭기로 소문이 나 있었기 때문에 명령이 떨어지기가 무섭게 모두들 교회로 달려왔다. 어떤 사병은 구두끈도 못 맨 채 헐레벌떡 오기도 했다. 외출 나간 사람을 제외하고 한 사람도 빠짐없이 교회에 전 장병이 집합했다.

그렇게 해서 전 장병이 모여서 드린 첫 예배가 기록되었다. 얼마나 예배당이 비좁은지 모두 모이니까 예배당이 터질 것만 같았다. 그래서 나는 예배 후에 내무반장들에게 다 남으라고 했다.

"수요 예배 때는 지금 나간 외출자까지 다 모이면 이 예배당에 들어올 수가 없으니까 각 내무반마다 내가 직접 가서 예배 드릴 수 있게 시간과 장소를 정해 주십시오."

그 후로 나는 1주일에 26번이나 예배를 인도하게 되었다. 얼마나 헐레벌떡 뛰어다녔는지 연일 입술이 부르트곤 했다. 그러나 그것은 영광이요, 기쁨이었다. 그 후 부대장은 나와 한마디의 상의도 없이 내년도 목표까지 정해 버렸다.

"내년도 우리 부대 목표는 전 장병 신자화다!"

혼자 그렇게 결정한 부대장은 대낮에도 갑자기 방송을 내보내는 일이 있었다.

"영내에 있는 장교들은 모두 본부 회의실로 모여라."

장교였던 나도 그 방송을 듣고 헐레벌떡 회의실로 뛰어가 보면 부대장은 갑자기 성경공부를 시키라고 내게 지시했다.

그때부터 하사관은 하사관대로, 장병들은 장병들대로 성경공부를 했다. 그 덕분에 얼마나 눈코 뜰 새 없이 바쁜지, 나는 날마다 행복한 비명을 지르며 군 생활을 했다. 특히 장병들 한 사람 한 사람에게 사영리를 전했던 일 년의 시간은 날마다 감격의 순간이었다.

그렇게 일 년의 시간이 흐른 뒤, 전 장병 합동 세례식을 거행하게 되었다. 전 장병 합동 세례식! 이는 공군 역사상 처음 있는 일이었다. 세례식을 하던 날, 나는 주님께서 행하신 그 기적의 역사 앞에 모든 영광과 찬송을 올려 드리지 않을 수 없었다.

돌아보면 목회하는 현장마다 그런 기적의 역사가 나타났다는 것이 놀라

울 뿐이다. 그것은 전적으로 주님이 하신 일이었다. 나는 그저 죽음을 각오
하는 결단만 했을 뿐, 성령께서 직접 하시고 사람을 보내어 이루셨다. 그러
니 내가 내세울 공로는 아무것도 없었다.

그 다음 해 나는 부산으로 가게 되었다. 육군은 전 장병 신자화를 이룬 적
이 있지만, 공군 역사상 그런 일은 처음이어서 군종감으로부터 특별대우를
받게 된 것이다.

"너 원하는 곳이 어디냐? 그곳에 내가 보내 주겠다."

당시 부산 초량교회에는 정태성 장로님이라는 유명한 장로님이 계셨다.
내가 그분에게 관심을 갖게 된 이유는 그분이 군복음화위원회 위원장이었기
때문이었다. 그분과 손을 잡고 일을 하면 부산 전역 군복음화를 이룰 수 있
겠다는 생각에 전혀 연고도 없는 부산에 가겠다고 말씀드렸다. 그때 이미 성
령께서는 부산을 향한 사랑과 관심을 내 마음에 뜨겁게 쏟아 붓고 계셨다.
그렇지 않고서야 그 많은 지역 중 부산 군복음화에 그렇게 열의를 낼 수 없
을 것이다.

부산에서 군목으로 지낸 시절은 꿈을 꾸듯 행복한 시간이었다. 전 장병
신자화가 이루어진 것은 물론 부산 전역의 교회들로부터 많은 지원과 사랑
과 관심을 받으며 생활했다. 군대 안의 교회가 얼마나 뜨거웠는지 문관, 장
교들, 영외 사람들, 그 부인들까지 다 나와 예배를 드렸다. 마치 부대 전체가
하나의 목회 현장이 되어 버린 듯했다. 월급날이 되면 재정을 담당하는 장교
가 교회 집사였기 때문에 전 장병에게서 신우회비를 거뒀고, 그러다 보니 우
리 교회의 재정은 언제나 넘쳐 났다. 부대별로 축구 시합을 해도 재정이 넉
넉하니까 이기든 지든 음료수며 먹을거리를 우리 교회가 제공해서 나눠 먹

었다. 심지어 부대 내 수송대장은 사병들을 일렬로 세워 놓은 채 내가 출근하기를 기다렸다가 축복 기도를 받은 후 하루를 시작하기도 했다. 성가대석에는 장교 부부들이 앉아 찬양을 드렸고, 전 장병들은 매주일이면 모두 나와 하나님을 찬양했다.

부대 내 이런 일들은 외부로 소문이 나기 시작했고 기독실업인회에서는 내가 제대하기 전에 부대 내에 성전을 짓고 나오라는 전갈을 보내왔다. 부탁한마디 드린 것도 아닌데 그쪽에서 그렇게 제의를 해왔다.

매사가 그런 식이었다. 부목사 시절에도 어떤 분이 강남 어느 일대에 교회를 지어 주겠노라고 말씀했었다. 수영로교회 역시 초량교회의 한 장로님이 지어 주셔서 개척을 시작한 것이었다. 그러니 내 공로가 하나도 없다. 어느 목회자인들 그렇게 교회 다 지어 주고 사례비도 주는데 목회를 못하겠는가. 주님께서 다 하셨다. 다만 나는 주님의 뜻을 구하고 기다리고 결단한 것밖에 없었다. 주님께서 가라 하시니 간 것밖에 없었다. 그런데 그 길에는 엄청난 축복이 준비되어 있었던 것이다.

사랑에 불타는 뜨거운 심장이 있어야 하나님의 사람이다

많은 주의 종들은 목회를 본격적으로 하기에 앞서 어떻게 실력을 쌓을지 고민한다. 어떻게 해야 더 많은 능력을 받을 수 있을지 생각한다. 그리고 그 생각과 고민의 이면에는 실력과 영성을 겸비한 목회자로서 많은 주의 일들을 감당하는 자신의 멋진 모습을 상상한다.

그러나 그렇게 멋지게 사역을 펼치기 전에 주님께서 먼저 요구하시는 게 있다. 먼저 우리가 준비해야 할 게 있다. "사랑으로 희생할 마음의 준비가 되어 있는가? 자신의 모든 것을 바쳐 섬길 준비가 되어 있는가?" 하는 것이다. 주님은 그것을 물으신

> 축복이나 영광을 바라기 전에 영혼을 위해, 하나님 나라를 위해 달려갈 준비가 되어 있는가를 살펴야 한다. '주를 위해 내가 어디로 가오리까?' '주를 위해 내가 무엇을 하오리까?' '주를 위해 오늘 내가 무엇을 드리리이까?' 라는, 사랑에 불타는 뜨거운 심장이 있어야 한다. 그런 마음이 있어야 진짜 소명을 받은 자다.

다. 하나님 나라와 의를 위해 모든 것을 던져도 아까워하지 않을 만큼의 삶의 자세가 되어 있는가를 중요하게 보시는 것이다. 주님을 위해 죽을 수 있을 만큼 주님을 사랑하는지, 맡겨진 양들을 위해 목숨을 바칠 만큼 양들을 사랑하는지를 먼저 보시는 것이다.

따라서 우리는 목회의 축복이나 영광을 바라기 전에 사랑을 위해 먼저 고난받을 준비를 해야 한다. 뒤엣것 즉, "면류관이 있느냐 없느냐"는 주님 뜻에 맡기고 오직 우리는 십자가 고난까지도 받을 만큼 영혼을 위해, 하나님 나라를 위해 달려갈 준비가 되어 있는가를 중요하게 살펴야 한다. 그것이 목회를 위한 최선의 준비 작업이다. '주를 위해 내가 어디로 가오리까?' '주를 위해 내가 무엇을 하오리까?' '주를 위해 오늘 내가 무엇을 드리리이까?'라는, 사랑에 불타는 뜨거운 심장이 있어야 한다. 그런 마음이 있어야 진짜 소명을 받은 자다. 이와 반대로 '어떻게 해야 목회에 성공할까?' '어떻게 해야 유명해질까?' '어떻게 해야 저들이 나를 잘 섬길까?'를 고민한다면 그는 삯꾼 목자다. 목회지라면 내가 정말 목회자로 부름받은 게 맞는지 살펴봐야 한다. 우리가 해야 할 최소한의 마음 준비 즉, 사랑하고 희생할 마음의 준비가

안 되어 있다면 그는 분명 목회의 소명이 없는 자다.

고난받을 마음의 준비를 하라는 것은 가톨릭적인 금욕주의를 말하는 게 아니다. 고난을 위한 고난도 아니고, 해탈을 위한 고난도 아니다. 영혼을 사랑하기 때문에 희생하는 것을 말한다. 내 시간, 내 물질, 내 명예, 내 자존심 따위를 배설물로 여기라는 것이다. 주님을 위해, 주님께서 맡기신 양들을 사랑하기 위해 나를 버릴 준비가 되어 있어야 한다는 것이다. 그렇게 모든 것을 주님께 의탁한 자는 비상식적인 삶을 살아간다. 돈이 없어도 넘치도록 헌금하고, 시간이 없어도 주님 일이라면 기꺼이 사역하며, 위험한 일 앞에서도 두려움 없이 사역한다. 때로는 이상한 선택을 하기도 한다. 쉬운 길, 보장된 길을 놔두고 어려운 길, 힘든 길을 택하기도 한다.

그런데 더 이상한 것은 그렇게 좁은 길, 어려운 길을 택했음에도 불구하고 주님께서 은혜를 부어 주시면 더 이상 영광스러울 수 없을 만큼, 더 이상 찬란할 수 없을 만큼 엄청난 축복을 받는다. 그것이 하나님 나라의 삶의 원리다.

"너희는 먼저 그의 나라와 그의 의를 구하라 그리하면 이 모든 것을 너희에게 더하시리라"(마 6:33).

몇 년 전, 첫째 딸을 결혼시키려고 보니 모아둔 돈이 없었다. 돈이 없다는 사실을 딸조차 믿어 주지 않았다. "엄마, 정말 없어요?" 그게 딸의 물음이었다. 물론 수영로교회에서는 충분한 사례비를 준다. 나처럼 많은 사례비를 받으며 목회하는 이도 드물 것이다. 그런 점에서 나는 늘 많은 목회자들에게 빚진 마음이다.

물질의 주인이 하나님이시기에 하나님께 먼저 드린다는 것에 대해서는 아내나 나나 물러섬이 없었던 것 같다. 어쩌면 아내가 나보다 더한 편이다.

교회가 커질수록 도움을 요청하는 이들도 많다. 그렇다고 내가 대단한 희생을 한다는 뜻은 결코 아니다. 나는 교회에서 먹을 것, 입을 것 해결이 다 된다. 너무도 많은 분들이 부족한 종을 섬겨 주신다. 그 덕분에 너무나 배부르고 등 따습게 지내고 있다. 입을 옷도 너무 많고 신을 신발도 넘치게 많다.

내 사는 모습이 그렇게 넉넉한데 따로 저축할 이유가 없다. 무엇보다 젊은 시절에 주님을 위해 목숨까지도 버릴 수 있다고 고백했던 내가 돈을 모아 놓고 그곳에 내 마음을 의지하고 싶지 않았다. 내가 비록 신앙의 가문에서 물질 드림의 우선순위를 배우지는 못했지만, 하나님께서는 친히 물질 관리의 우선순위가 어떠해야 하는지 내 마음에 감동을 주셔서 가르쳐 주셨다. 물질이 모이면 먼저 하나님께 드리고 주님을 위해 쓰도록 인도하셨다.

아내는 나보다 더했다. 아내는 유복한 집안에서 자란 사람이지만 나와 결혼한 뒤로 물질을 드리는 데 나보다 더 앞서갔다. 결혼 후 한번은 내 쪽의 친척 한 분이 우리 집에 와서 기거하며 몇날 며칠을 돈을 달라고 조른 적이 있었다. 그때 아내는 금식 기도 하는 중이었으면서도 친척에게 꼬박꼬박 식사 대접을 했을 뿐 아니라 나중에는 하나 있는 통장마저 그분에게 쥐어줘 버렸다. 그 통장은 아내가 가난한 신학생과 결혼할 때 친정 부모님이 주신 것인데 아내는 그 돈을 돈 달라고 떼쓰는 가난한 친척에게 다 준 것이다.

물론 그 후 아내는 며칠 동안 먼 산을 바라보게 되었노라고 고백했다. 힘들 때마다 몰래 꺼내서 바라보던 통장이 없어졌으니 그럴 만도 했다. 그러나 아내는 자신이 의지하고 있던 그 통장을 어떤 면에서는 의도적으로 가난한 그 친척에게 준 것이었다. 하나님보다 재물을 의지하고 싶지 않았던 것이다. 어려운 사람에게 내가 가진 것 모두를 아낌없이 주는 결단을 해야만 할 시점이었다고 생각했는지도 모른다. 그 후 아내는 물질을 하나님께 드리고 이려운 이웃을 돌보는 데 더욱 아낌없이 사용했다.

"한 사람이 두 주인을 섬기지 못할 것이니 혹 이를 미워하며 저를 사랑하거나 혹 이를 중히 여기며 저를 경히 여김이라 너희가 하나님과 재물을 겸하여 섬기지 못하느니라"(마 6:24).

그렇다고 우리 부부가 무슨 청빈주의자처럼 사는 것은 아니다. 분에 넘치게 좋은 집과 분에 넘치게 맛있는 음식과 분에 넘치게 좋은 옷이 우리에게 늘 넘쳐 난다. 우린 그야말로 하나님 나라 왕족의 자손처럼 누리며 산다. 하나님께 많은 것을 드린다고는 하지만 그 모든 것도 다 하나님으로부터 온 것이고, 우리 또한 매우 풍족한 생활을 누리고 있기에 공로로 내세울 만한 것은 하나도 없다. 또한 저축 통장을 만들지 않고 우리처럼 사는 게 반드시 옳다는 뜻만은 아니다. 다만 하나님이 많이 주신 자들에게는 비축하기보다는 나누며 살 것을, 드리며 살 것을 요구하신다는 말을 하고 싶을 뿐이다.

딸의 결혼을 앞두고 집안 형편을 실감하게 된 우리는 사돈 되실 목사님께 전화를 드려 그쪽 형편에 대해 여쭈었다. 그런데 그쪽은 우리보다 더 했다. 아들 장가 보내려고 얼마를 모아 뒀는데 교회에 급한 일이 생겨 전부 헌금해 버렸다는 것이다. 그쪽 집안은 몇 백만 원의 여유도 없는 실정이었다. 나는 기쁘게 말씀드렸다.

"잘됐습니다. 우리도 돈이 없는데, 없는 사람끼리 사돈을 맺으니 얼마나 좋습니까? 우리 그럼 없는 대로 결혼식 올립시다."

그런데 결혼식은 매우 성대하게 치러졌다. 장로님들끼리 상의해서 두 사람의 결혼식을 치러준 것이었다. 극구 사양하려 해도 장로님들이 그렇게 일사천리로 진행시켜 버렸다. 우리 교회 장로님들은 부족한 나를 그토록 극진히 섬겨 주셨다.

듣기에 따라 자랑처럼 들릴 수 있는 이야기지만, 나는 이런 일들을 겪으며 더욱 확신하게 된다. 모든 것을 하나님께 맡기고 마음과 뜻과 정성을 다해, 물질과 시간과 몸을 바쳐 하나님을 섬기는 자녀들에게 하나님은 주시되 후히 주신다는 것을…. 드린 것의 몇 배 몇 십 배로 보상해 주신다는 것을…. 하나님은 보상을 바라지 않는 순수한 사랑의 마음으로 헌신하는 당신의 자녀들에게 후히 갚아주시며 빛나는 면류관을 씌워 주신다.

문제는 "먼저 하나님께 순전한 사랑의 고백을 하고 있는가?" 이것이다. 평생 이 고백을 하며 사는 당신의 자녀에게 아버지이신 하나님은 반드시 축복의 면류관을 씌워 주신다.

내가 아는 어떤 목사님은 평생 전도자로 사셨다. 하지만 목회적인 열매로 따져 보면 무능하디 무능한 목사셨다. 아침부터 저녁까지 날마다 전도만 하며 사셨지만 신기하게도 열매가 거의 없었다. 더욱 신기한 것은 그렇게 열매가 없음에도 불구하고 이분은 낙심하지 않고 날마다 전도를 나가셨다는 사실이다. 날마다 주님 사랑하는 마음으로 주님 명령에 순종하여 복음을 전하신 것이다. 그 덕에 사모님은 자녀들 키우느라 많은 수고와 고생을 감당하셔야 했다.

그런데 그 자녀들 한 사람 한 사람이 얼마나 잘 자랐는지, 신앙과 인품도 훌륭했을 뿐 아니라 재벌이 되는 복도 받았다. 자식 농사 잘된 것만큼 큰 기쁨이 어디 있을까? 주님 품에 안길 때 결국 우리가 남기고 가는 선명한 흔적은 자식이 아니던가!

나는 그분의 삶을 보면서 많은 교훈과 위로를 받았다. 하나님께서 가장 중요하게 보시는 것은 결국 얼마나 많은 영혼을 구원했는가, 얼마나 목회를 크게 했는가가 아니라 그렇게 힘들어도, 그렇게 멸시받고 천대받아도 주님 명령에 순종하여 끝까지 주의 일을 감당하는 것, 주님을 사랑하여 끝까지 주를 위해 사는 것, 그것을 가장 중요하게 보신다는 것이다. 주님을 사랑한다는 고백을 날마다 삶으로 그렇게 보여 드릴 때 하나님은 상을 주시되 가장 큰 상을 주시고, 받을 만한 때에 주신다는 사실도 알게 되었다. 당장 눈에 보이는 열매가 없어 낙심이 되어도 결국에는 기쁨의 단을 거두게 하시는 하나님의 은혜를 깨닫는 것이다. 목회자든 평신도든 주의 일을 하는 것 자체가 이미 큰 상급이기도 하다. 찬송가 260장 3절 가사는 그런 면에서 깊은 은혜를 준다.

씨를 뿌릴 때에 나지 아니할까 슬퍼하며 심히 애탈지라도
나중 예수께서 칭찬하시리니 기쁨으로 단을 거두리로다
거두리로다 거두리로다 기쁨으로 단을 거두리로다
거두리로다 거두리로다 기쁨으로 단을 거두리로다

하나님께서 우리의 삶을, 우리의 목회를 어떻게 인도하실지 우린 알 수 없다. 모든 것은 성령께서 하시고 그것을 통해 하나님께서 영광 받으실 것이다. 그렇다면 우리가 해야 할 일은 무엇인가? 사랑의 고백이다. 주를 위해서라면, 주께서 맡겨 주신 양들을 위해서라면 모든 것을 다 걸겠다는 사랑의 고백만 올려 드리면 된다. 그 고백으로 하루하루를 살아가면 된다. 그것이 최선의 삶이다.

더 많이 사랑하고, 더 많이 수고하라

엘리야의 제자 엘리사는 엘리야의 승천을 앞두고 엘리야가 지녔던 영감의 갑절을 구했다.

"엘리야가 엘리사에게 이르되 나를 네게서 취하기 전에 내가 네게 어떻게 할 것을 구하라 엘리사가 가로되 당신의 영감이 갑절이나 내게 있기를 구하나이다"(왕하 2:9).

그러자 엘리야는 이렇게 말했다.

"네가 어려운 일을 구하는도다"(왕하 2:10).

엘리야는 왜 엘리사에게 이렇게 대답했을까? 하나님께는 능치 못한 일이 없는데 엘리사에게 갑절의 영감을 주시는 게 뭐가 그리 어려운 일이라고, "어려운 일을 구한다"고 말하는 것일까. 그것은 하나님이 갑절의 영감을 주시기가 어렵다는 뜻이 아니라 갑절의 영감을 받게 되면 엘리사가 그만큼 더 힘들고 더 어려워진다는 뜻이다. 그만한 영감을 받는다는 것은 자신의 모든 삶을 다 버리고 하나님의 일을 희생과 수고로 그만큼 감당해야 한다는 뜻이다. 즉 "야, 너 참 어려운 길을 가려고 자청하는구나"라는 뜻이다.

나 역시 이 마지막 세대가 엘리사 때보다 더 악하고 음란하다고 느끼며 "엘리사에게 주셨던 영감의 7배를 달라"고 기도한다. 우리 교인들도 마찬가지다. 목사인 나를 위해 기도할 때마다 "우리 목사님, 오대양 육대주를 누비면서 말씀을 전하는 종이 되게 해주시고, 엘리사보다 7배의 영감을 받게 해주세요"라고 기도한다.

그런데 만약 그 기도가 응답되었다고 상상해 보라. 엘리사에게 임했던 영감의 7배가 내게 임한다면 과언 내가 제대로 밥이나 먹으며 지낼 수 있을까? 얼마나 고단해야 하고 얼마나 바빠야 할까? 쉽게 말해 내가 손을 얹고 기도할 때 에이즈 환자들까지 다 낫는다고 한다면, 내 발길 닿는 곳마다 얼마나 많은 병자들과 얼마나 많은 힘든 사람들이 몰려오겠는가 하는 것이다. 잠잘 시간인들 제대로 있을 리 없다. 한밤중에도 새벽녘에도 내가 가는 곳마다 사람들이 쫓아다닐 것이다. 순전히 주께서 주신 능력으로 행하는 일이기에 무슨 점쟁이처럼 돈을 받을 수도 없을 것이다. 또 돈을 받은들 뭐하겠는가? 한마디로 죽을 지경이 아니겠는가?

쉬운 예를 들었지만, 우리는 하나님께 능력을 구하는 것이 무얼 의미하는지 모를 때가 너무 많은 것 같다. 하나님의 능력, 하나님의 영감은 어디까지나 하나님의 일을 하라고 주시는 것이다. 따라서 하나님의 영감을 구할 때는 그만큼 더 사랑하고 그만큼 더 헌신하겠다는 의미가 있어야 한다. 이것은 "제가 주를 위해서 더 많이 죽겠나이다"라는 고백이어야 한다는 것이다.

마찬가지로 우리 교회, 우리 구역을 더 부흥시켜 달라고 기도할 때도 그 기도의 의미가 무엇인지를 바로 알고 구해야 한다. 더 많이 사랑하고 더 많이 수고하겠다는 마음의 고백이 먼저 있을 때 부흥도 뒤따르는 것이다. 우리에 양 떼가 많이 모일 때는 그만큼 일거리가 많아지고 속상한 일도 많아진다. "가지 많은 나무 바람 잘 날 없다"는 속담처럼, 자식이 많으면 많을수록 좋은 일도 많지만 부모의 수고와 걱정은 끝이 없다. 교회 역시 커지면 커질수록 좋은 일도 많지만 문제도 그만큼 많아진다. 우리 교회도 커지면서 교역자 수가 늘어나다 보니 수십 명의 교역자들을 관리하고 섬기는 일이 보통 일이 아니다. 한 사람의 교역자만 잘못되어도 몇백 명의 교인들이 흔들린다.

교회가 커질수록 할 일은 많고 수고는 더 많아진다. 더 많이 헌신된 자들이 나와야만 한다. 우리가 주님께 "부흥시켜 주옵소서"라고 부르짖을 때 주님은 오히려 "네가 그만큼 더 헌신하기를 원하느냐?"라고 물으신다는 것이다.

성경에서도 이와 같은 이야기가 나온다.

"그때에 세베대의 아들의 어미가 그 아들들을 데리고 예수께 와서 절하며 무엇을 구하니 예수께서 가라사대 무엇을 원하느뇨 가로되 이 나의 두 아들을 주의 나라에서 하나는 주의 우편에, 하나는 주의 좌편에 앉게 명하소서"(마 20:20-21).

이런 요청을 할 때 주님은 뭐라고 말씀하셨는가?

"예수께서 대답하여 가라사대 너희 구하는 것을 너희가 알지 못하는도다 나의 마시려는 잔을 너희가 마실 수 있느냐"(마 20:22).

인간인 우리들은 그저 주님의 큰 종이 되어 장차 주님의 우편과 좌편에 앉는 영광스런 모습만을 생각하지만, 주님은 그 영광을 구한다는 게 실은 무엇을 의미하는지부터 알아야 한다고 말씀하신다. 즉 그렇게 큰 영광을 얻기 원한다면 십자가 고난부터 참여하라는 것이다. 면류관을 받으려면 십자가부터 통과하라는 것이다.

십자가를 진다는 게 무엇인가? 여기에는 많은 뜻이 내포되어 있지만 무엇보다 주를 위해 세상의 안락과 부귀와 명예와 권세를 포기하는 것이 그 길을 내딛는 첫걸음이다. 그로 인해 겪게 되는 어려움을 감당한다는 뜻이다.

"무릇 내게 오는 자가 자기 부모와 처자와 형제와 자매와 및 자기 목숨까지 미워하지 아니하면 능히 나의 제자가 되지 못하고… 너희 중에 누구든지 자기의 모든 소유를 버리지 아니하면 능히 내 제자가 되지 못하리라"(눅

14:26, 33).

구약 성경을 보면, 위대한 선지자도 순교하는 것이 두려워서 도망했고 자신이 당하는 고난에 대해 하나님께 불만을 토하기도 했다. 사람이라면 환란과 핍박이 두렵지 않은 이가 어디 있겠는가? 십자가를 진다는 것은 누구에게나 괴로운 일이다. 그러나 예수님을 사랑한다고 하면서 십자가를 지지 않는다면 주님이 가신 길을 따라갈 수 없는 법이다. 더 나아가 믿음을 지키기도 어렵다.

토마스 아 켐피스는 그의 명저 「그리스도를 본받아」에서 이렇게 말하고 있다. "그리스도인은 십자가에서 도망칠 수 없다. 십자가를 피한다면 그 사람은 이미 그리스도를 따르는 자가 아니다. 그리스도인은 밖으로 도망쳐도 거기에 십자가가 있고, 안으로 숨어도 거기에 십자가가 있음을 알게 될 것이다. 위로 올라가도 십자가가 기다리고 있고 밑으로 파고 들어가도 십자가가 있을 것이다." 그리스도인들이 진정으로 예수님을 믿고자 할 때는 반드시 십자가가 기다리고 있다는 의미다.

어느 시골에 계신 한 여 집사님의 이야기다. 그는 여러 사정으로 너무도 힘들게 신앙 생활을 하고 있었다고 한다. 그래서 늘 기도할 때마다 "주님, 너무 힘듭니다"라고 부르짖었다.

한번은 꿈을 꾸었는데 꿈에서조차 커다란 십자가를 질질 끌고 힘겹게 길을 가고 있었다. 그때 마침 예수님께서 나타나셨기에 애원하듯 간청했다. "주님, 주님은 목수시잖아요. 이 십자가가 너무 무겁습니다. 그러니 조금만 잘라 주세요." 주님은 빙그레 웃으시더니 그 십자가를 잘라 주셨다. 길을 가던 그는 또다시 무겁게 느껴지는 십자가를 보며 "조금만 더 잘라 주세요"라고 간청했다. 결국 그는 앞으로 나아갈 때마다 주님께 더 잘라 달라고 부탁했고, 그때마다 예수님은 그의 소원대로 십자가를 잘라 주셨다.

그러다 어느덧 천국 문 앞에 다다랐다. 그가 천국에 와서 보니 각 사람이 모두 십자가를 가지고 있는데 자신들이 가진 십자가의 크기에 따라 상을 받는 것이었다. 자신의 십자가를 살펴본 그는 깜짝 놀랐다. 그 십자가는 자신의 손 안에 들어올 정도로 매우 작아져 있었기 때문이었다. 그 순간 그는 잠에서 깼다고 한다. 그리고 기도하는 중에 비로소 "누구든지 나를 따라오려거든 자기를 부인하고 날마다 자기 십자가를 지고 나를 좇을 것이니라"고 하신 말씀의 뜻을 깨달을 수 있었다고 한다.

우리는 예수를 믿음으로 이미 천국을 보장받은 사람들이다. 그러나 예수를 믿어도 그저 복이나 받고 평안하게 천국에 간다면 그곳에서 받을 상이 없다. 따라서 주님을 위해 조금도 수고하지 않고 헌신하지 않고 포기하지 않고 천국까지 간 사람은 복 있는 사람이 아니라 매우 어리석은 사람이라 할 수 있다.

사도들은 복음을 전하다가 매를 맞고 감옥에 들어가면서도 영광으로 알고 기뻐했다. 그들은 천국에서 받을 상급의 비밀을 알고 있었다.

"성령이 친히 우리 영으로 더불어 우리가 하나님의 자녀인 것을 증거하시나니 자녀이면 또한 후사 곧 하나님의 후사요 그리스도와 함께한 후사니 우리가 그와 함께 영광을 받기 위하여 고난도 함께 받아야 될 것이니라 생각건대 현재의 고난은 장차 우리에게 나타날 영광과 족히 비교할 수 없도다"(롬 8:16-18).

하나님은 오늘도 당신을 사랑하는 마음 때문에 기꺼이 십자가를 지려는 자들을 찾고 계신다. 십자가를 지면서도 감사와 감격으로 기뻐하는 자들을 집중하여 보신다. 주의 일을 감당하기 원하는가? 먼저 십자가를 구할 일이다. 십자가 사랑을 구하고 십자가 희생을 구해야 한다. 십자가 없이는 면류관도 없다.

4

눈물이 차야 예배당이 찬다

...기도

겸손한 자의 기도를 들으신다

나는 어려서부터 목회자가 되려고 작정했지만 실제로 교회를 개척해서
목회를 하리라고는 생각지도 못했다. 개척이 얼마나 어려운 일인가! 나는 사
실 내성적이고 겁 많은 사람이라 개척은커녕 목회자가 되는 것조차 어렵게
느끼고 있었다. 그 사실을 깨달은 뒤로 차라리 평신도로 사는 게 낫지 않겠
냐고 하나님께 매달리기도 했다. 그러나 하나님은 내가 목회자의 길을 갈 것
을 분명히 말씀해 주셨다. 그 음성 이후, 스스로 내 모습을 볼 때는 절망적이
지만 하나님께서 함께하시면 나도 쓰임받을 수 있다는 확신으로 이 길을 걸
을 수 있었다.

교회를 개척하기 전, 하나님은 여러 훈련 코스를 통해 목회는 성령께서
하신다는 것을 깨닫게 하셨다. 그리고 목회자들이 어떻게 목회 현장에 하나
님을 주인으로 모셔야 하는지 알게 하셨다. 나의 부족함을 불쌍히 여기신 주
님께서 친히 나를 지도하시며 이끌고 계셨다.

그 첫 코스는 신학교에서였다. 대학을 졸업한 후 곧바로 들어간 신학교는

내게 크나큰 실망을 안겨 주었다. 대부분의 커리큘럼들이 자리를 잡지 못했던 때인지라 체계적인 신학 공부를 할 수 있는 분위기가 전혀 아니었다. 학교 어느 곳에서도 공부에 대한 열의를 찾아볼 수 없었다. 얼마나 낙심이 되는지 3년 코스의 신학 과정을 밟으려 한 나 자신이 스스로 한심하게 느껴지기까지 했다.

또다시 답답해진 마음을 안고 하나님께 엎드렸다. 그동안 명문 코스의 학교들만 거쳐 오면서 한 번도 고민해 보지 않았던 문제가 나를 답답하게 했다. 뭔가 안 맞는 것 같은 그런 상황들, 그 속에서 내 마음은 너무도 답답했다. 교만이 내 안에 들어왔기에 생긴 마음이었다.

기도하는 중에 하나님은 내 안의 교만을 깨닫게 하셨다. 신학교 3년 동안 이 교만이라는 암초에 부딪치면 나는 끝장날 수밖에 없다는 사실과, 교만의 암초에 부딪치지 않고 신학교 3년을 잘 보내면 그것이 내게는 성공이라는 사실을 알려 주셨다. 그동안 공부 많이 하는 학교들을 졸업할 수 있었던 것이 어디 내 능력이었던가! 하나님께서 주신 지혜가 있었기에 가능했지, 지혜를 거둬 가시면 순식간에 바보가 될 수도 있는 존재가 바로 우리들 인간이 아니던가. 또한 목회자의 목회 능력, 하나님 앞에서의 사람됨의 평가가 어디 지적인 실력이나 학력에서 오는 것인가. 많은 목회자들이 이 사실을 간과한 채 목회를 하다 보니 목회 현장에서 자신의 실력과 지적 능력으로 목회를 하는 일들이 생겨나는 것이다.

목회는 지식이나 실력으로 감당하는 게 아니라 겸손으로 감당하는 것이다. 겸손으로 감당할 때 하나님의 은혜가 부이진다. 겸손이야말로 진정한 목회 실력이요, 목회 능력인 것이다.

생각이 거기에 미치자 나는 학위나 타이틀에 에너지를 집중하기 않기로 결심했다. 더 이상 학위를 딸 필요가 없겠다고 생각했다. 물론 목회자는 평생 학습자가 되어서 늘 공부하는 자세로 살아가야 하지만, 그것은 어디까지나 양들을 잘 먹이기 위한 공부지, 남들을 평가하거나 스스로를 높이기 위한 공부여서는 안 될 것이다.

교만이란 하나님이 평가하실 일을 자신이 평가해 버리고, 하나님께서 영광 받으실 그것을 자신이 가로채는 일이다. 생각하지 않아도 될 일까지 생각하는 것 역시 교만이다. 교만은 자기 자신의 정체성을 제대로 알지 못할 때 싹트기 시작한다. 조그만 타이틀 하나, 조그만 성과 하나, 조그만 생각 하나 때문에 인간은 교만에 사로잡힌다.

성경에 나오는 의인 중의 의인인 욥을 보라. 그가 고난 중에 있을 때 그의 세 친구들은 서로 앞다투어 변론을 일삼았다. 의로운 욥은 병중에서 이를 듣다듣다 자신도 모르게 변론에 휩싸인다. 변론에 휩싸였다는 것은 곧 생각이 교만해졌다는 뜻이다. 이때 하나님께서는 욥에게 나타나 욥의 무지함을 드러내셨다. 의로운 사람 욥조차도 하나님의 책망을 들어야 했다.

"무식한 말로 내 뜻을 흐리게 하는 자가 누구냐? 이제 너는 남자답게 일어나 내가 묻는 말에 대답하라. 내가 땅의 기초를 놓을 때에 너는 어디 있었느냐? 네가 그렇게 많이 알면 한번 말해 보아라. 누가 그 크기를 정하였으며 누가 그 위에 측량줄을 대어 보았는지 너는 알고 있느냐? …바닷물이 깊은 곳에서 쏟아져 나올 때에 누가 그 물을 막아 바다의 한계를 정하였느냐? 그때 구름으로 바다를 덮고 흑암으로 그것을 감싸며 해안으로 그 한계를 정하여 '네가 여기까지만 오고 그 이상은 넘어가지 못한다. 너 교만한 물결은 여기서 멈춰라' 하고 말한 자는 바로 나였다. 네가 지금까지 한 번이라도 아침이 되라고 명령하여 동이 트게 한 적이 있느냐?"(욥 38:2–12, 「현대인의 성경」).

사람이 무엇인가? 사람은 어디까지나 피조물일 뿐이다. 그 피조물이 창조주 앞에서 교만해졌다는 것은 얼마나 우스운 일인지 모른다. 하나님은 욥에게 말씀하셨다.

"너 욥아, 네가 그렇게 똑똑하다면 네가 한 번이라도 아침이 되라고 명령하여 동이 트게 한 적이 있느냐?"

욥은 그제야 자신의 정체성을 깨닫고, 죄악을 돌이켜 회개하며 하나님 앞에 겸손해질 수 있었다.

"나는 미천하오니 무엇이라 주께 대답하리이까 손으로 내 입을 가릴 뿐이로소이다 내가 한두 번 말하였사온즉 다시는 더하지도 아니하겠고 대답지도 아니하겠나이다"(욥 40:4–5).

그 후 욥은 어떻게 되었는가? 겸손해진 욥은 하나님으로부터 갑절의 복을 받게 되었다. 하나님은 겸손한 사람을 찾으신다. 교만한 자를 두고 보실 수 없는 분이 하나님이시다.

많은 목회자들이 모델로 삼는 무디는 초등학교 학력밖에 없는 사람이었다. 그래서인지 그는 설교할 때마다 잘못된 발음과 단어 사용 때문에 지적을 받곤 했다. 하지만 무디만큼 하나님께 크게 쓰임받은 부흥사는 없었다. 그가 평생 집회를 인도하면서 결신시킨 영혼의 수는 백만 명이 넘는다고 한다. 어떻게 이런 일이 가능했을까? 그는 어떻게 성령께서 쓰시는 노구가 될 수 있었을까?

겸손이었다. 무디는 철저한 겸손의 사람이었다고 한다. 그는 초등학교 4학년 과정밖에 밟지 못했기에 더더욱 철저하게 겸손했다. 자기 자신에게서는 사람을 감화시키고 변화시킬 만한 선한 게 나올 수 없다는 사실을 삶으로 고백하며 살았고 그러기에 더욱 성령께 모든 것을 의탁했다. 자신의 능력, 자신의 학력, 자신의 생각 속에는 내세울 만한 것이 전혀 없음을 온전히 고백하며 전심전력으로 성령께 의지한 것이다. 그러자 성령의 폭발적인 역사가 그의 발길 닿는 곳마다 나타났다. 자신을 겸손하게 의탁한 무디로 인해 성령이 맘껏 역사하실 수 있었던 것이다.

주의 일을 한다는 것 자체만으로 사역자들은 하나님이 귀히 보시는 대상이다. 하지만 기왕 수고하고 기왕 십자가를 지고 기왕 복음을 전할 바에는 무디처럼 온전히 성령이 쓰시는 도구가 되어야 하지 않을까? 기왕이면 겸손한 성령의 도구가 되어 하나님 나라 확장에 크게 쓰임받아야 하지 않을까? 하나님 나라의 원리는 이렇게 역설적인 것이다. 내가 작아져야 하나님이 커지시고, 내가 죽어야 성령이 살아나신다. 내가 온전히 겸손할 때 성령의 역사는 흥왕케 된다.

겸손에 관한 철저한 순종! 그것이 신학교 3년 간 하나님께서 내게 주신 숙제였고 문제였다. 아무것도 아닌 내가 생각이나 삶으로 교만해지지 말 것을 하나님은 당부하고 계셨다. 목회는 지식으로 하는 게 아니라 겸손으로 감당하는 것이고, 그러기에 겸손한 사람은 기도에 매달릴 수밖에 없음을 주님은 알려 주고 싶으신 것이었다. 신학교 2학년 때 어느 개척 교회를 섬기게 된 것은 그런 주님의 의도 때문이었다고 믿는다. 철저하게 기도하며 사는 목회자가 되라고 신학교 2년생을 개척 교회 목회자로 부르신 것이다.

기도의 눈물이 차야 예배당이 채워진다

2학년이 되었을 때, 어느 개척 교회 집사님들이 내게 부탁을 해왔다. 당분간 그 교회에 와서 설교만이라도 좀 해 달라는 것이다. 담임목사가 없던 교회였기에 임시로라도 와서 그 자리를 맡아 달라는 것이었다.

그때부터 나는 주일 설교와 오후 예배 설교, 수요 예배와 새벽 예배 7일을 매일 인도하게 되었다. 일주일에 열 번씩 예배를 인도한 것이다. 교육전도사도 안 해 본 내가 처음부터 30명 정도 모이는 교회의 목회를 시작한 거나 다름없었다.

갑작스레 맡게 된 개척 교회 사역으로 인해 나는 매일 하나님 앞에 울 수밖에 없었다. 무엇보다 말씀을 달라고, 그 양들을 먹일 말씀을 달라고 하나님 앞에서 울었다. 신학교 2년차인 내가 매주 그렇게 설교를 준비한다는 게 능력 밖의 일이었기 때문이었다. 그러나 하나님은 부족한 나를 불쌍히 보시고 그 교회를 꾸준히 성장시켜 주셨다. 강단에서 말씀을 전하면 교인들이 "아멘!"으로 화답했고, 매주 새로운 신자들이 계속해서 들어왔다.

어느 주일이었다. 말씀을 전하고 있는데 한 낯선 분이 뒷자리에 앉아 계신 게 보였다. 당시가 1967년이었으니까 지방에서 많이들 상경하던 무렵이었는데, 그분 역시 지방에서 올라온 듯한 분위기를 풍겼다. 유독 그분이 눈에 띄었던 것은 말씀을 전하는데 고개를 끄덕끄덕하며 듣고 계셨기 때문이다. 은혜를 많이 받고 있다는 사인이었다.

예배가 끝난 뒤 출입문에 서서 교인들 한 사람 한 사람과 인사를 나누는 내게 그분이 다가왔다. "전도사님, 이제 나도 이 교회 계속 나올랍니다." 그분은 순순히 교회 등록부터 하셨다.

알고 봤더니 이분은 대구에서 올라온 집사님이었다. 내 어머니뻘 되는 연세에다 얼마나 기도를 열심히 하시는지, 이분의 별명이 '기도 대장'이었다. 옛날 같으면 선지자로 부름받지 않았을까 싶을 정도로 늘 주님 앞에서 뜨겁고 맑게 살아가시는 분이었다.

이분의 교회 등록은 개척 교회 목회에 많은 활력과 도움이 되었다. 무엇보다 총각 전도사 혼자 하기 어려운 심방을 이분의 출현으로 적극적으로 할 수 있었다. 마침 이 집사님은 사는 형편도 넉넉했고 연세도 꽤 많으셨기에 별다르게 바쁜 일도 없었다. 주께서 보내 주신 동역자였다. 그 집사님은 어머니같이 가난한 총각 전도사와 함께 심방을 다니며 택시비며 점심값이며 다 대주셨다. 나는 아무것도 염려하지 않고 맘껏 심방할 수가 있어 너무나 좋았다. 정말 하나님께서 나를 위해 천사 한 분을 붙여 주신 것 같았다.

그 집사님은 집사님대로 날마다 행복해 했다. 하루는 어느 집에 심방을 갔다가 나오는데 그분이 뒤따라오지 않았다. 뒤돌아보니 저쪽 고목나무 밑에서 하늘을 바라보며 지그시 눈을 감고 있었다. "집사님, 뭐하세요?" 나의 물음에 집사님은 이렇게 말씀하셨다. "전도사님, 제가 너무 은혜를 받아서요. 아…, 이게 꿈인지 생시인지 모르겠어요." 신학생이 전하는 말씀인데도 그분은 그렇게 감격스럽게 말씀을 받았다. 겸손하신 분이었다. 날마다 그런 행복을 고백하느라 어떤 날은 집에 들어가는 시간조차 늦추곤 했다. "전도사님, 한 집만 더 심방하면 안 될까요?" 말씀의 은혜를 깊이 사모하는 분과 함께 다니는 심방은 그렇게 즐겁고 행복했다.

목회란 바로 이런 것이어야 한다는 걸 그때 알았다. 같이 동역하는 파트

너들이 나로 인해 행복해 하고, 나 또한 그들로 인해 행복한 그런 경지가 바로 목회인 것이다. 나를 돕는 비서들이 담임목사로 인해 행복해 하고, 담임목사는 그들로 인해 행복해 하는 그런 목회, 그게 바로 참 목회인 것이다. 교인들에게 행복을 외치고 평안을 외치고 기쁨을 전하면서 정작 목회 현장엔 평안과 기쁨이 없다면 그걸 어떻게 설명할 수 있을까.

나는 그분과의 동역으로 인해 어떻게 동역자들과 목회해야 하는지 느끼고 체험하고 배울 수 있었다. 무엇보다 그때 그분이 내게 주신 교훈은 평생 동안 내 목회 일선에 근간이 된 메시지였다. 어느 날 그분이 대뜸 이렇게 말씀해 오셨다.

"전도사님, 예배당에 교인들이 꽉 차기를 바라십니까?"

나는 눈을 크게 뜨고 대답했다.

"아이구, 그걸 말씀이라고 하세요? 당연히 꽉 차기를 바라죠."

그러자 그분은 이렇게 말씀하셨다.

"눈물이, 기도의 눈물이 여기에 차야 예배당이 찬답니다. 교인을 채우는 게 그렇게 힘든 거랍니다."

그 말씀에 나는 속으로 이런 생각부터 들었다.

'아이고, 참. 집사님도 이상한 말씀을 하시네. 평생 운다고 해시 그 눈물이 예배당을 다 채울 수나 있나?'

그런데 이상한 일이었다. 시간이 지날수록 집사님의 그 말씀이 내 머릿속을 떠나지 않았다.

"눈물이, 기도의 눈물이 여기에 채워져야 예배당이 채워진답니다. 눈물이 차야 예배당이…"

머릿속을 떠나지 않는 걸 보니 주님이 주시는 말씀이라는 생각에 그날 밤부터 철야 기도를 하기 시작했다. '내 기도 눈물이 예배당을 다 채울 수는 없겠지만 조그만 강단 하나는 어쩌면 채울 수도 있겠다.' 그 생각으로 강단 앞에서 울기 시작했다. '될 수 있는 한 많이 울면서 기도해야지.' 이 결심을 한 나는 콧물, 눈물, 흘릴 수 있는 물이라는 물은 다 흘리며 기도했다. 죽어 가는 영혼들을 구원시켜 달라고 기도하고, 양 떼들을 보내 달라고 기도하고, 말씀을 달라고 기도하고, 이미 찾아온 양 떼들에게 복을 달라고 기도했다. 그렇게 한참 울면서 기도한 후에는 90° 정도 돌아앉아서 또 울면서 기도했다. 강단에 내 기도 눈물을 다 채우고 싶어서였다. 창문 쪽으로도 돌아앉고 회중 쪽으로도 돌아앉으며 밤새도록 기도했다.

다음 날은 다른 곳에 앉아 기도했다. "하나님, 우리 이 예배당 꽉 차게 해 주십시오." 그 기도 제목을 갖고 한 바퀴 돌며 밤새도록 기도했다. 집사님 말씀대로 기도 눈물이 채워져야 예배당이 채워진다면 내 기도 눈물이 부족해서 예배당이 비는 일은 없어야겠다고 생각해서였을까, 울며 기도해야겠다고 작정한 만큼 기도할 때마다 신기하게도 눈물이 쏟아졌다.

그런데 정말 놀라운 일이 벌어졌다. 개척 목회한 지 3개월 만에 105명이 모여 더 이상 그 예배당에서 예배를 드릴 수 없게 된 것이다! 할 수 없이 좀더 넓은 장소로 이사해야 했고, 그런 일이 일 년 동안 세 번이나 되풀이되었다.

넓혀서 가면 좁아지고, 그래서 또 이사 가야 하는 일이 세 번이나 되었다.

그렇게 반복하며 이사하다가 졸업을 앞두고 주일에 출석한 교인 수를 세어보니 160-170명이나 되었다. 그때 나는 그 집사님의 말씀이 틀리지 않았음을 알았다. 또한 목회자의 정체성을 조금은 알 것 같았다. 목회자가 누구인가? 목회자는 영혼들을 품고 우는 사람이다. 예배당을 눈물로 채우는 사람이다.

염치불구하고 응답받을 때까지 강청하라

성경 곳곳에는 기도할 것을 명하고 권하는 말씀들이 아주 많다.

그중 누가복음 11장 5-13절을 보면 한밤중에 여행중인 친구가 불쑥 찾아온 이야기가 소개된다. 허기진 친구에게 무얼 먹여야 되겠는데 그 집에는 대접할 거리가 전혀 없었다. 할 수 없이 평소 친하게 지내던 옆집에 가서 염치불구하고 문을 두드리며 떡 세 덩이만 달라고 간청한다. 그러나 때가 문제였다. 때는 한밤중이었다. 옆집 친구는 이미 아이들과 곤히 잠들어 있는 상태였다. 세차게 문을 두드리는 소리에 잠이 깬 옆집 친구는 문을 두드린 사람이 바로 자신의 친구임을 알고는 더욱 화가 났다.

"그래도 그렇지. 지금이 몇 신데. 이런 무례한 사람이 있나? 어디 내일 두고 보자."

몹시 화가 난 친구는 이렇게 투덜거렸을지도 모른다. 하지만 문을 두드린 친구는 포기하고 돌아갈 수가 없었다. 어떻게든 떡 세 덩이를 얻어서 여행

중에 찾아온 허기신 친구의 배를 채워 주고 싶었던 것이다. 염치불구하고 그는 계속 문을 두드렸다. 옆집 친구는 이 상황을 침대에서 지켜보면서 떡을 주지 않았다가는 밤새도록 잠을 못 잘 거라는 생각에 잠자리에서 일어나 그의 요구를 들어주었다.

"내가 너희에게 말하노니 비록 벗 됨을 인하여서는 일어나 주지 아니할지라도 그 강청함을 인하여 일어나 그 소용대로 주리라"(눅 11:8).

예수님은 이 이야기를 들려주시면서 9절 이하에 이렇게 말씀하셨다.

"내가 또 너희에게 이르노니 구하라 그러면 너희에게 주실 것이요 찾으라 그러면 찾을 것이요 문을 두드리라 그러면 너희에게 열릴 것이니 구하는 이마다 받을 것이요 찾는 이가 찾을 것이요 두드리는 이에게 열릴 것이니라"(눅 11:9-10).

기도할 때는 염치불구하고 떼를 써야 한다는 뜻이다. 강청하여 구할 때 우리는 눈물이 난다. 너무도 염치없는 줄은 알지만 꼭 필요한 것이기에 들어 달라고 할 때는 눈물이 쏟아지게 되어 있다.

이 사실을 잘 보여 주는 인물이 한나와 히스기야다. 한나는 무자(無子)한 자신의 처지로 인해 괴로운 마음을 하나님 앞에 쏟아 놓으며 눈물로 간절히 기도했다.

"한나가 마음이 괴로워서 여호와께 기도하고 통곡하며"(삼상 1:10).

히스기야 역시 죽을 병에 걸렸을 때 하나님을 향해 통곡하며 부르짖었다. 이때 하나님께서는 신속하게 응답하셨다.

"왕의 조상 다윗의 하나님 여호와의 말씀이 내가 네 기도를 들었고 네 눈물을 보았노라 내가 너를 낫게 하리니 네가 삼 일 만에 여호와의 전에 올라가겠고"(왕하 20:5).

이처럼 눈물의 기도는 하나님께서 귀히 보신다. 눈물로 떼를 쓰며 하는 그 기도를 아버지인 하나님께서 들어주지 않으실 수가 없는 것이다.

그러나 아무리 눈물로 기도해도 순전히 내 욕심을 위한 이기적인 기도는 응답될 수가 없다. 세속적 야망을 이루기 위해 눈물로 백날 기도한들 그 기도는 이루어지지 않는다.

"구하여도 받지 못함은 정욕으로 쓰려고 잘못 구함이니라"(약 4:3).

이렇게 구하는 사람은 우상 앞에 절하는 것과 다름이 없다. 따라서 기도하는 사람은 "하나님이 내 기도를 들어주신다면 나는 어떻게 살 것인가? 어떻게 하나님을 섬길 것인가? 하나님을 위해 무엇을 할 것인가?"가 구체적으로 정리되어 있어야 한다. 만약 정욕을 따라 구하는 사람의 기도가 응답된다면 그는 그 응답으로 인해 더 큰 죄를 범할 수밖에 없다. 이전보다 더 타락하는 것이다. 그러므로 응답이 속히 되는 것보다 중요한 것은 "응답되었을 때 어떻게 하나님을 위해 사느냐?" 하는 것이다.

그래서 한나는 통곡하며 기도하면서 이렇게 서원했다.

"서원하여 가로되 만군의 여호와여 만일 주의 여종의 고통을 돌아보시고 나를 생각하시고 주의 여종을 잊지 아니하사 아들을 주시면 내가 그의 평생에 그를 여호와께 드리고 삭도를 그 머리에 대지 아니하겠나이다"(삼상 1:11).

서원 기도는 거래가 아니다. "너 이거 해 주면 나는 이거 해 줄게"라는 식의 거래가 아닌 온전한 자기 헌신과 결단이다. 한나는 자신보다 먼저 자식을 낳아 자기 마음을 격동시키는 브닌나를 보고 많은 생각을 했을 것이다. 자식을 부모의 자랑거리로, 부모의 액세서리로 여기며 무자한 사람에게 고통을 주는 그런 행위가 얼마나 여호와 앞에 악한지 깨닫게 되었는지도 모른다. 만약 자신에게 자식이 주어진다면 하나의 자랑거리로서가 아니라 여호와의 영광을 위해 자식을 키우고 싶었는지도 모른다. 그것이 가장 복되고 아름다운 길임을 오랜 기다림 끝에 깨달았을 것이다. 어찌됐든 한나는 그 기다림 속에서 자식을 여호와 앞에 드리겠다는 서원 기도를 하게 된다. 그것은 곧 삶에 대한 결단이기도 하다. 한나는 "하나님께서 응답해 주시면 저는 보란 듯이, 그 자식 잘 키워서 기세등등한 브닌나를 확 눌러 버리겠습니다"라고 기도하지 않았다. "만약 제게 자식을 주신다면 그 자식을 하나님께 드리겠습니다"라고 서원하며 기도했다. 그것은 곧 자신의 삶을 하나님께 온전히 고정시켜 살겠다는 결단의 기도였다.

"하나님, 이전까지 저는 저 자신만을 위해 살았습니다. 이렇게 병들고 보니 그렇게 사는 것이 얼마나 허무하고 허탄한 것인지 깨닫습니다. 주께서 저를 소성케 하시면 이제는 허탄한 인생을 위해서가 아니라 영원하신 하나님 여호와를 위해 저 자신을 바치겠습니다. 제 시간도 물질도 온전히 주님을 위해 쓰겠습니다. 그것이 가장 복된 인생임을 깨달았기 때문입니다. 주님 저를 낫게 하시면 먼저 전 재산의 십일조부터 바치겠습니다. 그리고 시간의 십일조는 반드시 주님의 교회를 위해 봉사하는 데 쓰겠습니다."

이렇게 서원하는 것은 결국 주님 앞에 자신의 삶을 드리겠다는 온전한 믿음의 결단이다.

하나님은 우리 마음의 숨은 동기를 매우 중요하게 보신다. 그분은 거룩한 영이시기 때문이다. 따라서 교회 부흥을 원하는 기도 속의 숨은 동기가 무엇인지, 나의 영광을 위한 것인지 하나님의 영광을 위한 것인지, 그 기도가 응답되면 오히려 죄를 더 짓게 되는 건 아닌지도 너무 잘 아신다.

그런 하나님께 우리의 시선을 고정시켜 충심으로 기도하면 응답 받지 못할 기도가 없다. 오래도록 기도하지 못할 이유도 없다. 그렇게 기도하면 무엇보다 은혜가 충만하기 때문에 인내하며 기도할 수 있다. 반드시 응답해 주실 하나님을 믿고 인내함으로 기도할 수 있다.

조지 뮬러는 그의 자서전에서, 간절한 기도에 대한 원칙을 이렇게 말했다. "기도를 시작하는 것으로는, 또는 기도를 올바르게 하는 것으로는 충분하지 않다. 또 몇 시간 기도하느냐 하는 것으로도 충분하지 않다. 기도는 응답 받을 때까지 인내하며 믿음으로 지속적으로 해야 한다."

엘리야는 어떠한가. 그의 기도로 이스라엘 땅에는 3년 반 동안이나 비가 내리지 않았다. 그러나 그가 다시 비를 내려 달라고 하나님께 간절히 구했을 때 그는 하늘에 손바닥만한 구름이라도 피어오르는 모습이 보일 때까지 일곱 번이나 반복하여 끈기 있게 기도함으로 응답을 받았다.

한나도 마찬가지다. 울며 통곡하며 기도하던 한나의 마음속에는 어느 순간엔가 근심 걱정이 다 사라지고 믿음이 생겼다. 수심으로 가득 찼던 얼굴이 기쁨과 평강의 얼굴로 바뀌게 되었다.

이처럼 위대한 사람들은 기도 응답의 사인이 나타날 때까지 끈기 있게 기도했다. 특별히 울면서 기도할 때, 하나님을 중심에 품고 서원하며 기도할 때, 순수한 마음의 동기를 갖고 뜨겁게 기도할 때 하나님은 반드시 그 기도를 듣고 응답해 주신다.

기도는 더 큰 믿음을 부른다

개척 교회를 섬기던 시절, 주님은 부족한 나에게 무엇보다 기도가 모든 사역의 승리 비결임을 알려 주셨다. "기도하면 주님께서 모든 것을 이루어 주시리라"는 믿음으로 온전히 나갈 때, 그 믿음을 선하게 보신다는 사실을 보여 주셨다.

나는 어려서부터 기도 속에서 주님의 큰 은혜를 체험했다. 그런데 날이 갈수록 그런 은혜는 더하면 더했지 덜하지 않았다. 내가 주님께 구할 때마다 이루어 주지 않으신 것이 거의 없었다. 기도는 정말 하나님의 은혜를 얻는 보고와도 같은 것이었다.

또한 그렇게 기도하며 사는 삶이야말로 믿는 자들이 믿음으로 살아가는 비결임도 알게 하셨다. 기도하면 믿음이, 더 큰 믿음이 생긴다. 사실 기도의 사람들에게 기도가 응답되는 것보다 더 중요한 것은 기도를 통해 더 큰 믿음을 얻게 된다는 사실이다. 아직 나타나지 않은 증거에 대해서도 이미 이루어진 것처럼 확신하며 살아가는 믿음이 기도의 사람들에게는 생겨난다. 그게 바로 기도의 가장 큰 은혜가 아닐까 싶다.

내가 중학교에 다닐 때였다. 어느 해였는지 축농증으로 심하게 고생을 한 적이 있다. 증세가 워낙 심하다 보니 어머니도 몹시 걱정을 하셔서 하루는 나를 세브란스 병원에 데리고 가셨다. 나를 진찰하던 의사는 몹시 놀란 표정을 지으며 어머니를 책망하셨다. "아이가 이 지경이 되도록 어떻게 그냥 내버려 두셨어요?"라는 것이었다. 의사는 지금 당장 수술하지 않으면 안 될 상황이라고 덧붙였다. 그 말을 들은 어머니는 어떤 심정이셨을까? 그 말을 듣고도 찢어지게 가난한 집안 형편 때문에 발길을 돌려 그냥 집으로 돌아와야 하는 마음은 어떠셨을까?

나는 어떻게든 당장 축농증을 치료받아야 했다. 축농증이라는 게 코만 답답한 게 아니라 심한 두통까지 수반하기에 집중해서 공부하기조차 어려웠다. 이제 의지할 데라곤 하나님밖에 없었다. 더욱 하나님께 기도로 매달렸다. "하나님, 이 축농증을 고쳐 주십시오. 의지할 데라곤 하나님밖에 없어요. 하나님, 잘 아시잖아요." 서럽기도 하고 고통스럽기도 해서 기도하면서 많이 울었다. 그러다가 목사님께 찾아가 부탁을 드려야겠다는 생각이 들었다.

나는 용기를 내어 목사님께 부탁을 드렸다. 기독병원이나 혹은 선교사가 운영하는 병원과 연결을 좀 해 줘서 어떻게든 무료 수술을 받게 해 달라는 부탁이었다. 그런데 이상한 일이었다. 목사님은 도와주시기는커녕 "너는 밤낮 기도하며 사는 애가 도대체 무슨 기도를 했기에 이러냐?"며 오히려 호통을 치시는 것이었다.

그 호통은 내게 믿음의 오기를 심어 주었다. '정말 그러네'라는 생각이 들면서 몹시 화가 나기까지 했다. 어린 마음이었지만 '나같이 기도 많이 하는 사람의 기도를 안 들어주시면 누가 기도하나? 하나님이 해도 너무 하신다'라는 생각까지 들었다. 그래서 굳게 결심했다.

'축농증을 위한 기도는 오늘, 내일, 모레까지 사흘만 더하고 다시는 이 문

제로 기도하지 않겠다.'

그 후 나는 이 문제로 누가 물어보면 언제나 "다 나았다"고 말했다. 나 자신은 아파 죽겠지만 기도해서 나았다고 선포했다.

그런데 놀라운 것은 시간이 지날수록 아픈 것 같기도 하고 안 아픈 것 같기도 하면서 축농증 증세가 차츰 사라졌다는 것이다. 확실한 사실을 알아보기 위해 다시 병원에 가서 진찰을 받아 본 결과 축농증을 앓았던 흔적도 발견할 수 없다는 의사 선생님의 말을 들었다. 또한 이 나이가 되도록 한 번도 축농증이 재발한 적이 없다.

하나님은 살아 계시다. 하나님은 전지전능하시다. 하나님은 신실하신 분이다.

그 하나님께 우리는 기도로 모든 것을 구해야 한다. 그렇게 사는 길만이 이 세상을 승리하며 사는 비결이다. 예수님을 믿으면서도 행복하지 않다면 온전한 믿음으로 구하지 않기 때문이다. 기도 응답의 사인이 있을 때까지 충분히 기도해야 한다. 그렇게 기도하는 사람은 반드시 은혜를 받게 되고, 은혜를 받으면 믿음이 생겨나며, 믿음이 생기면 기쁨과 평강이 넘치게 된다. 이때 비로소 우리는 행복한 그리스도인이 되는 것이다.

기도는 환경을 뛰어넘는다

신학교를 졸업할 무렵, 나는 좀 더 진지하게 진로 문제를 생각하게 되었다. 개척 교회를 섬기며 귀한 하나님의 은혜를 받았지만, 이제는 좀 더 규모가 잡힌 교회에 가서 부교역자로 섬기는 편이 평생 목회를 하는 데 도움이 될 것 같았다. 처음부터 단독 목회만 하다 보면 '우물 안 개구리'처럼 스스로의 틀 속에 빠지게 될 것 같아서였다. 그래서 개척 교회 사역은 일단 접고 다른 분에게 바통을 넘겨 드린 후 나는 이화여대 입구에 있는 신현교회(정석홍 목사님) 전도사로 들어가기로 했다. 아직 강도사 고시를 보기 전이었으므로 전도사 신분이었다.

그런데 정식으로 부임하기로 한 전날, 전임사역자 청빙이 당회에서 부결되었다는 소식을 들었다. 전임전도사로 가면 사택과 함께 생활비도 좀 나오게 되어 있는데 그 모든 것을 취소한다는 것이었다. 당회는 이제 막 신학교를 졸업한 전도사에게 무턱대고 전임을 맡길 수 없었던 것 같다. 일단 교육전도사로 사역을 조금씩 맡겼다가 서서히 전임으로 일을 맡기자는 생각이었다.

그러나 내 마음은 일이 그렇게 되었다고 해서 전혀 불편하지 않았다. 오히려 내 마음의 진짜 소원이 무엇인지 스스로 확인할 수 있었다. 사례비 때문에, 아니면 좀 더 대우받고 싶어서 주의 종의 길을 가기로 한 게 아니었기 때문이다. 처음부터 나는 나를 필요로 하는 데에 가서 맘껏 주의 일을 하고 싶어서 이 길을 택하지 않았던가. 주님만을 위해 사는 게 내 소원이었으므로 교육전도사로 일하든, 전임으로 일하든 문제될 게 없었다. 좀 더 주님께서 쓰시기 편한 사역자가 되기 위해 부교역자 생활을 하는 것일 뿐, 만약 대우받는 게 내게 중요했다면 그 개척 교회 사역도 그만두지 않았을 것이다. 그래서 목사님께 말씀드렸다.

"목사님, 저는 아무래도 괜찮습니다. 제 소원은 다만 황소같이 일하는 것입니다. 저한테 일 좀 많이 시켜 주십시오."

나는 교육전도사로 사역하는 게 싫은 게 아니라 교육전도사처럼 파트타임으로 간간이 일하는 게 싫었을 뿐이었다. 정말 황소처럼, 주의 일을 맘껏 하고 싶었다. 그것이 바로 신학교를 졸업하면서 내가 꿈꿔 왔던 게 아니던가.

다음날이 주일이어서 나는 새벽같이 일어나 서둘러 교회로 갔다. 먼저 내가 맡은 중고등부의 부서 현황을 파악하고 싶었다. 주일학교 교육은 교사들의 성실성과 신실성이 제일 중요하기에 나는 신분을 밝히지 않은 채 중고등부 예배 상황과 교사들의 주일 공과 공부 상황을 죽 점검했다. 예배 드리는 아이들은 대략 60여 명. 5백 명 모이는 교회치고는 좀 적은 인원이었다. 게다가 교사들의 공과 공부 준비는 너무도 허술했고 예배나 성경 공부에 참여하는 아이들의 태도도 무척 산만했다. 수첩에 일일이 각반의 모든 상황들을 기록해 나갔다.

대예배 광고 시간이 되자 담임목사님은 새로 온 교육전도사를 교회 앞에 소개하셨다. 그제야 중고등부 교사들은 고개를 끄덕거렸다. '아, 저래서 저분이 아침 일찍 교회 와서 왔다 갔다 했구나' 하는 눈치였다.

그날 저녁 예배 시간에 나는 부임 첫 설교를 하게 되었다. 그런데 설교가 끝나자마자 담임목사님께서 느닷없이 이런 광고를 하셨다.

"내일부터 1주일 동안 부흥회를 열겠습니다. 강사는 정필도 전도삽니다."

아니 이게 무슨 날벼락인가! 목사님은 내게 한마디 언질도 없이 즉석에서 광고를 해 버리셨다. 한 번도 부흥회를 안 해 본 내가 어떻게 부흥회를 인도한단 말인가. 그것도 일주일씩이나… 얼마나 아찔했는지 톡톡히 신고식을 치른 셈이었다. 내 소원대로 앞으로 내가 얼마나 황소처럼 일하게 될지 신호 탄을 울린 격이었다.

진정한 부흥은 기도 부흥에서 시작된다

그날 저녁 예배 후, 나는 부장 장로님께 부탁을 드려 교사들을 모아 달라고 했다. 그리고 그 자리에서 교사들의 공과 공부 준비 상황의 미흡함을 얘기했다. 그리고 중고등부를 향한 꿈과 비전을 말하면서 이를 이루기 위해서는 무엇보다 우리의 심령이 기도 속에서 부흥되어야 함을 강조했다. 예배 30분 전에 나와서 기도로 준비한 후, 그날 공부할 공과 내용의 핵심을 교사들에게 가르쳐 주겠다고 했다.

고맙게도 교사들은 다음 주일부터 착실하게 예배 30분 전에 나와 뜨겁게 기도로 중고등부 예배를 준비했다. 짧은 시간 동안 공과의 핵심 사항이 무엇인지 설명할 때도 교사들은 줄을 그어 가며 고개를 끄덕거렸다.

그 교사들은 학생들과 함께 주일 저녁이나 수요 예배 후에도 1시간씩 기도회를 하고는 집으로 돌아갔다. 일단 기도하기 시작한 영혼에는 성령께서 함께하신다. 성령께서 일하셔야 학생들의 심령을 변화시킬 수 있다. 주님 중심, 말씀 중심, 예배 중심의 삶으로 학생들을 변화시키시는 분은 온전히 성령이시다. 성령께서 기도 속에서 학생들을 뜨겁게 만나 주시면 그들의 삶은 주님 앞에 헌신될 수밖에 없다.

과연 학생들은 변하기 시작했다. 60여 명 모이던 중고등부가 3개월이 지나면서 2백 명을 넘어섰고, 그 해 고3 학생들의 입시 성적은 교회가 생긴 이래 가장 좋은 결과를 가져왔다. 기도하는 학생들의 진로를 하나님께서 활짝 열어 놓으신 것이다. 주일학교 부흥 역시 기도 속에 답이 있다는 사실을 하나님께서 보여 주고 계셨다.

기도는 행복의 은혜를 임하게 한다

부교역자의 즐거움은 일을 하되 수동적이 아닌, 능동적으로 일할 때 찾아온다. 매일 담임목사의 눈치를 살피고, 담임목사의 취향과 상황에 맞추어 가는 부교역자의 생활 속에는 일에 대한 능동적 성취감이나 '아, 주의 일은 이렇게 하면 되는구나'라는 깨달음이 없다.

그런 면에서 나는 행복한 부교역자 시절을 보낸 사람이다. 당시 담임목사님은 부흥사로 활발하게 사역하시는 중이라 교회를 비우는 일이 많았고, 부족한 나를 믿어 주셔서 무엇이든 맘껏 일할 수 있도록 터를 마련해 주셨다. 얼마만큼 나를 신뢰해 주셨는지 나중에는 아예 보고도 하지 말라고 하실 정도였다.

처음에는 교육전도사로 갔지만 얼마 지나지 않아 곧 전임이 되었고, 5백 명 모이는 교회의 새벽 예배와 수요 예배 인도, 대 심방, 주일학교 교육 전반에 이르기까지 나는 마치 담임목사님과 협동 목회를 하는 것처럼 기쁘고 자유롭게 사역할 수 있었다. 그것은 정석홍 목사님의 큰 포용력과 스케일 때문에 가능한 일이기도 했다. 그 덕분에 나는 그곳에서 사역하는 3년 동안 제대로 된 목회 경험을 할 수 있었다.

그때 나는 담임목사님의 빈자리를 메우려고 많이 노력했던 것 같다. 목사님이 그 교회에 오신 지 5년이 지났을 때 내가 대 심방을 시작했으므로 그간 목사님이 주로 설교하신 본문과 찬송가부터 통계를 내보았다. 통계를 내보니 주로 신약 성경을 본문으로 한 경우가 많았다. 그래서 될 수 있으면 목사님이 택하지 않은 말씀 본문을 각 가정에 선포하기로 했다. 이런 통계만이 아니었다. 지난 5년 간, 우리 교회가 어떻게 성장했는지 교인 수며 헌금에 이르기까지 전반적인 상황들도 그래프로 그려 사무실에 붙여 놓았다. 그것을 보신 목사님은 젊은 전도사가 열심히 한다고 생각하셨는지 싫지 않은 기색이었다.

그 통계를 낸 다음부터 나는 주로 구약 성경을 본문으로 잡고 각 가정마다 말씀 심방을 했다. 나이 어린 전도사라 비록 서툴고 부족한 점이 많았지만 함께 심방하던 여 전도사님은 그때마다 "심방 다니는 일이 이렇게 은혜로운 적은 없었어요"라며 격려해 주곤 했다. 심방 때마다 부교역자들과 다툼이 일어 힘들었다는 그분은 오히려 내게 더 많은 가정을 심방할 것을 요구하곤 하셨다. "전도사님, 한 집만 더 심방하면 안 될까요? 심방 다니는 게 너무 좋아서요." 전에 개척 교회를 섬길 때와 비슷한 일이 벌어졌다. 목회 현장에 '행복'의 은혜가 쏟아진 것이다.

나는 사실 여 전도사님들을 겪으면서 안 좋은 느낌을 가져 본 적이 별로 없다. 함께 심방을 다니면 언제나 나보다 연배가 높았기에 늘 누님처럼, 어머니처럼 섬겨 드렸고, 그분들 역시 함께하는 심방 사역을 감사함으로 삼당했다. 헌신도 면에서도 남종들보다 더하면 더했지 덜하지 않았다. 교회가 예배당을 건축하든, 힘든 일을 새로 시작하든, 시간과 물질과 기도의 헌신에서 여종들은 남종들의 그것을 앞질러 갔다. 어떻게 보면 여자가 그런 존재라는 생각도 든다. 은혜만 받으면 오히려 남자들보다 더 뜨겁게 헌신하는 사람들이 여자였다.

그런 경험들 덕분에 나는 지금도 우리 부목사님들에게 함께 심방 다니는 여 전도사님들이 한 살이라도 많다면 깍듯이 예를 갖춰 섬기라고 입버릇처럼 부탁한다. 함께하는 목회 현장에 섬김과 은혜와 화목과 감사가 먼저 넘쳐야 큰 목회를 할 수 있다고 믿는 까닭이다. 늘 함께 다니는 여 전도사와 밤낮 다투면서 목회 현장의 그 많은 양들을 섬기고 사랑한다는 건 불가능한 일이다.

신현교회에서의 3년은 그렇게 밤낮 황소처럼 일한 시간이었다. 그러나 또한 새처럼 자유로운 시간이기도 했다. 내 마음이 어디에도 구애됨이 없었다. 그저 섬기고 그저 죽도록 충성하면 나머지는 주의 성령께서 목회 전반적인 것을 다 이끌고 가셨다. 좋은 담임목사님 밑에서 사역했기에 가능한 일이기도 했다.

나는 그때의 경험들을 돌아보며 우리 교회 부교역자들에게도 그런 권면을 하곤 한다. 목회 현장에 반드시 있어야 할 세 가지 기초 요소가 있는데 그 첫째가 바로 황소처럼 열심히 일하는, 무슨 일에든지 전심전력하는 모습이라는 것이다.

"이 모든 일에 전심전력하여 너의 진보를 모든 사람에게 나타나게 하라" (딤전 4:15).

목회든 사업이든 성장하는 터 위에는 반드시 '전심전력' 으로 질주하는 모습이 공통적으로 깔려 있다. 특히 주의 일을 한다면서 열심조차 내지 않는 그것은 신앙의 기초조차 제대로 안 되어 있는 모습이다. 열심을 낸다는 것은 그리스도인이라면 기본적으로 갖춰야 될 최소한의 자질이다. 내세울 만한 자랑거리가 아닌 것이다. 따라서 열심을 내지 않는 사람에겐 소망이 없다. 아예 성장의 가능성이 없는 것이다. 설교 준비든, 대 심방 준비든, 소그룹 모임이든, 기도 인도든, 열심을 내는 사람, 충성하는 사람이 크게 되어 있다. 전심전력하는 사람이 그만큼 빨리 성장하는 법이다.

그래서 나는 부교역자들에게 "실패를 두려워하지 말라"는 말을 가끔 한다. "부교역자들이 실수한 것, 실패한 일에 대해서는 내가 커버해 줄 테니 걱정하지 말고 그저 충성만 하라. 열심히만 하라. 그게 목회자가 빨리 크는 방법이다. 이단에만 안 빠지고, 죄만 안 지으면 된다. 아무 걱정하지 말고 맘껏 뛰되 자유롭게 전심전력으로 뛰라"고 말한다. 괜히 담임목사 눈치 살피는 일에 에너지를 쏟지 말고, 정말 단독 목회하듯이 자유롭고 열정적으로 뛰는 그런 목회자를 나는 만나고 싶다. 그런 이유로 나도 정석홍 목사님처럼 "보고도 할 필요 없다"며 부교역자들의 시간이나 사역 현장에 대해 참견하지 않는다.

그래서인지 우리 교회는 교육전도사님까지도 공휴일이면 교사 몇십 명을 데리고 산에 올라 별별 방법으로 밤새도록 철야 기도회를 하고 돌아오곤 한다. 나에게 알리지도 않는다. 어떤 교육전도사는 토요일마다 교사들을 나오라고 독려하며 교사 기도회를 하기도 한다.

전심전력으로 달려가다는 말 속에는 또한 '충분히 연구한다'는 뜻도 포함되어 있다. 나는 어린 시절부터 부교역자에 이르기까지, 또 지금까지도 수 없이 많은 명설교가들의 설교를 듣고 연구하고 분석해 왔다. 내가 부족하다는 걸 뼈저리게 실감하기 때문에 다른 분들의 설교를 듣지 않을 수가 없다. 어떤 집회에 참석하면 잠을 두어 시간밖에 못 자면서도 그곳에서 수집한 좋은 자료들을 분석하기도 하고, 때로는 녹음기를 들고 다니며 녹음하기도 한다. 젊은 시절에는 한 목사님의 설교 테이프를 100개 이상 사서 듣기도 했다. 각 본문별로 목사님들마다 어떻게 해석하고 어떻게 설교했는지 분석한 자료만도 방 안 가득하다. 창세기 1장부터 요한계시록 22장까지 각 본문별로 모아둔 설교가 빼곡히 들어 차 있다. 내가 설교하는 본문이 창세기 13장이라면 13장과 관련된 설교들을 꺼내서 읽어 보고 연구하고 묵상하는 일은 기본적으로 했다.

목회자가 전심전력으로 뛴다는 것은 충분한 말씀 묵상과 말씀 연구, 충분한 기도 시간을 갖는다는 의미이기도 하다. 그걸 하지 않고 외부적으로 드러나는 일에만 모든 시간을 쏟아 버린다면 목회자는 탈진할 수밖에 없다. 흘러넘치는 은혜가 없어진다.

이제 나는 칠십을 바라보는 선상에 있다. 그래서 우리 부교역자들에게 가끔씩 "이제는 여러분들이 배울 때가 아니라 내가 여러분들을 보고 배워야 할 때입니다"라고 말하곤 한다. 내가 모은 자료, 내가 공부한 내용들, 내가 알고 있는 것들은 이미 지나간 것이기 때문에 한창 왕성하게 뛰어야 할 우리 사역자들은 적어도 나보다는 앞서가야 한다는 뜻이다. 실제로 나는 우리 교회 부교역자들에게서 많은 것을 배우며 많은 도움을 받는다. 설교 예화 하나를 써도 그분들이 나보다 훨씬 나을 때가 많다.

부교역자 시절은 황소처럼 일하면서도 평생 일할 자산을 수집하는 때이

기도 하다. 아무리 능력 있어 보이는 부교역자들도 막상 큰 교회에 부임해서 새벽 설교부터 주일 설교까지 계속 하면 석 달이 안 되어 자산이 바닥나는 걸 경험하곤 한다. 부교역자 시절엔 잘 되었던 교인들과의 관계도 힘들어지는 경우가 많다. 위치가 주는 영적 책임과 무게를 잘 감당하지 못하기 때문이다.

하나님의 종은 구약 시대로 치자면 선지자와 같은 역할을 하는 사람들이다. 하나님 말씀으로 성도들의 삶을 내다보고 앞길을 인도하는 사명을 가진 것이다. 그래서 나는 신학교를 다닐 때부터 "목회 명심보감"을 써 내려가곤 했다. 교회 안에서 어떤 일이 생겼을 때, 그 문제는 왜 일어났고 어떻게 해결되었으며 그 방법이 가장 최선이었는지를 적는 것이다. 어느 날 범상치 않은 꿈을 꾸었는데 그 꿈을 꾼 후에 어떤 일이 벌어졌는지, 이런 상황에서 꾸는 꿈은 이런 계시가 있는 것 같다든지, 하는 내용들을 적어가면서 하나님 앞에 지혜를 구해 왔다. "이런 일이 있을 때 오해를 풀기 위해 해명하기보다는 잠잠히 기다리며 기도만 했더니 이런 결과가 왔다"는 내용도 소상히 적었다. 오랜 동안 담임목사로서의 목회 준비를 그런 식으로 해 왔던 셈이다.

그 기록들은 내게 많은 도움이 되었다. 목회 원리들이 그 안에 수록되어 있어서 비슷한 상황이 벌어질 때 어떻게 해결점을 찾아야 하는지 충분히 적용이 가능하기 때문이다. 무엇이든 전심전력으로 달려가며 열심을 내면 하나님께서 지혜를 주신다. 열심히 배우고 순수하게 적용하면 내게 맞는 "목회 명심보감"이 탄생하는 것이다.

목회 현장에 반드시 있어야 할 두 번째 기초는 '은혜'다. 전심전력으로 달려가는 열심 외에 '은혜'가 반드시 있어야 한다. 열심만으로는 절대로 성장하는 목회를 할 수 없다. 심방을 해도, 설교를 해도, 기도회를 가져도 은혜가 있어야 한다. 은혜가 있으면 아무리 먼 거리에 사는 교인들도 은혜를 찾아 자원해서 교회에 나온다.

그러나 은혜가 없으면 아무리 교회 가까이 살아도, 목사님이 기도회에 나오라 호통을 쳐도 나오는 교인들이 적다. 따라서 목사님에 대한 가장 좋은 평가는 "우리 목사님, 참 은혜롭다"는 평가다. 기도회에 나오는 교인이 없으면 없을수록 은혜 가운데 인도해야 한다. 그러려면 목회자 자신이 은혜 속에 살아야 한다. 할 수만 있다면 온전히 은혜덩어리가 되어 살아야 한다. 얼굴만 봐도 은혜롭고, 말씀 한마디만 해도 은혜가 되는, 예수님 같은 그런 목회자가 되는 것이 영원한 우리의 소망이요, 목표일 것이다.

열심과 은혜가 채워졌다 해도 빠져선 안 되는 게 하나 더 있다. 바로 '사랑'이다. 성령의 은혜로 맺는 열매 가운데 첫 번째 열매이자 가장 중요한 열매인 사랑은 목회 현장의 최종적인 목표이기도 하다. 결국 사람이란 자신을 가장 사랑해 주는 사람을 좋아하게 되어 있다. 내 영혼까지 사랑해 주고 있다는 확신이 서면 그 사람의 말에 순종하지 않을 수가 없는 것이다. 따라서 목회를 잘하는 사람일수록 교인들에게 "내가 당신을 너무 사랑한다"는 확신을 심어 준다. 교인들이 그 목사님을 생각만 해도, '아, 목사님은 나를 너무 좋아하고 사랑해 주신다'는 확신을 갖게 된다. 이런 사랑이 있어야 영혼이 감화된다. 사랑의 언어로 설교했을 때 교인들은 어떤 말씀이든 "아멘!"으로 화답한다. 목회자가 사랑으로 충만해 있으면 설교 속에도 사랑이 스며들고, 표정 가운데도 사랑이 묻어 나오게 되어 있다. 마치 분노를 품고 있으면 설교 속에도, 표정 속에도 분노의 흔적이 깃드는 것과 같은 이치다.

이런 세 가지 사실을 볼 때 목회자들은 먼저 자신을 살피는 사람이어야 한다. 목회 현장에 시험이 오거나 어려움이 찾아오면 가장 먼저 자신을 돌아볼 수 있어야 하는 것이다. 사탄은 늘 목회자를 표적 삼아 교회를 쓰러뜨리려고 한다. 때문에 목회자는 하나님 앞에서 자신을 돌아보며 문제의 원인을 내부에서 찾을 줄 아는 성결함을 지녀야 한다. 나에게 사랑이 부족한 것은 아닌지, 은혜가 없는 것은 아닌지, 하나님의 열심을 품지 못하는 건 아닌지…. 내가 사랑한 만큼, 내가 은혜 받는 만큼 목회 현장에는 사랑과 은혜가 가득하게 되어 있다.

신현교회에서 3년 간 섬기면서 내가 얼마만큼 이 원리에 충실했는지는 모르겠다. 그러나 내가 이 원리에 충실하지 못할 그때에도 주님은 무한한 은혜를 부어 주셨고, 나를 세미하게 이끌어 주셨다. 단독 목회를 시작하기 전에 목회자가 어떤 마음으로 목회해야 하는지, 교인들에게 정말 필요한 것은 무엇인지, 그곳에서의 시간을 통해 세미한 음성으로 들려주시며 가르쳐 주셨다. 하나님은 언제나 나의 목자가 되어 인도하고 계셨다.

첫 단추부터 순종으로

5

...개척

"히나님의 뜻대로 살면 그게 설령 십자가의 길이어도 그 길은 나를 가장
행복하게 하고, 가장 복되게 하며, 가장 성공적인 삶을 살게 한다."

예수님의 사랑으로 마음이 달아올라야 한다

신현교회는 내가 사랑하는 아내를 만난 곳이라는 점에서도 잊을 수 없는
교회다. 본래 결혼에 뜻이 없던 나는 결혼하지 않으면 목사 안수를 안 준다
는 말에 충격을 받아 서둘러 결혼할 규수를 찾았다. 이때 하나님은 나를 위
해 예비해 둔 최고의 신부를 보내 주셨다. 귀한 장로님 가정에서 주의 교양
과 훈계로 양육받은 여종을 나의 아내로 허락해 주신 것이다.

앞서 나눈 대로, 나는 결혼 후 3년 동안 군목으로 있었다. 그 시절은 하나
님이 모든 목회의 주권을 쥐고 계심을 철저하게 보여 주신 기간이기도 하다.
아무리 우리 마음속에 영혼 구원의 열정이 크다 해도 하나님의 마음을 앞지
를 수는 없다. 한 영혼을 향한 하나님의 사랑은 온 천하를 바꿀 만큼 큰 것이
다. 당신의 독생자를 이 땅에 보내서서 십자가에 못 박히게 할 만큼 열렬한
것이다. 그러기에 하나님은 주도적으로 당신의 구원 사역을 행하길 원하신
다. 나는 그 사실을 군목 시절에 보았다. 다만, 하나님은 당신 마음에 합한 도
구를 찾고 계신다. 성령께서 모든 걸 하시지만, 성령이 쓰실 만한 깨끗한 그

릇, 그 그릇을 찾고 계시는 것이다. 그런데 그 그릇이 더러워졌거나, 주인의 뜻에 합당하지 않게 게으름을 부리거나, 주인보다 앞서 나가 교만해지거나, 십자가보다 하나님의 영광을 가로채려 한다면 더 이상 쓰임받을 수가 없는 것이다.

군목 시절, 하나님은 나를 직접 지도하시며 귀한 그분의 뜻을 가르쳐 주셨다. 나는 전 장병 신자화를 이루시는 하나님의 영혼 구원을 향한 열정과 집념을 보았다. 언제든 하나님께만 붙들리면 성령이 모든 걸 다 하신다는 믿음을 더욱 확고히 갖게 되었다. 어떤 면에서는 내가 너무 부족했기 때문에 더욱 귀히 여기시며 지도해 주셨다는 생각도 든다. "자기 백성을 양같이 인도하여 내시고 광야에서 양 떼같이 지도하셨도다"(시 78:52).

제대할 무렵이 되자, 나는 서울로 가서 목회할 생각에 여러 계획을 잡고 있었다. 어느 교회든 오라고만 하면 당장 가서 일할 생각이었다. 군목 시절을 제외하면 서울을 떠나본 적이 없던 터라 당연히 서울이 내 목회지가 되리라고 생각했다.

그런데 막상 제대할 때가 되자 문제가 생겼다. 서울에서 청빙 제의가 오긴 왔는데 다섯 군데에서 한꺼번에 왔다는 게 문제였다. 어느 교회든 한 교회에서 오라 하면 의심하지 않고 곧바로 갈 텐데 여러 군데에서 한꺼번에 오라고 하니까 하나님 뜻을 알 수가 없었다. 기도하지 않을 수 없었다.

"말씀해 주십시오. 어디로 가야 합니까? 제가 판단하면 이기적인 판단이 될 것 같아 두렵습니다. 지식적으로 판단하지 않기를 소원합니다. 그러니 아버지, 말씀해 주십시오. 진 그저 하나님 뜻대로 순종하겠습니다."

다급해진 나는 마지막에 이렇게 기도 드렸다.

"그러면 이제부터 누구든지 저를 먼저 찾아오는 곳으로 가겠습니다. 그게 하나님 뜻인 줄 알고 무조건 가겠습니다."

하나님께 그렇게 기도한 뒤, 신기하게도 곧바로 누군가가 나를 찾아왔다. 그런데 그 누군가는 서울에서 온 분이 아니라 부산에서 개척 교회를 하자고 찾아온 분이었다. 초량교회 정해찬 장로님이 사람을 보낸 것이었다. 정태성 장로님의 셋째 아드님이기도 한 정해찬 장로님은 사업가였는데 기도 중에 "이 문제가 해결되면 하나님께 성전을 지어 바치겠습니다"라고 서원 기도를 하신 후 기도 응답을 받고 주님께 한 서원을 지키기 위해 개척 교회 목회자를 찾아 나섰던 것이다.

나는 뜻밖의 방문에 아무 대답을 할 수 없었다. 생각지도 않은 일이었던 것이다. 우선 일주일 동안 말미를 달라고 말씀드렸다. 기도해 보겠노라고, 기도해서 결정하겠노라고 말씀드렸다. 개척 교회를 한다는 것이 얼마나 힘든 일인지 나는 이미 전도사 시절에 겪어 보았었다. 물론 힘이 들수록 하나님께서 부어 주시는 은혜도 컸지만 다시금 선뜻 자원할 만큼 나는 준비되어 있지 않았다. 개척 교회를 하고 계신 분들만이 개척 교회 목회가 얼마나 힘든지 알 것이다. 특히 아무도 도와주는 사람이 없을 경우, 그 고초와 노고는 이루 말할 수가 없다. 나는 교회를 지어준다는 장로님의 동역이 있었음에도 선뜻 대답하기가 꺼려졌다. 그만큼 어려운 일이기 때문이다. 기도에 매달릴 수밖에 없었다.

"주님, 저는 개척한다고 말씀드린 적이 없습니다. 다만 저를 청빙한 다섯 교회 중 제일 먼저 연락을 해오는 교회로 가겠다고 했습니다. 그런데 왜 저분을 보내 주셨습니까? 저는 어떻게 해야 합니까?"

월요일부터 기도하기 시작하여 화요일, 수요일까지 갔는데 아무런 말씀이 없으셨다. 내 마음도 주님의 침묵을 따라 아무 동요가 없었다. 그런데 목요일부터는 기도하기 위해 눈만 감으면 수천 명의 사람들이 모여 있는 모습이 총 천연색으로 내 앞에 펼쳐지는 것이었다. 그동안 기도의 은혜를 많이 받았어도 주의 환상을 보기는 그때가 처음이었다. 눈만 감으면 그 환상이 펼쳐졌다. 주님의 음성도 들려왔다.

"이 양 떼들을 버리고 어디로 가겠느냐? 이 양 떼들을 버리고 어디로 가겠느냐?"

너무 신비한 경험이지만 너무 확실한 환상이어서 나는 더 이상 아무 기도도 할 수가 없었다.

"아, 주님. 순종하겠습니다. 개척하라는 하나님의 뜻으로 받아들이겠습니다."

그것이 수영로교회의 출발이었다. 그때까지도 나는 개척 교회 이름도, 교회 부지도 정하지 못했지만 그 환상과 주님의 음성을 들으면서 새로 시작할 교회를 향하신 하나님의 열렬한 사랑을 느낄 수 있었다. 부산을 뜨겁게 사랑하시는 주님은 당신의 몸 된 교회인 수영로교회를 통해 하나님의 크신 역사를 이뤄 가고 싶으셨던 것이다. 주님이 보여 주신 양 떼가 누구인지는 모르지만 그들을 얼마나 사랑하시는지 주님의 그 마음 앞에 내 마음까지 뜨겁게 달아올랐다.

'주께서 하실 일이 분명히 있으시기에 장로님의 마음에 감동을 주셨고, 서울로 가려는 나의 발목을 잡고 주의 환상을 보여 주신 것이다. 그렇다면 두려워할 게 아무것도 없다. 주님께서 다 이루실 것이다. 도구로 쓰임받는

우리에게도 결국은 가장 좋은 길로 인도하실 것이다.'

주님의 음성에 순종으로 답하자 주님은 내게 개척 교회에 대한 가슴 벅찬 꿈과 비전을 물 붓듯 부어 주셨다. 두려움도 사라지고 걱정, 근심도 사라졌다. 한순간의 일이었다. "네, 순종하겠습니다!"라고 말씀드리는 순간, 주님이 다 이루실 거라는 확신만이 나를 사로잡았다. 하나님께서 개척 교회를 통해 하실 일들을 기대하는 것으로 가슴이 벅차올랐다.

하나님의 일은 하나님이 하신다

당시 정 장로님은 초량교회를 섬기고 있어서 물질적 지원과 기도 지원의 약속만 남겨 두신 채 본 교회로 돌아가 섬기셨다. 내게 모든 것을 일임하신 것이다. 그것만으로도 나는 특별한 혜택을 받은 목사였다. 처음부터 교회를 지어준 데다가 든든한 집사 두 가정을 붙여 주고 일 년 동안 사례비까지 지원해 주셨으니 돌이켜 보면 수영로교회가 세워지고 성장하는 데에 내가 내세울 공로는 아무것도 없다. 누가 그렇게 좋은 조건에서 개척 교회를 시작하는데 목회를 잘하지 않을 수 없었겠는가.

그래서 나는 처음부터 큰 믿음이 생겼다. 어차피 이 교회는 내가 시작한게 아니라 하나님 아버지께서 시작한 사역이므로 성령께서 다 이루실 거라는 믿음이었다. 또한 아버지 되신 하나님이 언제나 내게 가장 좋은 것을 주셨던 것처럼 이번에도 가장 좋은 길로 인도하실 거라는 확신이었다. 무슨 일을 시작하든 그런 믿음으로 시작하는 건 매우 중요하다.

교회 부지를 보러 다니면서도 이 믿음이 있었다. '하나님께서 가장 좋은 땅, 수많은 영혼들을 구원시킬 그런 땅을 내게 주실 것이다.' 어려서부터 늘 물질에 대한 염려와 고민, 그로 인한 기도를 수없이 드리면서 자란 나에게 하나님은 언제부터인가 물질에 대한 염려에서 해방되게 하셨다. 언제나 기대 이상으로 채워 주셨던 것이다. 그러고 보면 염려라는 게 얼마나 부질없는 것인가. 결국 하나님이 최선의 방법으로 먹이고 입히고 채우시는데…. 개척 교회 부지를 알아보러 다닐 때도 오직 '하나님이 허락하신 가장 좋은 땅'이 어디인지 헤아릴 수 있는 지혜를 달라고만 기도하면서 다녔다. 과연 하나님께서는 금싸라기 같은 땅을 우리에게 붙여 주셨다.

수영 로터리 일대, 사람들이 다니는 요지 중의 요지가 주인을 기다리고 있었다. 당시는 미국이 월남전에서 패한 후라 한국적인 정서도 매우 불안할 때였다. 땅을 갖고 있기보다는 현금을 갖고 있다가 급작스런 상황에 대비하자는 정서가 팽배했다. 자연스럽게 땅값은 계속해서 떨어졌다. 그 덕분에 우리는 금싸라기 같은 땅을 쉽게 구입할 수 있었다.

그곳에 개척 교회를 세우기로 결정한 후, 나는 기도만 하면 되었다. 함께 기도할 교인이 없었으므로 성전 짓는 앞마당에 베니어판을 깔고 혼자 철야 기도를 하기 시작했다. 하나님의 성전 건축이 시작되는 이 시점에 마귀의 역사가 틈타면 안 되기에 나는 마귀들과 싸워 이길 각오로 밤새 철야 기도를 드렸다.

마귀들과 싸울지라 죄악 벗은 형제여
구주 예수 그리스도 크신 팔을 벌리고

너를 도와주시려고 서서 기다리시니 너 어서 나오라
영광 영광 할렐루야 영광 영광 할렐루야
영광 영광 할렐루야 곧 승리하리라 (찬송 388장, 3절)

밤새 기도를 할라치면 방해거리들도 얼마나 많았는지, 덜커덩거리는 소리, 바람 소리, 무엇인가를 질질 끌고 가는 소리 등 기도를 방해하는 마귀의 몸부림이 극에 달한 것처럼 느껴졌다. 그러나 아무것도 하나님을 향한 기도와 그분의 역사를 가로막진 못했다. 그렇게 기도로 무장하자 모든 것이 순적하게 일사천리로 진행되었다. 성전 건축을 반대하는 주변의 주민들도 있었지만 행동으로 옮기는 이는 없었고 그 소리도 곧 사라지고 말았다.

드디어 1975년 12월 14일, 수영로교회는 입당 예배로 하나님께 영광을 돌렸다. 아직 완공 전이었기에 아래층에 마련한 유년부실에서 예배를 드리게 되었다. 집사님 가정 둘에 정 장로님의 친척 되시는 여 전도사님 한 분, 그리고 우리 가족, 이렇게 수영로교회는 시작되었다. 그만하면 개척 교회치고는 너무도 탄탄한 시작이었다.

개척 목양 원리 1: 순종하되 끝까지 순종하라

수영로교회 목회는 그 걸음마다 성령의 도우심으로 채워졌다. 부지 자체가 사방이 다 보이는 로터리 한가운데 위치해 있었기 때문에 여기저기 오가다 들르는 사람들이 꽤 있었다. 어디서 철야 기도 하시는 분들을 그렇게 많이 보내주시는지 교회를 시작하자마자 기도의 불이 꺼지지 않았다. 우리 교인이 아닌데도 찾아와 밤새도록 기도해주는 이가 날마다 있었다. 나는 말주변도 없고 여러 가지로 목회하기 부족한 모습인데도 교회는 주일마다 몰려드는 낯선 사람들을 맞이하느라 분주했다. 매주 등록하는 새신자가 있었고 일 년이 지나자 주일 예배 인원이 2백 명이 되었다. 뭐든지 기도한 대로 다 응답되는 것 같은 분위기였다. 필요한 것이 있으면 즉각적으로 채워졌다.

이런 부흥을 보며 나 자신도 놀랐다. 물론 죽도록 기도하고 죽도록 충성이야 하지만, 그렇게 기도하고 충성한다고 해서 부흥이 이뤄지는 것은 아니기 때문이다. 그런데 어떻게 이런 일들이 일어날 수 있었을까? 나는 다만 부산에 있으라 해서, 개척하라 해서 한 것뿐인데 하나님은 넘치도록 복을 부어주고 계셨다.

그때 나는 "네가 네 하나님 여호와의 말씀을 순종하면 이 모든 복이 네게 임하며 네게 미치리니"(신 28:2)라고 하신 말씀의 언약이 성취되고 있음을 알았다. 그분의 뜻에 순종만 하면 다 주고 싶어 하시고, 다 맡기고 싶어 하시는 게 하나님의 마음이셨다. 주님은 복 주시기를 기뻐하시므로 우리가 당신의 뜻에 순종하기만을 간절히 기다리고 계신다.

예수님의 제자들이 부족하고 허물이 많았음에도 제자로 삼으시고 사도로 삼으신 이유를 굳이 들자면 바로 이 '순종' 때문이었다. 주님께서 "나를 좇으라" 하실 때 그들은 배와 그물을 다 버리고 주님을 따랐다. 무조건적인 순종이었다. 제자들의 능력이나 학력이 주님께는 중요하지 않았다. 순종만을 보셨다. 그렇다. 주의 역사는 순종으로 시작되는 것이다. 예수님께서 부활승천하실 때도 마지막으로 남기신 말씀이 무엇인가? "예루살렘을 떠나지 말고 내게 들은 바 아버지의 약속하신 것을 기다리라"(행 1:4). 주님은 순종을 요구하고 계신다. 주님의 이 말씀을 5백 명 이상의 사람들이 들었다. 그러나 대부분은 듣기만 했을 뿐, 순종하지 않았다. 이러저러한 이유로 다들 제 갈 길을 가고 120명만 남아 약속하신 성령을 기다렸다. 그리고 순종한 사람들은 모두 성령의 충만을 받았다. 이게 중요하다. 순종하되 끝까지 순종하는 것, 그것이 귀한 것이다.

설교를 해 보면 이 사실을 더 느낄 수 있다. 똑같은 설교를 해도 대부분은 듣기만 할 뿐, 그 말씀대로 순종하는 이들은 적다. 그저 듣고 잊어버리며 자기 식대로 살아가는 것이다. 죽은 믿음이다. 듣고 그대로 행하는 믿음, 그것이 바로 순종이다. 말씀을 들으면 그대로 믿고 확신하며 행할 때 주의 역사는 시작된다. 그것이 참 믿음이요 참 신앙이다.

그렇게 순종하면 여러 복을 받게 되는데 그 첫째가 하나님의 사랑을 받게 된다는 것이다.

"나의 계명을 가지고 지키는 자라야 나를 사랑하는 자니 나를 사랑하는 자는 내 아버지께 사랑을 받을 것이요 나도 그를 사랑하여"(요 14:21).

이 말씀 그대로 믿으면 된다. 하나님께 순종하면 하나님도, 예수님도, 성령님도 사랑해 주신다는 것이다. 순종함으로 인해 삼위일체 하나님과 친밀하고 끈끈하고 밀접한 관계가 맺어진다는 것이다.

두 번째로 순종하는 자에게는 영안이 열리는 축복이 부어진다. 요한복음 14장 21절 끝부분을 주의하여 읽어 보라.

"…나도 그를 사랑하여 그에게 나를 나타내리라"(요 14:21).

순종하는 자에게 당신의 나타내심을 보인다고 하셨다. 이 말씀을 다음 말씀과 비교해서 다시 읽어 보라.

"여호와께서 실로에서 다시 나타
나시되… 여호와의 말씀으로 사무엘
에게 자기를 나타내시니"(삼상 3:21).

엘리 제사장 때는 이상이 흔하지
않았던 시대다. 너무 타락하고 영적으로 어두워져 있었기 때문에 하나님의
음성을 듣는 사람도 없었고 이상을 보는 사람도 없었다. 그래서 선지자가 없
었던 시대. 그런데 사무엘은 어려서부터 하나님의 음성을 들었다. 하나님
께서 엘리 제사장 집안에 어떻게 행할 것을 사무엘에게 말씀하셨는데 그대
로 이루어졌고, 사무엘이 말하는 것들은 하나도 땅에 떨어지지 않게 하신다
고 약속하셨는데 그 또한 그대로 되었다. 이스라엘 백성들은 이런 사실들을
보면서 사무엘이야말로 하나님이 세우신 선지자임을 알게 되었다.

우리가 목회하는 어느 순간에, 중요한 문제를 결정해야 할 어느 순간에
우리는 사도행전에 나오는 그대로 하나님 자신을 보여 주시기를 간구할 때
가 꼭 온다. 도저히 사람의 지혜나 힘으로 풀 수 없는 문제들이 우리에게 반
드시 찾아오기 때문이다. 하나님께서 한 말씀만 들려주시면, 주님이 풀어 주
시면 모든 문제들이 삽시간에 해결될 것을 믿기에 주의 음성 한마디를 듣기
원한다.

그런데 이때 하나님이 원하시는 게 한 가지 있다. 바로 순종이다. 주께서
뭐라 하시든 순종하며 살아가는 사람들에게 주님은 당신의 음성을 들려주신
다. 이유를 막론하고 무조건 순종할 수 있는 자에게 하나님은 당신의 분명한
음성을 들려주신다. 아브라함처럼 "독자 이삭을 바치라" 해도 무조건 바칠

> 중요한 문제를 결정해야 할 어느
> 순간에 하나님이 우리에게 원하
> 시는 게 한 가지 있다. 바로 순종
> 이다. 주께서 뭐라 하시든 순종하
> 며 살아가는 사람들에게 주님은
> 당신의 음성을 들려주신다.

수 있는 사람에게 즐겨 말씀하신다. 순종하는 자들에게 영적인 깊은 세계를 열어 보여 주시는 것이다.

나는 가끔 우리 교단의 목사님들에게 간증을 하다가 의심의 눈초리를 받을 때가 있다.

"도대체 하나님의 음성은 어떤 소리로 들립니까? 소리가 납니까?"

그러면 나는 설명할 길이 없다.

"들어 보셔야 알죠."

사울이 다메섹 도상에서 부활하신 예수님을 만나고 그 음성을 들었을 때도 같이 있던 사람들은 듣지 못했다. 그게 바로 하나님의 음성이다. 똑같은 자리에 있어도 누구는 듣고 누구는 들을 수 없는 것이 하나님의 음성이다. 대부분의 사람들은 하나님의 음성을 듣지 못한다. 거기에는 이유가 있다.

순종하지 않는 사람에겐 이 음성이 들리지 않는다. 들으나마나 소용없는 일이기 때문이다. 듣기만 할 뿐 어차피 순종하지도 않을 사람에게 왜 말씀하시겠는가? 하나님은 우리 속을 다 아신다. 우리가 주의 음성을 들을 때 순종할지 안 할지까지 아신다. 그래서 때로는 책망도 하시고 때로는 부탁도 하시고 때로는 명령도 하시면서 우리를 이끄신다. 가장 중요한 것은 우리가 하나님의 뜻을 깨닫는 순간, 순종하느냐 안 하느냐 바로 그것이다. 순종만 하면 때론 하나님의 음성이 책망이어도 결국은 희락의 열매가 되어 우리에게 돌아온다. 그래서 하나님의 음성을 들을 때는 책망의 음성이어도 그렇게 기쁠 수가 없다.

대부분 순종하지 못하는 가장 큰 이유는 '욕심' 때문이다. 욕심에 눈이 어두우면 순종하지 못한다. 판단도 흐려지고 고민이 많아지며 피곤하기 짝이 없다. 그러나 욕심을 다 내려놓으면 물밀듯이 평안이 밀려온다. 걱정도 사라지고 생각도 맑아지며 단순해진다. 주님 뭐라 하시든 무조건적인 순종으로 대답할 수 있다. 깊은 영의 세계를 볼 수 있다.

그렇다고 해서 신비적인 체험을 좇아 살라는 뜻은 아니다. 신비적인 체험을 너무 좋아해서도 안 된다. 주님만 표적과 기사를 행하시는 게 아니라 사탄도 표적과 거짓 기적을 얼마든지 행할 수 있기 때문이다.

그러므로 우리가 제일 깊은 영적 세계에 도달하려면 하나님의 말씀인 성경에 충실해야 한다. 말씀 자체가 계시이며 말씀 자체가 하나님의 음성이다. 따라서 말씀에 철저히 순종하여 살면 성령 하나님의 감동과 이끄심대로 살아갈 수 있다. 때로 하나님의 음성을 분명하게 듣기도 하고, 말씀을 묵상하는 중에 그 말씀이 내게 다가와 관절과 골수를 찔러 쪼개기도 하며, 말씀이 내 발에 등이 되어 내 앞길을 비추기도 한다. 말씀에 순종하는 자가 영의 깊은 세계로 들어갈 수 있는 것이다.

순종하는 자의 세 번째 복은 '임마누엘의 복'이다.

"예수께서 대답하여 가라사대 사람이 나를 사랑하면 내 말을 지키리니 내 아버지께서 저를 사랑하실 것이요 우리가 저에게 와서 거처를 저와 함께하리라"(요 14:23).

"거처를 저와 함께하리라." 이 얼마나 복된 말씀인가! 성부, 성자, 성령 하나님께서 완전히 나와 함께하겠다는 약속이다. 하나님을 모시고 사는 임마누엘의 복이 임한다는 뜻이다. 하나님이 나와 함께하시는데 더 이상 거칠 것이 무엇이란 말인가? 임마누엘의 복은 복 중의 복이요 기쁨 중의 기쁨이나.

그러므로 우리의 가장 큰 기도 제목은 바로 이것이다.

"순종하며 살게 해주세요. 하나님 뜻대로만 순종하는 삶을 살게 해주세요."

왜 이렇게 기도할 수밖에 없는가? 하나님의 뜻대로 되는 것이 가장 좋은 것이고 가장 잘되는 길이기 때문이다.

하나님의 것은 무엇이나 가장 좋은 것이다. 하나님의 생각이 가장 좋은 생각이고, 하나님의 계획이 가장 좋은 계획이며, 하나님의 방법이 제일 좋은 방법이고, 하나님이 하시는 일의 결과가 가장 좋은 결과다. 결국 하나님의 뜻대로 이루어지는 것이 가장 좋은 일이다. 여기에 대한 확신만 있으면 우리는 밤낮 이런 기도를 저절로 드릴 수밖에 없다.

"하나님, 하나님 뜻대로 사는 게 제 소원입니다. 하나님 뜻이 무엇인지 좀 가르쳐 주세요."

하나님의 뜻대로 살면 그게 설령 십자가의 길이어도 그 길은 나를 가장 행복하게 하고, 가장 복되게 하며, 가장 성공적인 삶을 살게 한다. 이것이 하나님나라의 원리다.

이를 아셨던 예수님은 십자가를 지시기 전에 이렇게 기도하셨다.

"내 원대로 마옵시고 아버지의 원대로 되기를 원하나이다"(눅 22:42).

예수님의 이 기도는 역사상 가장 위대한 기도다. 그리고 우리가 따라야 할 기도의 본이다. 하나님의 뜻을 따라 행하는 삶은 십자가 고통으로 끝나는 것이 아니라 면류관의 영광이 주어지는 복되고 영광스러운 삶이기 때문이다. 여호와 이레의 축복이 쏟아지는 길이기 때문이다.

개척 목양 원리 2: 사람과 배경을 의지하지 말라

개척 목회를 할 때 가장 어려웠던 것 중의 하나가 함께 일할 사람이 없다는 것이었다. 사람이 와야 무얼 해도 하겠는데 교회를 시작한 지 몇 날, 몇 달이 지나도 찾아오는 사람이 없다면 그것만큼 목회자를 힘들 게 하는 일은 없다. 그래서 목회자들은 개척 교회를 시작할 때 일가친척 또는 지인들을 끌어와서 함께 시작하는 경우가 많다.

그런데 이렇게 친척들이나 지인들을 데리고 와서 목회를 하면 그 사람들이 결국 목회자의 함정이 되어 버릴 때가 왕왕 있다. 순수하게 목회자와 교인의 관계로 맺어진 이들과 함께 개척을 하는 것은 괜찮지만 혈연, 지연 관계로 맺어진 사람들과 목회한다는 것은 여간 힘든 일이 아니다. 무엇보다 단점 없는 사람이 없는 법인데, 그렇게 맺어진 사람일수록 목회자의 단점과 실수를 너무 잘 알기에 결국에는 그걸 물고 늘어지는 경우가 종종 생긴다.

내가 아는 어떤 목사님은 개척을 시작할 때 자신을 도와줄 누군가를 찾던 중 우연찮게 고등학교 동기 동창인 한 장로님을 만났다고 한다. 그분을 보자 이 목사님은 구세주를 만난 듯 반가워하며 이렇게 호소했다. "야, 제발 좀 날 도와다오. 네가 도와야지, 누가 돕겠니?" 다른 교회에서 장로로 잘 섬기고 있는 그분을 개척 교회로 데리고 온 이후, 교회 안에는 이상한 해프닝이 벌어지기 시작했다. 목사와 장로 사이에 서로 "야!" "자!" 하며 지내는 광경이 심심찮게 목격되었던 것이다. 처음엔 장로님의 동역이 교회를 세우는 데 꽤 도움이 되는 듯했다. 물질적인 면에서도 그렇고, 사람을 끌어 모으는 데도 도움을 받았다. 그런데 사람들이 어느 정도 모이고 교회가 규모를 갖춘 다음부터는 문제가 터지기 시작했다. 교인들이 모여 제직회를 하는데 장로라는 사람이 종종 목사를 향해 "야! 그건 안 될 것 같은데." "자, 그럼 그거는 목사가 해"라고 말을 하니 그런 분위기에서 어떻게 목회자의 권위와 체면이 설 수 있겠는가.

아무리 나이 어린 교역자라 해도 집사님, 권사님, 장로님들이 교역자에게 꼬박꼬박 예를 갖추어 말을 높이는 것은 그만한 이유가 있다. 존댓말을 통해 "주의 종으로 기름 받은 교역자에게 순종하겠다"는 것과, 동시에 교역자의 권위를 인정하고 높여 주려는 뜻이 담겨 있다. 권위는 이처럼 매우 중요하다. 그래서 바울은 디모데에게 "누구든지 네 연소함을 업신여기지 못하게 하라"고까지 당부했다.

그런 면에서 나는 서울에서가 아닌 부산에서 목회를 시작한 게 하나님의 은혜인 것 같다. 선지자는 고향에서 대접받지 못한다고 했지 않은가. 지금도 가끔 서울에서 동기 동창들을 만나면 내게 "야! 필도야!" 하는 친구들이 꽤 있다. 당연한 일이지만 우리 교회 안에서는 상상도 못할 일이다. 아무리 나이 어린 교역자라 해도 아버지뻘 되는 장로님들조차 꼬박꼬박 말을 높여 순종하고 따르는 게 우리 교회 분위기이기 때문이다. 그래서 나는 가끔 웃으며 이런 말을 한다. "내가 아마 서울에서 목회했다면 교회가 이만큼 성장하지 않았을 거야. 부산이었으니까 내 허물이 가려져서 이렇게 성장했지."

사실, 개척 교회 목회를 하면 당장 한 사람의 교인이 아쉽기 때문에 친척이나 지연으로 맺어진 사람들을 어떻게든 데려오고 싶은 유혹을 받는다. 그러나 그럴수록 하나님만 바라며 하나님께서 보내 주실 영혼을 기다려야 한다. 그게 하나님만 바라는 믿음이다.

만약 일가친척이나 돈 많은 친구를 데려와서 목회를 하게 되면 목회자는 목회가 어려울수록 하나님보다 그 사람들을 더 의지하게 된다. 그 사람들마저 없으면 목회가 안 되기 때문이다. 그러다가 어느 순간 하나님보다 그 사람들을 더 의지하게 되는, 사람을 우상으로 섬기는 일이 벌어지고 만다. 우상숭배는 다른 게 아니다. 사람을 의지하면 그게 바로 우상 숭배다. 그럴 때 악신이 역사한다.

악신이 역사하면 어제까지 선한 동역자였던 그 사람이 갑자기 몽둥이가 되어 나를 두들기기 시작한다. 특별히 일가친척이나 고향 사람을 의지하는 개척 교회일수록 목회는 많은 어려움에 빠진다. 그렇게 되면 교회에는 어떤 성향이 생겨 버린다. 즉 목회자의 출신 지방에 따라 그 지방 사람들이 교회 주요 인물로 부각되고 그러다 보면 교회가 그 테두리를 벗어나지 못한다. 타향 사람들이 발붙이지 못하는 교회가 되고, 설령 타향 사람이 정착한다 해도 지역색 강한 교회의 모습이 좋게 보이지 않는다. 분란이 생기고 싸움이 끊이지 않게 되는 것이다.

그래서 우리 교회는 출신 성분을 따지는 일만큼은 없애려고 처음부터 작정하고 출발했다. 영남 출신이든 호남 출신이든 서울 출신이든 출신 자체를 두고 교역자를 선별하지는 않았다. 교회가 부산 지역에 있지만, 겪어 보니 전라도 출신의 목회자들이 너무나 충성스럽고 일도 잘한다는 사실을 알게 되었다. 출신을 문제 삼으면 볼 수 없는 사실을 보게 된 것이다. 우리 교회 목회자들이 이렇게 전국 각지에서 모이다 보니 몰려오는 교인들도 마찬가지다. 강원도, 전라도, 충청도, 제주도, 부산 어디서든 와서 함께 손잡고 기도할 수 있는 교회가 우리 교회다.

지금 당장 힘들다 해도 본토 친척 아비 집을 의지하지 말고 하나님께서 보내 주실 영혼을 기다려야 한다. 그것이 결국은 교회가 성장하는 지름길이다. 의지할 사람이 없는가. 그럴수록 목회자는 하나님을 기대하며 기다려야 한다. 머지않아 하나님이 최고의 일꾼들을 몰아서 보내 주실 것이다. 사람의 걸음을 인도하시는 이는 하나님이시다.

개척 목양 원리 3: 못된 교인보다 못된 목사가 문제다

목회하면서 반드시 거쳐 가는 시험대가 있다면 교인과의 마찰 문제다.

나 역시 이 시험을 푸느라 얼마나 애를 먹었는지 모른다. 앞서 말한 대로 양들이 올 때는 착한 양도 오지만, 반드시 안 착한 양도 오게 되어 있는 게 목양의 원리인 까닭이다.

비교적 초반기에 나는 이 문제로 많이 힘들어했다. 나는 그저 주의 영광을 위해 달려가는 것뿐인데 그런 나를 교인 한 사람이 그렇게 비방하고 다녔다. 그 소식을 들을 때마다 내 마음이 찢어지게 아팠다. 무엇이나 한번 미운 눈으로 보면 모든 게 미워 보인다고 그 교인은 나의 모든 면을 왜곡해서 바라보았다. 같은 말을 해도 나쁜 뜻으로 알아듣고 잘못 알아들은 내용을 자기 마음대로 소문내고 다녔다.

나 역시 시간이 지날수록 점차 미움이 차오르는 걸 경험했다. 교인이 많지 않았던 시절이라 새벽이면 한 사람 한 사람 명단을 불러가며 축복 기도를 하곤 했는데, 그 교인 순서가 오면 기도가 막혔다. 내 안에 있는 미움 때문에 진심 어린 기도가 나오지 않았던 것이다.

게다가 그 미운 마음을 안고 강단에 서면 설교가 제대로 되지 않았다. 하나님은 사랑이시다. 사랑이신 하나님의 말씀은 미움이 있으면 절대로 순결하게 선포될 수가 없다. 하나님의 마음을 '미움'이란 그릇에 담아서 선포하는 까닭에 말씀이 변질되어 전달되기 때문이다. 그렇게 되면 성령이 마음껏 일하실 수 없다. 교회 부흥도 주춤거린다. 목회자 한 사람 때문에 교회의 기반이 흔들리는 것이다.

성령의 깨닫게 하심을 따라 나는 얼마 안 되어 이 문제의 심각성을 알게 되었다. 더 이상 미움의 줄다리기를 해선 안 되겠다는 생각에 이 문제를 놓고 새벽에 끈질기게 엎드렸다. 교인들 한 사람 한 사람 축복하며 기도하다가 그 교인 순서가 되었을 때 나는 다른 사람보다 몇 배는 더 시간을 들여 기도했다. 그 사람을 축복하는 내 마음이 진심이 될 때까지, 그 축복 기도가 온전히 하나님께 올려질 때까지, 그 사람을 사랑하게 될 때까지 계속해서 기도했다. 그렇게 계속 기도하다가 어느 순간이 되자, 그 기도를 하나님께서 기뻐 받으신다는 확신이 들었다. 미움이 생길 때 똑같이 응수하려 하지 말고, 그 영혼을 품고 기도하면 미움도 사랑과 축복의 마음으로 변화될 수 있음을 그때 알았다.

내가 그를 축복하며 기도했을 때 과연 성령께서는 그 교인의 마음을 어루만지기 시작하셨다. 목사가 자신을 위해 기도하는데 싫어할 교인이 어디 있겠는가. 차츰 그 문제가 해결되어 가는 듯했다.

그러던 어느 날, 주님께서는 발람 선지자가 등장히는 민수기 말씀을 통해 뜻밖의 깨달음을 얻게 하셨다. 모압 왕 발락으로부터 "모압에 와서 이스라엘 백성을 저주해 줄 것"을 부탁 받은 발람이 나귀를 타고 모압 귀족들과 함께 모압으로 갈 때 그는 나귀로부터 모욕적인 말을 들었다. 성경에 등장하는 인물 중 이보다 우스꽝스런 인물도 없을 것이다. 사람도 아닌 나귀로부터 책망을 받다니…. 발람은 왜 이런 어리석은 사람이 되고 말았을까. 동물인 나귀조차 여호와의 사자를 보고 피하는데, 발람은 욕심에 눈이 어두워 하나님의 사자를 보지 못했다. 그 순간만큼은 나귀보다 못한 존재였던 것이다.

그런데 기도 중에 갑자기 깨달음을 주셨다. 나도 발람처럼 나귀에게 책망받아 마땅한 목사가 아닌가? 그런데 나는 다행히 사람에게 욕을 먹었으니 이것은 너무나 감사한 일이라는 것을 깨닫게 되었다. 그래서 나는 주님 앞에 진심으로 감사의 기도를 드렸다.

"감사합니다. 감사합니다. 저는 나귀한테 책망받아 마땅한 죄인입니다. 그런데 나귀가 아닌 사람에게 욕을 먹게 하시니 감사합니다."

나는 그 다음 주일 설교 시간에 이 이야기를 그대로 간증했다. 그 후 참으로 놀라운 일이 일어났다. 내 욕을 하며 돌아다니던 그 교인이 나를 존경하고, 칭찬하며 돌아다니는 교인으로 바뀐 것이다.

또 한 번은, 우리 교회에 그냥 두면 교회의 부흥을 가로막을 것 같은 집사 때문에 힘들었을 때다. 이번에도 하나님 앞에 담판 짓기 위해 특별 기도를 드렸다. 아무도 없는 예배당 안에서 하나님 앞에 부르짖기를 "아버지 하나님! 그 인간을 내쫓아 주시든지 저를 다른 곳으로 보내 주시든지 둘 중 하나를 택하십시오. 오늘 밤에 그 인간을 거둬 가시든지 아니면 저를 거둬 가시든지 둘 중에 하나를 택하십시오!"라고 했다. 참으로 무서운 기도다.

밤새도록 부르짖었다. 그런데 새벽녘에 갑자기 "네가 문제다!"라는 주님의 음성이 크게 들려왔다.

"네가 문제다!"

아니 나는 그 인간이 문제라고 생각했는데, 주님은 내가 문제라고 하시니 할 말이 없었다. 그래서 어린아이처럼 울면서 기도했다.

"아버지, 용서해 주세요. 저는 제 문제도 모르는 문제 많은 목사입니다. 저를 용서해 주세요!"

이때 주님은 인자하신 음성으로 이렇게 말씀하셨다. "나는 너를 붙잡고 일하고 있지 그 집사를 붙잡고 일하는 것이 아니란다. 그 집사는 너에게 맡긴 양일 뿐이란다. 부흥이 되고 안 되는 것은 너에게 달렸다. 왜냐하면 나는 너를 붙잡고 일하고 있기 때문이다."

나는 그 음성을 듣는 즉시 "감사합니다. 감사합니다. 다시는 양들을 원망하지 않겠습니다. 교회의 모든 문제는 제 문제인 줄 알겠습니다"라고 기도드렸다. 그 후부터는 성도들을 원망하지 않았다. 또 성도들을 책망하는 설교를 하지 않았다. 문제 있는 성도를 향해 책망해 봤자 그들은 듣지도 않는다. 엉뚱하게 착한 성도들이 듣고 상처만 받게 된다. 그러므로 이것은 교회 부흥에 유익이 되지 않는 것이다.

목회자는 하나님의 말씀을 대언하는 사람이다. 그러기에 자신을 온전히 비워 양 무리에 대한 사랑으로 가득 채워야 말씀을 제대로 대언할 수 있다. 나는 이 사실을 깨달은 후, 설교의 패러다임 자체를 바꾸게 되었다. 다시는 "누구 들으라"는 식으로 말씀을 준비하거나 전하지 않았다. 설교를 준비할 때 굳이 교인들 중에 누구를 떠올려야 한다면 목회자인 내가 가장 사랑하는 교인, 가장 사랑스러운 교인을 떠올렸다. 그 교인에게 가장 좋은 꼴을 주고 싶은 마음으로 말씀을 준비했다.

그러자 말씀을 받는 모든 교인들의 얼굴에 화색이 감돌았다. 많은 교인들이 "말씀이 자신을 어루만지는 것 같다"고 고백해 왔다. 목사인 내가 자신들을 너무도 사랑하는 것 같다고, 그 마음이 전해져 오는 것 같다고 말해 왔다. 그때 나는 알았다. 목회자가 자신을 비우고 하나님의 온전하신 감동으로 말씀을 전하면 성령께서 각 개인에게 가장 적합한 방법으로 역사하신다는 것을. 회개할 자 회개하게 하고, 치유받을 자 치유 받게 하며, 위로받을 자 위로 받게 하신다는 것을. 말씀 선포의 사역이야말로 온전히 나를 성령의 도구로 내어드려야 하는 사역이다. 내가 아니라 성령이 주인이 되어야 하는 사역이다.

설교자에게 가장 중요한 것은 말씀을 전할 때의 마음 밭이다. "설교를 얼마나 잘하느냐?"보다는 "어떤 마음 상태로 설교를 전하느냐?"가 은혜를 결정하는 가장 중요한 요소인 것이다. 주님은 이 사실을 가르쳐 주시고 싶어서 "네가 문제다!"라고 말씀하셨던 것 같다. 내 감정으로 설교하고 내 기분으로 설교하는 그 안타까운 강단의 현실을 더 이상 두고 보실 수가 없어서, 수영로교회 강단을 은혜의 말씀으로 흘러넘치게 하고 싶어서 나를 책망하셨던 것 같다.

개척 목양 원리 4: 시험은 은혜의 통로다

수영로교회의 역사 속에는 여느 교회가 그러하듯 크고 작은 시험들이 더러 있었다. 그러나 그것은 단지 시험일 뿐, 성장을 가로막는 요소가 되지 못했다. 오히려 시험은 교회가 성숙하기 전 하나님이 보여 주시는 어떤 조짐과도 같았다. 시험이 올 때는 그것을 풀기가 힘이 들지만 시험 뒤에는 항상 하나님께서 예비해 두신 선물이 있었다. 그래서 언제부터인가 시험이 오면 하나님이 하실 일을 기대하고 기다리는 습관이 생긴 것 같다.

시험이 올 때는 그것을 풀기가 힘이 들지만 시험 뒤에는 항상 하나님께서 예비해 두신 선물이 있다. 그래서 언제부터인가 시험이 오면 하나님이 하실 일을 기대하고 기다리는 습관이 생겼다.
사건이 심각하면 심각할수록 목회자는 기도에 전념해야 한다. 기도 속에서 하나님을 만나야 태산처럼 커지던 문제가 어느 순간 사그라지는 것을 경험할 수 있다.

교회 개척 초반기, 교인들이 사방에서 몰려오면서 나는 교인들로 인한 다양한 경험들을 한꺼번에 겪게 되었다. 착하고 충직한 일꾼들도 많이 왔지만 어디서 그렇게 문제 많은 사람들도 많이 몰려오는지, 날마다 사건의 연속이었던 것 같다. 싸움 잘하는 사람이 와서 문제를 일으키기도 하고, 무슨 속셈과 의도를 가지고 와서 교회를 풍비박산으로 만들고 떠나는 사람도 있었다. 어떤 사람은 목사인 나만 만났다 하면 집을 사 달라고 졸라댔다. 나도 집이 없는데 어떻게 내가 집을 사 주냐며 설명을 해도 막무가내였다. "이렇게 부자 교회에서 나처럼 불쌍한 사람에게 집 한 채 못 사 주는 게 말이 되냐?"며 오히려 따지기도 했다. 아마도 모든 교회, 모든 목회자들이 사람으로 인해 속을 끓게 되는 일들을 겪을 것이다.

그중 어느 집사 부부의 사건은 내게 큰 충격과 함께 큰 교훈을 남겨 주었다. 그 젊은 부부는 우리 교회에 등록한 이후 곧 모든 교인들의 관심과 시선을 받고 있었다. 젊은 부부가 얼마나 믿음 생활을 열심히 하는지 성가대, 주일학교, 새벽 예배에 빠지지 않고 섬기며 봉사했다. 사람들에게도 늘 친절하고 상냥해서 교회 전체에 소문이 날 정도였다.

"저 사람들은 우리 교회 보배야, 보배!"

사람들은 이구동성으로 그 젊은 부부를 칭찬했고 누가 봐도 그들 부부는 칭찬받을 만했다. 그러던 어느 날 뜻밖의 사건이 터지고 말았다. 우리는 일을 겪고 나서도 한참 동안 그 부부가 그런 사람들이라는 사실을 믿을 수가 없었다.

그날, 그 착하고 충성되었던 부부는 오토바이를 타고 전교인의 집을 돌았다. 이유인즉슨 "오늘 저녁에 서울에서 돈이 몇천만 원 내려오는데 그 사이에 급하게 써야 할 돈이 있으니 한 시간만 돈 좀 빌려 달라"는 것이었다. 수천만 원이면 당시로서는 매우 큰 액수였다. 그러나 워낙 교인들의 신뢰를 한 몸에 받았던 터라 교인들은 십만 원부터 백만 원, 이백만 원씩 힘닿는 대로 빌려주었고 심지어 어떤 교인은 급한 대로 옆집에 가서 돈을 빌려다가 그 손에 쥐어 주기까지 했다.

그런데 그 부부가 전교인의 돈을 가로채서는 어디론가 종적을 감추고 말았다. 그들 부부는 처음부터 의도적으로 교회에 접근해서 사기를 친 것이었다. 온 교회가 발칵 뒤집힐 수밖에 없었다. 그때의 황망함은 이루 말할 수가 없었다.

이런 종류의 시험들은 계속해서 일어났다. 한 사건이 터지면 또 다른 사건이 꼬리에 꼬리를 물고 일어났다. 사람들이 한꺼번에 교회에 몰려오면 올수록 사건도 한꺼번에 여러 개가 터져 나왔다.

그런 상황에서 목회자인 나는 목숨 걸고 기도하지 않을 수 없었다. 목회자를 괴롭히는 교인들도 많고 사건도 많다는 것은 그만큼 영적 싸움이 치열

하다는 뜻이다. 부산 지역이 어떤 지역인가. 시장에만 나가 봐도 절에서 입는 회색 바지를 입고 장을 보는 아줌마들이 쉽게 눈에 띈다. 불교 문화, 우상 문화가 그만큼 보편화된 지역인 것이다. 그런 데서 마귀와 싸워 이기려면 영적으로 철저하게 무장하는 수밖에 없다. 사람의 힘으로 문제를 풀려고 섣불리 나섰다가는 오히려 사건 속에 휘말려 마귀의 뜻대로 무너질 수 있기 때문이다. 그래서 사건이 심각하면 심각할수록 목회자는 기도에 전념해야 한다. 기도 속에서 하나님을 만나야 태산처럼 커지던 문제가 어느 순간 사그라지는 것을 경험할 수 있다.

만약 문제가 커질 때 기도하지 못하면 목회자의 마음은 너무나 조급해진다. 교회의 골치 아픈 문제는 그 조급함 속에서 더욱 태산처럼 다가와 잠을 설치게 하는 요인이 되며 목회자로 하여금 인간적인 방법을 쓰도록 한다. 제직회를 모아 설명하고 강권하고…. 문제를 풀기 위해 그렇게 몸부림을 치면 칠수록 꼬인 실은 더 심각하게 꼬이게 되어 있다. 나중에는 감당할 수 없을 만큼 꼬여 버리기도 한다.

나도 어처구니없게 그런 실수를 한 적이 더러 있다. 그때마다 얼마나 속상했는지, 결국은 나의 조급함이, 나의 인간적인 열심이 하나님의 일을 망친 격이 된 것이다.

이와 반대로 문제가 클수록 하나님께 탁 맡기고 금식하면서 회개하면서 기도하면 일은 뜻밖에도 쉽게 풀렸다. 기도하면서 기다리면 성령께서 너무도 멋지게 풀어 가시는 모습을 볼 수 있었다. 문제의 해결자는 성령이셨던 것이다.

돌아보니 어느새 문제를 풀어 놓으신 성령…. 나는 목회 현장에서 이 사실을 확인할 때마다 감탄하지 않을 수 없었다. 그렇다. 목회자는 기도 속에서 성령을 기다리는 사람이다. 그렇게 기도하면 성령께서 말씀으로 평정하시거나, 또 다른 사건을 일으켜 평정하신다. 문제를 일으키던 교인이 어느새 종적을 감춰 버리거나, 강퍅했던 교인들이 은혜 속에서 회개하며 달라진다. 성령께서 그렇게 역사하시면 교회는 더욱 큰 은혜의 뜰로 변해 가는 것이다.

목회가 무너지는 건 한순간이다. 그래서 목회자는 언제나 기도해야 한다. 시험이 찾아오면 더욱 목숨 걸고 기도해야 한다. 기도하다 보면 능력을 받게 되고, 능력을 받으면 메시지가 달라지며, 메시지가 달라지면 교인들이 은혜를 받게 되기 때문이다. 그렇게 되면 시험이 와도 겁 없고, 언제나 주의 은혜가 가득한 교회가 되는 것이다. 은혜가 부어지니까 시험 뒤에 성장하고, 시련 뒤에 충만한 기쁨이 더해지는 것이다. 어떤 면에서 목회의 재미는 이런 것이다. 시험조차도 은혜의 통로가 되는.

어두운 후에 빛이 오며 바람 분 후에 잔잔하고
소나기 후에 햇빛 나며 수고한 후에 쉼이 있네//
연약한 후에 강건하며 애통한 후에 위로받고
눈물 난 후에 웃음 있고 씨 뿌린 후에 추수하네//
괴로운 후에 평안하며 슬퍼한 후에 기쁨 있고
멀어진 후에 가까우며 고독한 후에 친구 있네//
고통한 후에 기쁨 있고 십자가 후에 면류관과
숨이 진 후에 영생하니 이러한 도는 진리로다//(찬 535장)

교만하면 멈춘다

6

...성장

교회의 진정한 당회장은 예수님

교회가 여러 시험들을 잘 통과하고 성장에 성장을 거듭할 무렵, 목회자인
내 마음속에는 자신감이 충천했다. 주일마다 새 신자가 등록하고, 설교를 하
면 "아멘!" 소리가 터져 나오는 그때만큼 목회자의 마음이 기쁠 때가 어디 있
겠는가. 오직 주의 나라와 의를 위해 한평생을 바치겠노라 결단하며 달려오
던 그 모든 시간들이 열매가 되어 돌아오는 것을 보는 것이다.

그런데 어느 순간, 하나님의 축복의 열매에 내 시선이 고정되는 그때, 나
는 자신도 모르는 사이에 '교만'에 사로잡히고 말았다. 어떤 것도, 어떤 순간
도 하나님보다 더 내 시선을 사로잡는 것은 없어야 함에도 그 축복의 열매에
내 시선이 고정되자 마음에 교만이 깃들고 만 것이다. 교만은 곧 내 생각을
점령했다.

'야, 우리 교회가 이렇게 부흥하다니, 내가 그래도 꽤 설교를 잘하는가 보
네. 이런 식으로 부흥되다가는 머잖아 부산에서 제일 큰 교회가 되겠네.'

나는 어느덧 우리 교회 부흥의 주체를 목사인 나로 생각하고 있었다. 내

가 설교를 잘해서, 내가 그만큼 헌신해서 교회가 이렇게 커졌다고 생각했다.

이 생각이야말로 교만 중의 교만이었다. 교만이란 무엇인가. 하나님의 영광을 자신이 가로채는 것이 아닌가? 교만은 망하는 지름길이다.

그런 생각이 들던 그 주간, 수요 예배 시간이었다. 예배를 인도하려고 강단에 섰는데 어찌된 일인지 그 많던 교인들이 한 사람도 나오지 않았다. 주일에 본당을 가득 메웠던 교인들이 마치 서로서로 연락이나 한 것처럼 보이지 않았다. 가슴이 철렁 내려앉았다. '어떻게 이런 일이…' 교회에 앉아 있는 사람은 아내와 반주자와 애들 몇 명이 전부였다. 개척하자마자 교인들이 밀려오긴 했지만 아직 개척 교회 타이틀을 벗어나지 못할 때에 이런 일이 생겼다는 것은 비상시국이 아닐 수 없었다. 별별 생각이 다 들고 온갖 근심 걱정에 휩싸였다.

그날 나는 집에 들어가지 않았다. 들어갈 수가 없었다. 너무 다급했기 때문에 강단에서 응답받을 때까지 기도할 작정이었다. 마음이 그렇게 갈급할 때는 기도 외에는 아무것도 할 수 없고 아무것도 하기가 싫었다. 그 다음날도 새벽 예배를 인도하고 나서 계속 기도하며 주님의 응답을 기다렸다.

"하나님, 제가 뭘 잘못했는지 모르겠습니다. 가르쳐 주십시오."

목이 타들어 가는 절박한 심정으로 주님을 기다렸다. 그렇게 몰려오던 교인이 어떻게 삽시에 발을 딱 끊을 수가 있단 말인가. 주님께 답을 구해야 했다. "주님, 알려주십시오. 왜 그렇습니까?"

그렇게 기도하던 중 책망하시는 주님의 음성이 갑자기 들려왔다.

"네가 해? 내가 하지. 네가 해? 내가 하지! 네가 해? 내가 하지!"

세 번이나 연속된 주님의 말씀이었다. 주님은 내게 말씀하실 때마다 세 번을 연속해서 말씀하시는 경우가 많았다. 아마도 확실하고도 다급하신 주님의 마음을 내게 각인시키시려는 하나님의 의도 때문이었던 것 같다.

"아이고 주님, 주님…."

나는 주님의 이름을 연거푸 부르며 회개할 수밖에 없었다.

"주님, 잘못했습니다. 주님, 저는 주님께서 그렇게 다 하시는 줄 정말 몰랐습니다. 제가 하는 줄 알았습니다. 제가 잘해서 목회가 잘되는 줄 알았습니다. 주님, 잘못했습니다. 용서해 주십시오."

주님은 더 세미하게 내게 말씀해 주셨다.

"네가 이 교회를 세운 게 아니고 내가 이 교회를 세웠다. 네가 설교를 잘해서 부흥된 게 아니라 내가 내 양 떼를 이곳에 보내서 교회가 부흥된 것이다."

주님이 많이 보내주시면 큰 교회가 되고, 적게 보내주시면 작은 교회가 되는 것이었다. 양을 얼마나 보내 주시느냐의 문제는 전적인 주님의 주권이었다.

"감사합니다. 감사합니다. 이제 알겠습니다. 이제부터는 주님께서 이 교회 당회장이십니다. 저는 교육전도사 같은 마음을 가지고 충성할 테니까 주님이 이 교회를 맡으십시오."

그때부터 나는 주님에 대한 월권행위를 하지 않으려 더욱 조심했다. 월권! 우리는 이렇게 주님 앞에 월권하는 일이 얼마나 많은가. 주님께서 잠시 맡겨 주신 일을 마치 자신이 피눈물 나게 노력해서 이룬 것인 양 포장하고, 주님이 마땅히 누리셔야 할 주인의 자리를 은근슬쩍 차지하려는 일들도 너무 많다. 목회자는 주님의 양을 잠깐 맡은 자일 뿐이다. 맡겨 주신 그것에 감사하고 감격하는 마음으로 양들을 돌볼 책임을 감당하는 사람들이다. 그 책임의 한계를 넘어서도 안 되고, 부족해서도 안 된다. 대부분은 부족해서 문제지만 더러는 한계를 넘어서 월권행위를 해서 문제가 되기도 한다. 주님께서 원하시는 만큼 사랑하고 원하시는 만큼 섬기면 되는데 부족하거나 욕심이 넘쳐서 탈인 것이다. 욕심이 넘친다는 것은 목회 현장의 주도권을 가로채고 자신이 마치 그 양들을 다 먹여 살렸다고 착각하게 된다는 뜻이다.

그럴 때 주님은 더 이상 양들을 맡기실 수가 없다. 어느 부모가 "내가 이 아이의 부모다"라고 월권행위를 하는 사람에게 부모의 권리를 내어주겠는가. 목회 현장을 향한 하나님의 절대주권도 이와 같은 것이다. 양들의 주인은 오직 주님이신 것이다.

목회자가 양들을 사랑한다고 하지만, 주님이 사랑하시는 것에 비하면 그 사랑은 아무것도 아니다. 따라서 목회자에게 절대적으로 필요한 것은 겸손이며, 그 겸손함이 곧 사랑의 능력, 목회의 능력이 되어 나타난다. 사랑하고 섬기되 소유하기 위해서가 아니라 주님의 영광을 위한 사랑과 섬김이어야 한다. 맡겨 주신 것에 감사해서 겸손하게 섬기고 충성하는 것, 그것이 우리의 할 일이다.

"네가 해? 내가 하지!"

주님의 이 음성을 들은 이후, 수영로교회의 진정한 당회장은 주님이심을 언제나 잊지 않으려 했다. 아니, 잊을 수가 없었다. 목회를 이끄시는 분은 교역자가 아니라 주님이셨다. 교역자는 주님의 종일 뿐이다.

그 주간이었다. 주님의 음성을 듣고 회개하며 주님께 목회의 주도권을 내어 드린 후 맞는 주일이어서 그런지 더욱 주님의 은혜가 깊게 차올랐다. 하나님이 이 영혼 하나하나를 얼마나 사랑하시면 그 주권을 놓지 않으려 하시는지 조금은 알 것 같아서였다. 자식을 사랑하는 부모는 절대로 부모의 권리를 포기하지 않는다. 주님은 그렇게 결정적인 순간에 당신의 부모 되심을, 주인 되심을 나타내 보이는 분이셨다.

그런데 주일 저녁 예배를 시작하려고 보니 뒷자리가 텅 비어 있었다. 나는 예배를 인도하면서 마음속으로 주님께 기도를 올렸다.

"주님, 뒷자리가 비었네요. 빨리 심방하셔야겠어요. 주님께서 당회장이시잖아요. 메추라기 몰 듯 몰아서 빨리 보내 주세요. 누가 저 같은 사람의 설교를 들으러 오겠습니까? 이 부근에 훌륭한 목사님과 좋은 교회가 얼마나 많은데, 누가 이 교회 목사 설교 들으러 여기까지 오겠습니까? 주님이 보내 주시지 않으면 여기에 올 사람 한 사람도 없습니다. 주님께서 교회를 세우셨으니 이제 제 허물을 가려 주시고 제발 심방 좀 해 주세요."

그 기도를 들으셨던 것일까. 어느 집사님의 대표 기도가 끝나 눈을 뜨고 회중을 보니 갑자기 교인들이 와르르 들어오는 것이 아닌가. 그날따라 지각한 사람들이 얼마나 많았던지 비어 있던 교회가 꽉 들어찼다. 나는 그 광경을 보며 주님께 다시 아뢰었다.

"주님, 수고하셨습니다."

그 뒤로 나는 교인들 걱정이 생길 때마다 그런 기도를 드렸다. 물론 부교역자들이 심방을 다니기는 했지만 나는 강단에서 특별 기도를 드리며 이렇게 아뢰었다.

"주님, 아무개 집사가 교회에 안 나오는데 왜 안 나오는지 모르겠습니다. 주님, 제가 심방을 열 번 가면 뭐하겠습니까? 주님께서 한 번만 심방하시면 끝나는 일일 텐데요. 주님께서 심방 좀 해 주십시오."

그렇게 특별 기도를 드린 후면 어떤 분은 갑자기 내 방까지 찾아와 이렇게 간증하기도 했다.

"목사님, 그동안 교회에 못 나와 죄송합니다. 그런데 어젯밤 꿈에 목사님이 나타나셨더라고요. 안 나올 수가 없어서 이렇게 교회 다시 나왔습니다."

정말 신실하신 하나님이셨다. 하나님께서 내 기도대로 성도의 가정을 직접 심방하시고 다시 교회로 보내 주신 것이었다. 정말 하나님의 심방 한 번이면 모든 게 끝이 났다.

이런 목회의 묘미를 알고 나자 목회만큼 재미있고 행복한 일이 없었다. 목회 현장은 하나님의 은혜로 가득 찬 현장이기에 나는 더 이상 걱정할 이유도, 근심할 거리도 없었다. 주님이 하시는 일들을 날마다 목격하는 것만으로도 가슴 벅차게 행복했다.

하나님을 위해 더 큰 것, 더 위대한 것을 바라라

교회가 하나님의 은혜로 꾸준히 성장하고 있을 때, 나는 계속해서 땅 밟기 기도를 하고 있었다. 새벽 예배가 끝난 뒤면, 혼자 수영 로터리 주변을 한 바퀴씩 돌며 주님께 기도 드렸다.

"주님, 이 로터리를 다 주십시오. 이 일대를 우리 교회에 붙여 주십시오."

로터리 일대는 우리에게 여리고와 같았다. 우리는 그곳을 복음으로 점령해야 했다. 그것이 이곳에 우리 교회를 세우신 하나님의 뜻이라 믿었다. 기도할 때마다 내 마음 안에는 부산의 복음화를 향한 열의가 뜨겁게 불타올랐다. 아니, 성령께서 내 안에서 그렇게 탄식하며 기도하고 계셨다. 부산 지역 복음화, 이를 위해서는 로터리 일대가 먼저 복음화되어야 한다. 이곳이 먼저 여리고처럼 무너져야 한다. 나는 그런 믿음을 안고 새벽마다 로터리 주변을 돌았다.

몇 년 동안을 그렇게 기도했을까. 어느 날 아침이었다. 그날도 나는 새벽 기도회를 끝내고 로터리 주변을 돌며 아침녘까지 기도하다가 주님을 묵상하다가 하기를 반복했다. 그러다 문득 고개를 들어 해운대 쪽의 하늘을 쳐다보았다. 새 한 마리가 하늘 높이 날갯짓하며 시원하게 날아오르는 모습이 내 눈에 들어왔다. 작은 날개를 펴고 창공을 휘저어 날아오르는 작은 새 한 마리는 계속 하늘로 솟아 올라갔다.

'야, 참 오랜만에 새를 보는구나.'

그런데 그때 주님께서 내게 말씀하셨다.

"저 새를 봐라. 내가 저 새를 위해 예비해 놓은 공간을 봐라. 얼마나 크고 얼마나 넓으냐? 저 새는 비상하는 만큼 올라가고 날개 치는 만큼 공간을 사용하지 않느냐? 내가 너를 위해서 예비해 놓은 것이 이렇게 크고 많으니라. 네가 감당만 할 수 있다면 얼마든지 주겠노라."

그때의 그 감동을 어떻게 말로 다 표현할 수 있을까! 나만 문제되지 않는다면 주님은 수영 로터리 일대가 아닌 전 세계도 주실 수 있는 분이셨다.

그 후 나는 로터리를 돌지 않았다. 내가 감당할 수 있다면 얼마든지 주겠다고 약속하셨으니 나를 준비하며 믿고 기다리기만 하면 되었기 때문이다. 과연 주님의 그 약속은 이루어졌고 앞으로도 계속 이루어지리라 나는 믿는다. 실제로 수영로교회에 땅을 주셨는데 내가 그때 기도했던 땅의 열 배 이상을 주셨다. 수영로교회의 선교 비전도 커지게 하셨고, 품고 기도하는 영혼도 더 많아지게 하셨다. 주님의 응답은 그렇게 틀림이 없었다.

믿음으로 기도했을 때, 주님께서 내게 말씀하셨다.
"저 새를 봐라. 내가 저 새를 위해 예비해 놓은 공간을 봐라. 얼마나 크고 얼마나 넓으냐? 저 새는 비상하는 만큼 올라가고 날개 치는 만큼 공간을 사용하지 않느냐? 내가 너를 위해서 예비해 놓은 것이 이렇게 크고 많으니라. 네가 감당만 할 수 있다면 얼마든지 주겠노라."

틀림없을 뿐 아니라 우리의 계획을 훌쩍 뛰어넘는 것임도 알았다. 우리는 그저 구할 때 받으면 다 된 줄 알지만, 하나님의 뜻, 하나님의 소망은 더 위대하시고 광대하시다는 것이다. 그래서 하나님은 "네 입을 넓게 열라 내가 채우리라"(시 81:10)고 하셨다. 더 큰 것, 더 위대한 것을 기꺼이 이루실 분이기 때문이다.

하나님의 일은 돈이 아닌 하나 된 마음으로 하는 것이다

우리 교회가 굵직한 일들을 처리할 때 서로가 갖게 된 원칙이 하나 있다.
"하나님의 일은 반대만 없으면 다 된다!"
우리는 이 원칙을 성전을 새로 지을 무렵에 확인할 수 있었다.
미국에서 안식년을 가지고 돌아와 보니 교회에서는 이미 교회 뒤편의 땅을 사 놓은 상태였다. 자초지종을 묻자 마침 교회 뒤편 땅을 판다고 내놓았기에 빼앗길세라 은행에서 융자를 받아 급하게 사게 되었노라고 했다. 2년 동안 적금 붓듯이 부으며 갚아 나가기로 했다는 것이다. 당시 교회는 성장의 급물살을 타던 때였다. 안식년 후 내가 교회로 돌아온 뒤에는 교인들이 더욱 많아져서 더 이상 처음 지었던 성전에서 예배 드리기가 불가능했다. 제직들은 이런 사태를 이미 파악한 터라 충직한 마음에 성전 부지를 새로 사 둔 것이었다.

그런데 문제는 돈이었다. 앞으로 2년 동안 땅값을 갚아 나가려면 교회는 더 이상 새로운 일을 시작할 수 없었다. 그 부지에다 당장 건물을 지어야 교인들이 예배를 드릴 텐데 교회 예산을 아무리 다시 세워 봐도 건물을 지을 엄두가 안 났다. 새로 산 땅 마당에서 예배를 드리는 것도 하루 이틀이지 점점 추워져가는 날씨에 더 이상 건축을 미뤘다가는 한겨울에도 추위 속에서 예배를 드릴 형편이었다. 가건물이라도 일단 짓고 봐야 했다.

다급한 마음에 하나님께 울며 도움을 요청할 수밖에 없었다.

"하나님, 어떡해야 하지요? 어떡하면 좋아요?"

그러자 하나님께서는 뜻밖의 말씀으로 응답하셨다.

"하나님의 일은 반대만 없으면 다 된다."

이제껏 하나님이 음성을 들려주실 때는 언제나 듣는 내가 100퍼센트 수긍이 되었다. 하나님이 그만큼 정확한 분이시기 때문이다.

그런데 이번에는 이해가 가지 않았다. 하나님의 일을 하려면 돈도, 사람도, 능력도 있어야 하는데 이번에는 엉뚱하게 말씀하신다고 생각했기 때문이었다.

"하나님의 일은 반대만 없으면 다 된다."

그 후에도 여러 차례 이 말씀을 하셨기 때문에 교회 건축 관계로 제직회를 하는 자리에서 나는 그대로 말할 수밖에 없었다.

"교회에서 뭔가를 해야만 할 시점에서 다만 돈이 없어서 문제라면 우리 이제 아무것도 걱정하지 맙시다. 헌금은 안 해도 됩니다. 하나님께서 다 된다고 하셨어요. 다만 반대만 하지 않으면 다 된다고 하셨습니다. 저도 이해가 안 갑니다만 하나님이 그리 말씀하셨으니 우리 반대만 하지 맙시다."

나의 그 말에 제직들 모두가 "아멘!"으로 화답했다. 아무것도 준비되지 않은 상황에서 천 평 예배당을 짓기로 합의를 본 것이다. 반대 안 하기로 작정한 터였기 때문에 어느 한 사람 이 일에 시비 거는 이가 없었다. 곧 우리는 교회 뒤편 새로 산 땅에 삽질을 하고 착공을 시작했다.

그런데 놀라운 일이 벌어졌다. 6개월 만에 예배당을 완공한 것이다. 건축헌금을 작정하지도 않았고 준비된 예산도 한푼 없이 어떻게 이런 일이 가능했을까? 3백 명 모이는 어느 교회는 몇 년 동안 준비하고 작정해서 예배당을 잘 지었다는데, 우리 교회는 어떻게 갑작스럽게 이런 일을 해낼 수 있었을까?

장부를 넘겨 보니 전교인 중 50퍼센트가 건축 헌금을 했다는 사실을 발견할 수 있었다. 그 당시, 우리 교회는 이미 천 몇백 명이 모이는 교회였기에 교인수의 절반만 이 일에 동참해도 너끈히 해낼 수가 있었던 것이다. 그러면 우리보다 더 큰 다른 교회에서는 왜 이런 일을 해내지 못하는가? 반대가 있기 때문이다. 반대하기 때문에 시작도 못해 보고 좌절하는 것이다.

그때 우리는 너무도 귀한 하나님의 진리를 깨달았다. 하나님의 일은 돈이나 계산으로 하는 게 아니라 일치된 마음으로 하는 것이다. 하나님은 이 진리를 가르쳐 주고 싶어 하셨다. 일치된 마음만 있으면 헌신하는 심령도 불어넣어 주시고 돈도 보내 주시는 것이다.

그 후 우리 교회는 교육관을 짓거나 새로운 땅을 사는 등 하나님의 사역을 할 때마다 반대하는 이가 한 명도 없었다. "하나님의 일은 반대만 하지 않으면 다 된다"는 전통이 당회의 전통, 제직회의 전통으로 굳어 버린 것이다. 회의를 할 필요도 없어졌다. 당회를 위해 장로님들끼리 모이면 서로 기도하고 찬송하다가 회의를 마쳤다. 반대하려고 작정하는 이가 없으니 목사의 의견과 장로님들의 의견이 마찰을 빚어 본 적이 없다. 만장일치로 결의되어 나가는 일은 일사천리로 진행되었고, 그 일은 머지 많아 기쁨의 열매가 되어 우리에게 돌아왔다.

교회는 성도의 무릎으로 세워진다

그 후 교회는 수영 로터리 일대의 땅을 3천 5백 평까지 넓혀 나갔다. 십여 년 사이 하나님이 부어 주신 은혜가 너무도 컸기에 교회는 계속 성장했고 그에 따라 교회 비전도 키워 나가며 또다시 성전 재건축이라는 숙제도 맞닥뜨려야 했다. 그때 우리는 미리 앞서 얻은 교회 주차장 땅에 만 명 이상을 수용하는 성전을 새로 짓자고 의견을 모았다.

그런데 문제는 반대였다. 교회 안에서가 아닌 교회 밖에서 뜻하지 않은 반대가 거세게 일어났다. 교회 주변의 주민들이었다. 그동안 수영로교회가 커지면서 로터리 주변은 주일마다 혼잡 그 자체였다. 주차 문제로 시끄러웠고 몰려오는 교인들로 교통이 마비되곤 했다. 교회 주변의 주민들은 수영로교회가 더 커질수록 자신들의 생활이 보장되지 않을 거라는 판단 하에 대대적으로 성전 건축을 반대하고 나섰던 것이다.

그 반대에 부딪쳐 성전 건축은 설계도를 그리는 선에서 멈추고 말았다. 교회 일을 하면서 한 번도 그런 반대에 부딪쳐 보지 않았던 우리는 이제 주님의 뜻을 기다릴 수밖에 없었다.

그런데 그때 IMF 사태가 터졌다. 이 나라 경제에 시급한 상황이 도래한 것이다. 그러자 전혀 예측하지 못한 일이 벌어졌다. 해운대구 우2동에 위치한 땅(현재 새 성전) 주인들 80여 명이 합세해서 내게로 몰려온 것이다. 수영로교회가 자기들의 땅을 사 달라는 것이었다.

그 땅은 요지 중의 요지였다. 그 넓은 빈터만 빼면 주변이 온통 아파트 단지였고, 해운대와 광안리를 잇는 중심부에 자리 잡고 있어 부산의 핵심부 역할을 하는 곳이었다. 한마디로 금싸라기 땅이었다. 그런 넓은 땅이었기에 공동 소유자가 80여 명이나 되었다. 그런데 왜 그들이 자원해서 그런 땅을 팔려고 나선 것인가?

당시 IMF라는 게 이유였다. IMF로 부동산 시장은 완전히 얼어붙었고 그 바람에 땅을 쥐고 있던 사람들은 조바심이 안 날 수가 없었다. 어떻게든 빨리 땅을 팔아서 은행 빚을 막는 게 최선이라 판단했다. 조급해진 그들은 빠른 시일 내에 그만한 땅을 살 수 있는 적임자를 알아봤는데, 그 결과 수영로교회가 그들의 선택을 받은 격이었다. "수영로교회는 부자 교회"라는 소문이 돌았던 까닭이었다.

그들은 날이면 날마다 내게 몰려와서 "땅을 사라"고 졸라댔다. 세워 둔 예산도 없는데 어떻게 땅을 사란 말인가. 이 문제를 놓고 당회와 의논했더니 장로님들은 "목사님 결정하는 대로 따르겠습니다"라고 하였다. 내가 결정해야 할 차례였다. 이때 나는 하나님이 내 입에 떡을 넣어 주시는 것처럼 생각되었다. 이 떡을 안 먹으면 평생 후회할 것 같았다.

그런데 문제는 예산이었다. 그러나 실제로 돈이 문제는 아니었다. 일찍이 하나님은 주의 일에는 반대만 없으면 다 된다고 가르쳐 주시지 않았던가. 반대가 없는 일이기에 모든 것을 하나님이 이루시리라 믿고 일을 추진해 나갔다.

과연, 일은 처음부터 잘되어 갔다. 땅 주인들과 땅값의 타협점을 찾다 보니 처음 제시한 가격의 3분의 1 정도밖에 안 되는 값으로 땅을 매입하게 되었다. 거저 얻은 거나 다름없었다.

땅을 산 뒤, 새 성전 부지를 보고 온 우리 교인들은 너무 좋아서 덩실덩실 춤을 추었다. 이구동성으로 "이렇게 좋은 땅은 없다"고 입을 모았다. 그도 그럴 것이 그 땅은 몇 년 전, 우리가 부산의 복음화를 위해 50만 성도를 목표로 사흘 동안 대집회를 할 때 우리 교인들 전체가 땅바닥에 무릎 꿇고 기도했던 바로 그 땅이었다. "50만 성도를 보내 주소서!" 그때 우리는 바다를 매립한 그 땅에 무릎 꿇고 우리의 비전을 아뢰며 눈물로 기도했었다. 그렇게 기도했던 그 땅을 주님이 기억하고 계셨던 것이다. 그리고 우리에게 주신 것이다. 그동안 하나님은 이 땅을 얼마나 우리에게 주고 싶으셨을까! 이 사실을 생각하니 우리는 울지 않을 수 없었다.

우리는 곧바로 대대적인 기도회부터 시작했다. 24시간 릴레이기도부터 합심 기도회, 특별 기도회 등등 몇천 명씩 모여 기도하면서 믿음의 불을 지펴나갔다. 어떤 사람은 새벽마다 무슨 난리가 난 줄 알았다고 했다. 모 아파트단지에서는 새벽 4-5시만 되면 사람들이 어디론가 몰려가는 바람에 불신자 한 사람도 무슨 일이 난 줄 알고 교회까지 따라왔다가 예수 믿게 되는 일도 생겼다.

그때 그렇게 대대적인 기도 운동을 벌이게 된 배경에는 새 성전 건축을 앞두고 무엇보다 믿음으로 무장해야 한다는 생각에서였다. 큰 성전을 지을 생각에 마냥 들떠 이대로 성전 짓는 일에만 몰두하다가는 도중에 주저앉을 수도 있었다. 교회들이 건축하다가 부도나고, 건축하다가 분란이 생겨 풍비박산이 나는 이유가 무엇인가? 교회가 커지는 만큼 믿음의 분량이 커지지 못했기 때문이다. 큰일을 하려면 믿음도 그만큼 커져야 하는데, 일은 크게 벌려 놓고 믿음을 확장하지 못하면 결국 일을 감당하지 못하게 되는 것이다.

　기도할 때도 마찬가지다. 우리는 얼마나 빨리 기도 응답이 이루어지느냐에 신경을 쓰느라 내 믿음의 분량이 얼마나 되는가는 관심조차 두지 않는다. 그러나 기도하면서 우리가 가장 중요하게 생각해야 하는 부분은 내 믿음의 분량이 어디까지 와 있는가이다. 믿음의 분량이 차야 기도 응답이 이루어져도 감당할 수 있는 까닭이다.

　교회가 기도로 믿음을 채우지 않으면 큰일을 앞두고 자꾸만 시험에 휘말린다. 교인들은 건축 헌금을 하려니 시험에 들고, 안 하려고 해도 시험에 든다. 다툼과 분쟁이 일어나고 성전을 다 지은 뒤에도 골칫거리가 생기는 것이다. 그러므로 성전을 짓기에 앞서 가장 시급한 일은 교인들을 믿음으로 무장시키는 일이다. 믿음으로 무장되었을 때 성도는 기쁨으로 성전을 지어 바칠 수가 있다. 누구를 위해서가 아니라 오직 하나님의 영광을 위해 헌신하고 충성한다. 믿음의 눈이 뜨였기 때문이다.

　성전 건축을 앞두고 은혜 중에 기도회를 진행하면서 교회 안에는 수많은 기도 간증이 쏟아져 나왔다. 교회를 새로 지어 이사하는 기쁨보다 더 큰 기쁨의 선물들을 우리 교인들이 각자의 삶 속에서 미리 받는 것 같았다. 취업,

출산, 병 고침 등 이루 말할 수 없는 기적의 사건들이 날마다 쏟아졌다.

그 증거가 십일조로 나타나고 감사 헌금으로 나타났다. IMF 기간이었는데도 한 해 결산은 일 년 전보다 20-30퍼센트 더 많게 보고되었다. 한 해 수입을 결산하는 자리에서 교인들은 주님께서 채워주신 물질의 복에 감사해서 덩실덩실 춤을 추었다.

기도회의 축복은 그뿐만이 아니었다. 교회 안에는 합심 기도의 능력이 충만했다. 교회 전체가 기도로 들끓는 분위기에서 교회가 이루지 못할 일이 무엇이란 말인가! 합심하여 기도하는 곳에는 어떤 걸림돌도 문제가 되지 않는다. 건축 문제로 시험 드는 이가 없었고, 건축 과정에 착오가 생기는 일도 없었다. 물질도 충분히 채워지고, 사람과 교회도 견고하게 세워져 나갔다.

우리는 그렇게 합심하여 기도하면서 단숨에 성전 건축의 고지로 달려가고 있었다. 그리고 알았다. 이렇게 합심하여 기도하면 부산 지역 복음화도 멀지 않았고 이 나라 이 민족의 통일도 멀지 않았음을. 이 나라를 통해 전세계 복음화의 꿈이 이뤄지는 날도 멀지 않았음을. 우리가 합심하여 기도할 수만 있다면 그 모든 게 꿈이 아닌 현실이 될 수 있다.

성도의 믿음이 교회를 자라게 한다

약 5천 평 규모의 성전을 완수하기까지는 수많은 이의 헌신과 충성이 있었다. 그 충성의 시발점은 건축위원장인 어느 장로님이었다.

조그만 사업을 하던 그 장로님은 새 성전 건축위원장을 맡으면서 여러 가지로 힘겨운 상황을 맞이했다. 교회 건축은 주민들의 반대에 부딪혀 더 이상 추진되지 못했고, 하던 사업은 계속 내리막길을 달려 문을 닫기 직전이었던 것이다. 사업이 어려워진 까닭에 직원도 네 명만 남기고 다 정리했지만 비상 국면을 뚫고 나올 가능성은 보이지 않았다.

그러나 기도하는 분이고 은혜를 사모하는 분이라 그 모든 난관도 역시 장로님답게 풀어 나갔다. 교회 문제, 사업 문제를 놓고 기도하던 중, 건축위원장인 자신이 먼저 주님께 헌신해야 믿는 이의 본이 되고 이 일이 아름답게 마무리될 거라는 확신이 들었다고 한다.

어느 날, 장로님은 적지 않은 액수의 수표를 들고 나를 찾아오셨다. 나는 목회자로서 성도들의 어려운 형편을 너무나 잘 알기에 당시 그 헌금이 얼마나 큰 헌신인지를 충분히 느낄 수 있었다. 부도 직전의 사업 현장을 뒤로한 채 하나님 나라와 의를 먼저 구하려고 봉투를 들고 찾아오신 장로님의 믿음을 생각하니 목회자인 내 눈에서도 저절로 눈물이 흘러내렸다. 장로님의 손을 붙잡고 간절하게 축복 기도를 드렸다.

그 후 얼마나 시간이 지났을까. 갑자기 찾아온 IMF 한파는 그 장로님의 사업장에는 호재로, 다른 사업장에는 악재로 작용했다. IMF 사태로 인한 달러 가치 상승은 원료를 수입해서 제품을 만드는 동류의 사업 현장에 치명타를 가했다. 엄청나게 오른 원료의 수입에 회사 자금이 바닥나 버린 상태라 수십 명, 수백 명 직원들의 임금을 감당할 길이 없어 문을 닫는 회사가 대부분이었다. 그런데 그 장로님의 사업장은 이미 직원들을 감원할 대로 감원한 터리 더 이상 빼야 할 거품이 없었다. 게다가 동류의 회사들이 자꾸 문을 닫다 보니 장로님의 회사는 상대적으로 커져 나갔다. 그런 물건을 주문할 수 있는 곳이 장로님 사업장 외에는 거의 없었기 때문이었다. 하루아침에 장로님의 사업장은 불붙듯이 일어섰다.

장로님은 그때 이런 고백을 했다.

"내 평생에 이때같이 사업이 잘된 적이 없습니다."

그 후, 장로님과 같은 믿음으로 새 성전 건축을 위해 헌신하는 이들이 계속해서 이어졌다. 수영로교회 성도들의 믿음이 그렇게 컸다. 남편이 병중에 있음에도 주님께 가장 귀한 걸 드리고 싶어 봉투를 들고 찾아온 믿음의 여종도 있었고, 너무 적은 액수라는 생각에 이름조차 나타내기 송구스런 마음을 안고 헌금하는 믿음의 사람들도 있었다. 가난한 자도, 부유한 자도 모두가 자신의 가장 소중한 향유 옥합을 깨뜨려 주님께 바치고 싶은 심정으로 물질을 드렸고 시간을 드렸다. 그것이 수영로교회의 믿음이었다.

믿음은 문제를 바라보지 않고 주님을 바라보는 것이다. 내가 감당하기 어려울 만큼 큰 문제가 찾아오더라도 하나님을 바라보는 믿음이 커지면 커질수록 문제는 작아지게 되어 있다. 믿음이 커지고 하나님이 내 안에서 커지면 문제는 더 이상 내 안에 자리 잡을 곳을 잃게 된다. 어느덧 문제가 달아나 버리는 것이다. 믿음의 사람들은 그렇게 문제를 풀어 가야 한다. 문제 속에서가 아니라 믿음 안에서 문제를 풀면 문제는 해결되게 되어 있다.

성전 건축을 앞두고 대대적인 기도회를 하면서 우리는 그런 믿음을 얻었다. 그리고 그 믿음으로 자원하여 헌신했다. 힘들고 어려운 상황을 바라보면 드릴 수 있는 사람이 아무도 없지만, 하나님을 바라보면 모두가 기쁨으로 드릴 수 있었다. 그리고 갚으시되 후히 갚아 주시는 하나님의 축복을 누릴 수 있었다.

나는 그 역사를 앞두고도 작정 헌금 얘기를 꺼내지 않았다. 그저 믿음의 말만 전했을 뿐이었다. 여러 가지 걱정스런 소리를 해 본 적도 없었다. 교인들에게는 아무 걱정하지 말고 기도에만 전념하라고 당부했다. 목사가 걱정하면 온 교인이 걱정한다. 염려의 전염병이 돌아 주의 일을 기쁘게 감당할 수 없다. 그러나 목사가 믿음으로 바라보면 교인들도 믿음으로 주의 역사를 바라본다. 목사가 계산적으로 주의 일을 추진해 나가면 교인들도 계산적으로 주의 일을 감당한다. 그러므로 주의 일일수록 믿음으로 순수하게 추진해야 한다.

믿음은 문제를 바라보지 않고 주님을 바라보는 것이다. 내가 감당하기 어려울 만큼 큰 문제가 찾아오더라도 하나님을 바라보는 믿음이 커지면 커질수록 문제는 작아지게 되어 있다.

믿음이 커지고 하나님이 내 안에서 커지면 문제는 내 안에 자리 잡을 곳을 잃게 된다. 문제 속에서가 아니라 믿음 안에서 문제를 풀면 문제는 해결되게 되어 있다.

우리는 그때 헌금을 작정하지 못하게까지 했다. 억지로 작정하는 일만큼 어리석은 일이 없으니 기쁨이나 자원하는 마음이 없으면 절대로 하지 말라고 했다. 그게 내 진심이었다. 성전 건축을 이용해서 교인들에게 어떤 굴레를 씌우고 싶지 않았다. 아무리 주의 일이라도 자원함이 없이 목회자의 요구에 의한 억지 헌신은 교인들에게도 목회자에게도 굴레가 되어 돌아오는 법이다. 큰 시험거리가 되고도 남는다. 나는 이 사실을 알고 있었기에 교인들에게 은혜 받기 위해, 믿음의 진보를 위해 뜨겁게 기도하자고만 당부했다.

그런데 교인들은 자발적으로 헌신했고, 그 헌신으로 새 성전 건축은 가장 순조롭고 멋있게 진행되었다. 물질은 차고 넘쳤고 한 치의 사고나 오차 없이 공사는 진행되었다.

그뿐만이 아니었다. 새 성전 부지는 정말 하나님께서 예비해 두신 요지 중의 요지였음을 공사중에도 확인할 수 있었다. 바다를 메운 매립지였기에 우리는 공사에 앞서 쇠기둥을 박으려고 깊숙이 땅을 팠다. 그런데 건물 들어가는 자리마다 바위가 있는 것이 아닌가. 바다 속에 원래 있던 바위였다. 반석 위에 세운 교회! 딱 우리를 두고 하는 말이었다. 매립지여서 물이 나지 않을까도 걱정했는데 물도 없었다. 그 얼마 전 교회 근처에서 했던 지하철 공사로 인해 성전 부지의 물이 그곳으로 다 흘러가 버린 것이었다. 흙은 단단했고 땅 속은 견고했다. 우리는 그곳에 1.5미터 두께의 방수벽을 쌓고 쇠기둥, 철근기둥을 박아 방주처럼 연결해서 성전을 지어 나갔다. IMF 사태가 있은 지 얼마 되지 않았을 때라 불황을 맞은 건설업계는 모처럼 맡게 된 공사를 위해 온갖 장비를 다 동원해서 가장 정밀하고 튼튼하게 건축하는 정성을 보여 주었다.

그렇게 2년 간의 공사 끝에 지금의 새 성전은 아름답게 완공되어 하나님께 드려졌다. 건축으로 인해 시험 드는 이 하나 없이, 차고 넘치는 가운데 성전은 완성되었다. 그것은 곧 성도들의 믿음이 그만큼 성장했다는 증거였다.

그 일로 인해 수영로교회는 더 크고 놀라운 일도 얼마든지 해낼 수 있다는 믿음을 갖게 되었다. 믿음의 분량이 어디까지 와 있는가를 성도들이 서로 확인할 수 있는 계기도 되었다. 이렇게 성전 완공은 수영로의 비전을 더욱 키워 주었다.

은혜는 나눌수록 커진다

... 성숙

7

기도의 품이 넓어져야 한다

새 성전 건축 이후, 확장 된 비전을 이루기 위해 수영로교회가 중점을 둬야 할 부분은 '성숙' 이었다. 성장의 어느 지점에 이르면 교회가 왜 성장해야 하는지에 대한 이유조차 잊은 채 그저 '몇 명 목표 달성' 을 이루기 위한 행진을 습관적으로 이어가는 경우가 있다. 그럴 때 성숙의 걸음을 잘 내딛지 않으면 교회의 소명에 대한 순결함을 상실하게 된다. 무엇을 위해 교회가 세워졌는지를 망각한 채 개교회 이기주의에 빠져 버리는 것이다. 따라서 성장의 궤도에 들어설수록 성숙의 패러다임을 적절하게 도입해야 한다. 그동안 교회 안에 머물렀던 부흥에의 열망을 교회 밖으로 과감하게 돌려서 받은 복을 나누려는 성숙한 섬김이 이어질 때 교회는 균형 잡힌 부흥을 맞이할 수 있는 것이다.

우리는 이런 원리를 따라 부산 지역 성시화를 갈망하며 지역사회를 섬기고 이 나라를 섬기는 데 쓰임받고 싶은 열망에서 수영 로터리에 센터를 지으려고 준비하고 있다. 이를 위해 교회의 모든 프로그램과 사역 방향을 한국 교회 섬김을 위한 것으로 시스템화할 뿐 아니라, 이에 대한 전교인의 기도와 헌신을 모으고 있다. 전세계 어느 누가 수영로교회에 찾아와도 영육간의 충족을 얻고 돌아갈 수 있도록 섬기고 베푸는 교회로서의 성숙을 도모하고 있는 것이다.

성숙한 섬김을 위해서는 이와 같은 교회적인 시스템 구축도 중요하지만, 내적으로 말씀과 기도의 섬김을 충실히 하는 것이 실은 더 중요하다. 나는 수영로교회 성장의 뒤안길에서 목회자인 나를 위해 눈에서 눈물이 나오다가 피가 나올 정도로 금식하며 기도해 주는 성도들이 있었음을 깨닫곤 한다. 한국 교회를 섬기려면 적어도 그런 기도의 섬김이 있어야 하는 것이다. 우리 교회는 기도의 사명을 받은 교회로서 모든 성도들이 한국 교회를 가슴에 품고 기도의 불을 지피는 교회가 되기를 소망한다. 또 그렇게 되어 가고 있다고 믿는다. 합심하여 기도하는 곳에는 거칠 것이 없다. 우리는 이미 새 성전을 지을 때 그 사실을 체험했다. 기도가 모아지면 하나님의 일을 하는 데에 필요한 자원도, 인력도, 헌신도 넉넉하게 채워진다. 우리 교회는 이제 한국 교회에 그런 메시지를 보내 주는 기도의 도구가 되고 싶은 것이다.

어느 선교사의 이야기가 이 사실을 잘 증명해 준다. 모 병원에서 사역하던 이 선교사가 병원에서 쓸 돈을 조달받고 중국인 조력자와 함께 돌아가다가 날이 저물어 근처의 조그마한 산에서 야영을 하게 되었다고 한다. 그곳은 산적들이 자주 출몰하는 곳이라 불안했지만, 그들은 이 돈이 하나님의 돈이니 하나님께서 안전하게 지켜 주시도록 기도한 후 잠자리에 들었다. 다음 날 아침, 둘은 하나님이 자신들과 돈을 안전하게 지켜 주신 깃에 대해 감사를 드린 후 그곳을 떠나 무사히 병원에 도착할 수 있었다.

그 후 산적 두목 하나가 이 병원에 입원하게 되었는데, 그가 치료를 받으면서 선교사를 보고는 문득 이렇게 물어왔다.

"혹시 얼마 전에 모 도시에 가서 돈을 구해 온 적이 있지 않나요?"

"그렇습니다만, 어떻게 그걸….."

"그때 당신들이 호위병들을 데리고 야산에서 야영을 했었지요?"

"호위병이라니요?"

"우리는 그때 당신들의 돈을 약탈하려고 작전을 세웠지만 27명이나 되는 호위병들 때문에 뜻을 이루지 못했습니다."

"네? 우리는 단 둘이서만 잠을 잤는데요."

참으로 이상한 일이었다. 선교사와 중국인 조력자의 이야기가 맞는 것 같긴 한데, 호위병이라니, 더군다나 구체적인 숫자까지 밝히는 것을 보니 거짓말을 하는 것 같지는 않았다.

그런데 얼마 후, 이 선교사가 영국의 어느 집회에서 이 이야기를 할 때 모든 비밀은 밝혀지게 되었다. 그 집회에 참석했던 한 사람이 이렇게 말했던 것이다.

"우리가 그날 밤, 교회에 모여 기도회를 가졌습니다. 그때 참석한 숫자가 모두 27명이었지요."

나는 이런 간증이 우리 교회 성도들의 기도 속에서 날마다 쏟아지기를 믿고 소망한다. 성도가 기도할 때 부산 전역에서 복음의 나팔소리가 들려오고 한국 곳곳에서 우상이 무너지며, 전세계 오지의 선교사들이 승리의 소식을 전해 올 그런 날을 꿈꾼다. 그래서 오늘도 수영로교회의 성도들은 기도의 섬김을 쉬어선 안 된다. 기도의 섬김은 우리의 사명이기 때문이다.

수를 헤아리지 말고 한 영혼이 천하보다 귀함을 기억하라

수영로의 성도들이 전세계를 기도로 섬긴다면 목회자인 나는 무엇으로 섬겨야 할까? 나는 이 숙제 앞에 "하나님, 부족한 대로 이 종이 주의 말씀을 들고 전세계를 다니며 뛰겠습니다"라고 고백했다. 어느 교회든, 어떤 곳이든 나를 필요로 하는 곳으로 달려가 이 부족한 종을 성령께서 쓰시는 도구로 온전히 드리겠다는 고백이었다. 어떤 집회든지 외부 집회를 인도할 때는 먹는 것도 절제하고 텔레비전도 켜지 않으며 오직 마음과 뜻과 정성을 모아 기도에 전념하는 것은 그 때문이었다.

"이번 부흥회에 큰 은혜를 내려 주옵소서."

부흥회를 처음 나갈 때나 지금이나 언제나 이 기도만은 빠트리지 않았다. 한 명을 위해서든 천 명을 위해서든 주께서 보내 주신 그 영혼을 주의 말씀으로 살리는 일에 쓰임받는다는 것은 얼마나 두렵고 떨리며 감사한 일인가.

아마도 부흥회를 다니는 수많은 목회자들이 같은 마음일 것이다. 그러나 한편, 부흥회를 다니다 보면 어느덧 물량주의에 빠져 있는 목회자들의 모습을 발견할 때가 있어 안타까움이 일기도 한다.

어느 해외 집회에서의 일이다. 연합 집회로 모인 그 자리에 서서 보니 큰 교회 본당에서 치르는 집회였지만 썰렁하기 그지없었다. 집회를 위해 모인 인원이 몇 명 되지 않았기 때문이었다. 연합 집회인데도 모인 사람이 몇 없다 보니 큰 예배당이 더 커 보였고, 주최 측에선 당황하는 기색이 역력했다. 하지만 주의 영광이 이곳에 가득하다면 몇 사람이 모인들 뭐가 대수겠는가. 한 사람이 모여도 그를 통해 영광 받으실 주님이시지 않은가. 나는 전혀 그

부분에 대한 염려가 없었기에 최선을 다해 말씀을 전했다. 오히려 모인 사람들은 일당백의 은혜를 필요로 하는, 주님 앞에 더욱 귀한 영혼일 수 있기에 더욱 기쁘고 행복하게 주의 은혜를 나누었다.

첫날의 집회가 끝났을 때 모두의 얼굴이 환하게 밝아져 있었다. 그러자 주최 측의 한 목사님은 작년에 있었던 연합 집회 사건을 들려주었다. 매우 유명하신 목사님을 강사로 모셔 왔는데 그때도 이번처럼 모인 사람이 몇 없었다고 한다. 그러자 강사 목사님이 화가 나서 "내가 얼마나 바쁜 목산데, 아무 준비도 없이 나를 불러놓고 이게 뭐하는 짓이냐?"고 하는 바람에 모두들 쥐구멍에라도 숨고 싶었다고 했다. 그런데 이번에도 모인 인원이 매우 적어서 모두들 바짝 긴장하고 있던 차에 너무도 기쁘게 말씀을 전하는 내 모습을 보고 큰 은혜를 받았노라고 이구동성으로 말했다. 그리고는 예배 후에 자원해서 교인들 집에 연락을 하더니 다음 날, 예배당이 꽉 찰 정도로 모여 함께 집회의 은혜를 나누었다.

나는 그때 목회자들이 얼마나 물량주의에 빠져 있는지 다시 생각하게 되었다. 집회를 다니다 보면 일본 같은 곳에서는 새벽 3시에 교회에 나와 하루 세 시간씩 기도하시는 목사님들도 가끔 보게 된다. 그런 분들이 날마다 눈물로 기도하며 목회해도 집회에 모인 인원은 몇 되지 않는다. 주변에 택함 받은 주의 백성들이 적기 때문일 것이다. 그런 상황 가운데서도 주의 나라와 의를 위해 묵묵히 달려가는 분도 있는데, 눈앞에 모인 인원 수를 헤아리며 분을 낸다면 주의 종이 아니라 주의 주인이 되려는 태도가 아닐 수 없다.

우리는 목회하면서도 그런 자세를 가질 때가 종종 있다. 처음엔 섬기기 위해 목회를 시작했다가 어느덧 과시하기 위해 목회하는 자로 변질되어 있지는 않은지 돌아볼 일이다.

정말 잘 섬기는 사람들은 소박한 마음을 가진 자들이다. '천하보다 귀한 한 사람 앞에서 말씀을 전하게 하시다니 감사합니다' 라는 마음, '제게 나눌 것이 조금이라도 있게 하시니 감사합니다' 라는 마음을 가진 사람은 언제나 한결같이 나눌 수 있다. 하나님은 그런 사람을 귀히 쓰신다.

큰 나무는 한 사람이 찾아와서 쉬어 가든, 열 사람이 와서 쉬어 가든 언제나 그 울창한 잎의 은혜를 아낌없이 내어주는 법이다. 그리고 가을이 오면 가장 튼실하고 알찬 열매를 주렁주렁 맺는다. 순수하게 나눈 만큼 그 열매 또한 순수하고 크다.

나는 어떤 목회자일까? 목회의 모든 주권을 겸손하게 주님께 맡긴 채 어떤 일을 맡기든 충성으로 감당하는 성숙한 주의 종인가, 아니면 그 반대인가? 한국 교회와 세계 교회를 섬기기 위해 집회를 나갈 때 겪는 여러 사건들은 결국 나 자신을 돌아보게 한다.

하나님의 은혜는 나눌수록 커진다

한번은 우리 교단의 선교사들을 모아 놓고 3박 4일 간 수양회를 가진 적이 있다. 그때 주님은 너무도 귀한 진리들을 내게 깨닫게 해주셨다. 섬기기 위해 갔던 그 자리에서 내가 가장 큰 선물을 받고 돌아온 것이다.

선교지의 상황과 관계의 어려움을 알고 있는 나는 처음 수양회를 시작할 때부터 모든 말씀의 메시지를 동역자의 화합과 사랑에 맞춰 전했고 순서가 끝날 때마다 서로 끌어 안아 주도록 했다. 용서와 사랑의 분위기가 한 시간 두 시간, 하루 이틀이 지날수록 무르익어 갔다. 나중에는 서로의 눈을 쳐다 보기만 해도 눈물을 흘리며 사랑을 나눌 정도가 되었다. 성령께서 주신 은혜가 그만큼 깊었다.

그런데 어느 선교사 한 분이 처음부터 끝까지 마음 문을 열지 않았다. 말씀을 전하는 나는 계속해서 그 선교사가 마음에 쓰였다. "주여, 어떡하면 좋습니까? 한 사람의 영혼이 상해 있습니다."

강사인 나는 집회 시간에도, 집회가 끝난 뒤에도 그 선교사 생각을 떨쳐 버릴 수가 없었다. 모두가 은혜 받는 자리에서 혼자 시험에 든 이유를 알 길이 없었다. 더군다나 그런 상태로 어떻게 힘든 선교 사역을 감당할지 매우 걱정되었다. 어떻게든 그 자리가 은혜의 자리가 되어 힘들고 어려운 마음이 녹아졌으면 했다.

생각다 못한 나는 그 선교사를 불러 격려금을 드리며 내 마음을 전해 보고자 했다. 다른 것보다 선교사의 마음을 어떻게든 살려내고 싶었기 때문이었다. 그러나 그의 마음은 요지부동이었다.

그러자 내게 갑자기 안 좋은 예감이 밀려왔다. 이대로 그를 두고 떠나면 그에게 안 좋은 일이 생길 것만 같았다. 이상한 예감이었다.

쉬는 시간에 숙소에 들어온 나와 아내는 하나님 앞에 엎드렸다. 아내는 아내 침대에서, 나는 내 침대에서 그 선교사를 위해 특별기도회를 연 것이다. 사랑하는 마음을 담아 그 선교사의 영혼을 끌어안고 기도 드렸다. "하나님, 이대로 떠나면 안 될 것 같은 생각이 듭니다. 그 선교사 마음속에 가득 찬 상처와 아픔을 녹이시고 그를 살려 주옵소서." 사역자 마음속에 깃든 상처와 아픔이 녹지 않으면 사역 현장에도 고통과 상처의 흔적이 자욱하게 남게 마련이다. 지금 그의 마음 안에 사랑과 용서의 마음이 가득했으면 좋겠다는 고백을 하나님께 올려 드렸다.

그런데 그때, 단 1초도 안 되는 찰나의 순간에 번개처럼 '탁' 하며 내 뇌리 속에 들어온 깨달음이 있었다. 전혀 생각지도 못하고 깨닫지도 못하던 진리가 그 1초도 안 되는 순간에 내 안을 파고들었다.

그것은 내 안에 깊이 내린 교만의 뿌리에 대한 것이었다. 나는 어떤 사람인가? 나야말로 교만한 사람 중의 으뜸이었다. 어려서는 반장을 하면서 늘 친구들을 내 판단의 잣대로 재곤 했다. 시험을 치른 후 선생님의 부탁으로 친구들 시험지를 채점할 때는 "이 애는 어느 학교 가면 되겠다. 얘는 80점짜리다." 혹은 "이 아이는 좀 모자란 애다. 점수를 이렇게밖에 못 받다니"라고 판단했었다. 그 순간들이 모두 죄악의 순간들이었던 것이다. 사람의 수준을 점수로 매기며 판단했기 때문이다. "저 사람은 좋은 사람." "저 사람은 올바른 사람." "저 사람은 망할 사람." "저 사람은 안 될 사람…" 아, 나는 늘 그렇게 사람을 판단하며 살아왔었다. 나도 모르는 사이 어느덧 내가 하나님이 되어 가고 있었던 것이다.

심지어 어떤 이와는 아무런 싸움이나 분란이 없는데도, 내 판단 기준에 비춰 미음에 들지 않는 이런 면 때문에 괜히 싫어하는 마음을 한쪽 구석에 담아 둔 적도 있었다. 그런 마음을 품고 있으면 아무리 숨기려 해도 상대방은 내 마음을 읽게 되어 있다. 얼굴 어디엔가, 말투 어디엔가 반드시 신실이 나타나는 법이기 때문이다. 그리고 보니 나는 내 스스로 적을 만들며 살아왔었다는 생각이 들었다. 어린 시절부터 그토록 많은 이의 사랑을 받고 자랐지만, 계속해서 한두 명씩 적이 있었던 이유는 그 때문이었다. 내 스스로 쳐 놓은 판단의 기준이 내 얼굴에 나타나서 상대방에게 미움이나 오해를 샀던 것이다. '저 사람은 왜 괜히 나를 미워하지?'라고 생각했지만 실은 그 사람보다 내가 먼저 그를 판단하는 죄악을 범하고 있었기 때문에 나를 미워한 것이었다.

"비판을 받지 아니하려거든 비판하지 말라 너희의 비판하는 그 비판으로 너희가 비판을 받을 것이요 너희의 헤아리는 그 헤아림으로 너희가 헤아림을 받을 것이니라"(마 7:1-2).

이 말씀은 우리가 재판장처럼 누군가를 단정 짓거나 평가하지 말라는 의미다. 우리가 '미운 오리 새끼'라 단정한 사람일지라도 하나님께서 들어 쓰시면 하루아침에 '아름다운 백조'가 될 수 있다. 판단은 오직 하나님만 하시는 것인데, 우리는 얼마나 자주 스스로 하나님이 되려는 교만을 저지르며 사는지 모른다.

그 짧은 순간에 성령님은 나의 깊은 교만의 뿌리를 보게 하셨다. 나를 판단하고 정죄하는 선교사를 품고 사랑으로 기도하는 그 순간에, 반대로 나의 허물을 깨닫게 하신 것이다. 말하자면 선교사를 통해 나의 어린 시절부터의 죄악 된 모습을 깨닫게 하셨고, 앞으로도 나로 인해 시험 들거나 미워하는 이가 있다 해도 그를 판단하지 말고 오직 사랑과 축복의 기도를 하면 모든 것이 가장 아름답게 마무리 되리라는 사실을 알려 주었다.

이 사실을 그 짧은 순간에 깨닫게 되면서 얼마나 기쁨이 충만한지 하늘을 날아갈 것 같았다. 옆에서 기도하던 아내에게 "여보, 성령께서 백만 불짜리 진리를 깨닫게 해 주셨어"라며 간증하자, 내 얘기를 들은 아내는 "그건, 천만 불짜리네요"라고 응수해 왔다.

그때 나는 우리의 마음속까지 다 들여다보시는 성령 하나님을 만났다. 마음의 진실함을 원하시는 진실하신 하나님을 만났다. 위장된 친절, 위장된 표정으로가 아니라 진심으로 사랑하고 축복하는 마음으로 양 떼를 돌볼 것을 원하시는 하나님을 만났다. 양 떼를 볼 때 절대로 판단하지 말고 언제나 그의 범사를 위해 사랑으로 축복해 주면 내게 적이었던 사람들도 결국은 변화되어 내게로 돌아온다는 사실을 알게 하셨다.

하나님은 그렇게 내게 보너스를 허락하셨다. 내 목회 평생에 일종의 가시나 고통이 될 수 있는 문제를 한순간에 해결해 주셨던 것이다. 목회자는 판단하는 사람이 아니라 무조건 축복을 빌어주는 사람이고 사랑하는 사람임을 깨우쳐 주시면서 우리의 목회 현장을 사랑의 현장이 되도록 이끌고 계셨다.

그 후 나는 무엇인가 나로 인해 심각한 시험이나 고민에 빠진 교인들을 대할 때마다 더욱 하나님께 엎드려 축복하며 기도하는 목회자가 될 수 있었다.

"아버지, 저 집사가 무슨 문제 때문인지 모르지만 단단히 시험에 든 것 같습니다. 아버지, 저는 제가 뭘 잘못했는지 모르겠습니다. 하지만 저는 저 집사를 너무나 사랑합니다. 그러니 성령께서 그를 찾아가 제 마음을 좀 전해 주십시오. 저 집사님 마음에 저를 용서할 수 있는 마음을 허락해 주십시오."

그의 얼굴에서 나를 미워하거나 원망하는 표시가 없어질 때까지 나는 그렇게 기도했다. 그러면 놀랍게도 그 문제가 해결되고 나를 찾아와 이렇게 고백하는 경우도 많았다.

"목사님, 실은 제가 목사님 때문에 시험이 들었었습니다. 그런데 오늘 예배를 드리는데 성령께서 제 마음에 말씀하시는 거예요. 목사님께 찾아가서 잘못했다고 용서를 구하라고요."

교인이 많아지면 많아질수록 전혀 예측하지 못한 일로 시험에 드는 교인들이 생겨난다. 때로는 인사를 안 받아 줬다며 시험 들고 무슨 광고에 자신의 이름이 빠졌다며 시험에 든다. 목회자에게 시험이 들면 가장 괴로운 사람은 교인 자신이다. 교회 생활을 해도 기쁨이 없고 말씀을 들어도 은혜로 다가오지 않기 때문이다. 빨리 이 문제를 해결해야 그 교인의 믿음 생활이 복될 수 있다.

그러므로 목회자는 될 수 있는 한 시험거리를 제공해선 안 되고, 그래도 목회자를 비방하며 다니는 이가 있을 때에는 무조건 그를 품고 기도하며 축복해 줘야 한다. 그 영혼이 실족되어선 안 되기 때문이다.

주님은 그때의 수양회 사건을 통해 목회의 귀한 진리를 깨닫게 하셨다. 그것도 나를 미워하는 그 선교사를 품고 사랑으로 기도할 때 그런 보너스를 안겨 주셨다.

얼마 뒤 다시 만난 그 선교사의 얼굴은 천사의 얼굴로 변해 있었다. 교통사고로 죽을 고비를 넘겼다던 그는 우리 기도대로 마음 밭이 너무나 부드럽게 변해 있었다. 왜 그런지 모르지만 우리 부부는 그때 "곧 닥쳐올 환란에서 그 선교사를 살려 주옵소서"라고 기도했고, "마음 밭을 바꿔서 선교 사역을 잘할 수 있도록 해 달라"고 기도했었다.

주님은 그렇게 나를 만져 주고 계셨다. 그런 면에서 그 수양회는 지금까지도 잊혀지지 않는 시간으로 내게 남아 있다. 나누면 커진다는 게 그런 것이 아닐까? 내가 한 가지를 나누어 열 사람이 받으면 한 가지의 은혜가 열 가지가 된다는 의미뿐 아니라, 내가 한 가지를 나누고 싶어 주님 앞에 엎드릴 때 주님은 백 가지로 내게 채워주신다는 것! 나누면 나눌수록 나눈 사람도 주님 앞에서 더 큰 사람으로 세워지는 것이다.

어느 교회든 그 교회가 성숙하다면 앞으로 더 많은 것을 더불어 나누고 싶을 것이다. 한국 교회의 축복을 빌며 기도로 섬길 것이다. 그리고 주님은 그런 교회를 들어 더 크게 쓰실 것이다. 나는 우리 교회가 그런 교회가 되길 간절히 기도하고 있다. 내가 먼저 그런 목사가 되기를 오늘도 소망하고 있다.

8

목회 실력은 경건이다

...능력

경건한 언어에 경건의 씨앗이 있다

수영로교회는 부산에 위치해 있지만 전국에 있는 성도들이 방문하는 곳
이기도 하다. 월요일마다 있는 목회자와 평신도들을 대상으로 하는 각종 세
미나와 여러 집회에는 부산뿐 아니라 전국 각지에서 오는 분들로 인해 교회
가 더욱 들썩거린다. 주의 나라와 의를 향한 그분들의 열의를 보고 있노라면
나 자신이 많은 은혜와 도전을 받는다. 그런데 그분들은 되레 내게 이렇게
물어온다.

"수영로교회가 복을 받은 비결이 뭡니까?"

"성령께서 하신 일이지요. 비결이랄 게 있나요."

"그럼 어떻게 해야 성령과 함께하는 목회를 할 수 있습니까?"

"성령의 도구가 되면 되지요."

"성령의 도구가 되려면 어떻게 해야 합니까?"

이 질문에 대한 답은 굳이 내가 할 필요도 없는 것 같다. 성령께서 어떤 분
인지를 묵상하면 쉽게 답을 얻을 수 있기 때문이다.

성령님은 어떤 분인가? 그분은 거룩한 영이시다. 따라서 성령과 함께 목회하려면 단 한 가지만 지켜내면 된다. 거룩, 즉 경건한 삶이다.

목회자들이 목회하는 데 가장 필요한 것을 말하라면 나는 서슴없이 '경건'이라고 대답한다. 실력도 아니고 은사도 아니다. 경건이다. 경건은 목회자에게 생명과도 같다.

때때로 교역자들이 목회를 힘겨워하고, 목회에 실패하는 이유도 사실은 경건의 삶을 놓치기 때문인 경우가 많다. 거룩함이 깨져 있는 것이다. 그러면서도 성령께서 나를 사용해 주시기를 바란다는 것은 굉장한 모순이 아닐 수 없다. 거룩하게 사는 게 먼저다. 그러면 성령의 도구로 살아갈 수 있게 된다.

"너희가 하나님의 성전인 것과 하나님의 성령이 너희 안에 거하시는 것을 알지 못하느뇨 누구든지 하나님의 성전을 더럽히면 하나님이 그 사람을 멸하시리라 하나님의 성전은 거룩하니 너희도 그러하니라"(고전 3:16-17).

이 말씀 그대로 우리 몸은 하나님의 성전이다. 따라서 거룩이 깨지면 성령님이 노여워하고 통탄하시며 슬퍼하신다. 더 이상 우리와 함께 머무실 수 없기 때문이다.

거룩한 삶의 증표는 대부분 말에서 나온다. 긴장하지 않은 무방비 상태에서 자연스럽게 흘러나오는 말이 무엇인가를 보면 현재의 경건 상태를 거의 정확하게 알 수 있다. 화평케 하는 말, 감사하는 말, 싸매 주는 말, 축복하는 말, 겸손한 말을 하고 있는가? 아니면 남의 허물을 들춰내는 말, 자신을 과시하는 말, 염려하는 말, 음란한 말, 원망하는 말을 하고 있는가?

거룩하게 살면 절대로 자신을 높일 수가 없다. 겸손한 자를 찾으시는 성령과 함께 살면 하나님이 높아 보이지, 절대로 자신을 영웅인 양 치장할 수가 없는 것이다. "그러므로 하나님의 능하신 손 아래서 겸손하라 때가 되면 너희를 높이시리라"(벧전 5:6).

우리는 하나님 때문에 존귀한 존재이지만 높임 받을 존재는 아니다. 높임을 받을 분은 오직 예수님 그분밖에 없다는 사실을 언제나 잊어선 안 된다.

늘 절망과 두려움과 비난의 말을 전한다는 것은 거룩한 삶을 살지 못하고 있다는 증거다. 그리스도인은 말의 권세를 가진 자다. 특히 기름 부음 받은 목회자의 말 한마디는 교회의 분위기를 좌지우지한다. 소망 없는 말, 죽고 싶은 말을 쏟아놓으면 교회는 곧 절망의 분위기에 감전된다. 하지만 아무리 어려운 일이 있어도 목회자가 희망적인 말을 하면 교회는 곧 희망에 휩싸인다. 성령은 소망의 영이시다. 성령과 함께 사는 자는 문제 속에서도 기쁨과 평안을 잃지 않는다. 기뻐하고 즐거워한다. 그것이 경건의 능력임을 잊지 말아야 한다. "주 안에서 항상 기뻐하라 내가 다시 말하노니 기뻐하라"(빌 4:4).

말을 공격 무기로 사용하는 경우도 거룩함을 잃었다는 증거다. 칼을 쓰는 사람은 칼로 망한다고 했다. 교인들을 말로 잡으려는 목회자, 목회자를 말로 잡으려는 교인은 결국 말에 잡혀서 망하는 법이다. 문제가 있을 때 말로 따져서 해결하려는 사람일수록 말의 덫에 걸려 넘어지는 경우가 많다. "당신이 모월, 모일에 이런 소리 했잖아?"라며 수첩을 들이대는 사람이 있는가? 만약 목회자가 그런 행동을 했다면 그 행동을 함과 동시에 그는 덕을 잃게 되는 것이다. 그런 목회자에게 어떤 교인이 다가서겠는가? 어떤 교인이 솔직하게 마음을 털어놓겠는가? 목회자는 어떤 문제든 말씀대로 용서하고 덮어 줄 수 있어야 한다. 그러면 성령께서 문제를 풀어 가신다. 가장 완벽

하게, 가장 뒤탈 없이 목회 현장을 은혜로 이끄신다.

음란한 말을 즐겨하거나 음란의 습관을 버리지 못하는 사람도 매우 심각하게 경건을 잃어버린 사람이다. 그런 사람치고 목회 현장이 은혜로운 경우는 거의 없다. 목회를 잘 이끌다가도 엉뚱한 일에 휘말린다. 실제로 7계를 범하지 않았음에도 마치 7계를 범한 것처럼 오해를 받는 경우도 있다.

성령님은 하나님의 종이 거룩한 입술을 가지길 원한다. 입을 열면 하나님의 은혜를 나누고 싶어 애가 타는 그런 목회자를 찾고 계신다. 물론 목회자도 사람이라 더러 실수를 할 수 있다. 하지만 은혜 속에 젖어 살 수만 있다면 우리는 하루 종일 은혜로운 말을 할 수 있는 사람이다. 사랑에 빠진 사람은 24시간 사랑하는 이와 얘기를 나누고 싶어 하지 않는가? 우리는 주님과 사랑에 빠진 자들이다. 그렇다면 주님의 이야기가 우리 삶에 가득해야 한다. 우리의 대적에 관한 이야기를 즐기며 우리 삶을 채워선 안 된다.

그런 면에서 목회자는 조급한 말이나 음란한 농담을 피해야 한다. 실수가 많아지는 까닭이다. 목회자가 지나치게 이야기를 주도해 버리면 교인들은 그 앞에서는 웃으며 좋아하지만 돌아서면 그 문제를 끄집어내어 문제를 삼기도 한다. 그저 많이 들어 주고, 중간 중간에 한마디씩 칭찬해 주고, 한 번씩 웃어 주는 정도가 가장 좋은 모습이라는 생각을 개인적으로 해본다. "너희 말을 항상 은혜 가운데서 소금으로 고루게 함같이 하라 그리하면 각 사람에게 마땅히 대답할 것을 알리라"(골 4:6).

그러나 하나님은 모든 기질과 성품을 선용하신다. 우리의 성품이 내성적이든 외향적이든 '거룩'이라는 옷을 입기만 하면 문제가 되지 않는다. 결국, 목회자에게 가장 좋은 성품이나 기질이 따로 있는 게 아니라 그 기질에 거룩이라는 옷을 입었느냐 아니냐가 좋은 목회자인가 아닌가를 결정한다.

이를 위해서는 말하는 습관을 잘 들여야 한다. 교인들에게 은혜의 간증을 많이 나누라고 권하는 이유는 은혜의 이야기가 또 다른 은혜를 낳기 때문이다. 마찬가지로 목회자나 평신도가 음란한 말을 나누는 습관을 들이면 음란한 이야기는 더욱 활개를 쳐서 그 가운데 음란의 영이 역사하기 시작한다. 하나님께서 주신 거룩한 입술이 음란의 도구가 되는 것이다.

이는 비단 목회자들뿐 아니라 사모, 장로, 집사들에게도 똑같이 적용된다. 결혼해서 겉으로 드러나는 외도만 안 하면 순결하게 살고 있다고 착각하는 사람들이 대부분인 세상이다. 교회 청년들이 모여 술집에 가는 건 비난하면서, 교회 어른들이 모여 음란한 농담을 스스럼없이 주고받는 건 문제 삼지 않는다. 자신의 마음은 이미 사탄의 종 노릇을 하면서 남을 정죄하기에만 바쁜 것이다.

이는 모두 하나님을 경외하는 마음이 부족하기 때문이다. 하나님을 경외하는 자들은 악한 것들을 구경하며 즐기는 게 아니라 악 자체를 멀리한다. 멀리 둠으로써 자신을 성령의 깨끗한 도구로 내어 드린다.

"큰 집에는 금과 은의 그릇이 있을 뿐 아니요 나무와 질그릇도 있어 귀히 쓰는 것도 있고 천히 쓰는 것도 있나니 그러므로 누구든지 이런 것에서 자기를 깨끗하게 하면 귀히 쓰는 그릇이 되어 거룩하고 주인의 쓰심에 합당하며 모든 선한 일에 예비함이 되리라"(딤후 2:20-21).

이 말씀은 하나님께서 어떤 사람을 귀한 그릇으로 쓰시는가를 잘 보여 준다. 이 말씀에 의하면 하나님의 종에게 가장 필요한 것은 오직 한 가지, '거룩함을 이루는 것', '깨끗함을 이루는 것'임을 알 수 있다.

우리의 할 일은 그것밖에 없다. 지혜와 능력과 은혜와 은사, 이 모든 것은 성령께서 주셔야 하는 것들이다. 우리가 할 수 있는 것은 성령께서 기쁨으로 내게 오셔서 나를 맘껏 쓰실 수 있도록 나를 깨끗한 그릇으로 지켜나가는 것밖에 없다.

그래서 사도 바울은 디모데에게 "망령되고 허탄한 신화를 버리고 오직 경건에 이르기를 연습하라 육체의 연습은 약간의 유익이 있으나 경건은 범사에 유익하니 금생과 내생에 약속이 있느니라"(딤전 4:7)고 했다. 왜 경건에 이르기를 연습하라고 했을까? 경건은 힘써 연습하지 않으면 곧 잃어버릴 수 있는 성질을 갖고 있기 때문이다. 마치 우리가 일부러 시간을 내어 힘써 때를 벗겨도 곧바로 때가 묻는 것과 같은 이치다. 한 시간만 먼지 나는 곳에 갔다 오면 깨끗했던 온몸은 곧 더러워지고 만다. 이처럼 경건은 힘쓰지 않으면 한순간에 잃어버린다. 마귀는 이때를 기다렸다가 우는 사자처럼 달려들어 우리를 집어삼키려고 한다. 경건을 잃으면 무방비 상태로 마귀의 종이 되고 마는 것이다.

경건이 능력이요, 실력이다

안식년으로 미국에서 2년 간 생활할 때, 목회자에게 경건의 힘이 얼마나 큰 것인지를 깨닫게 된 일이 있었다.

교회 개척한 지 7년 만인 1982년. 나는 교회에서 안식년을 얻고 가족과 함께 미국에 건너가 공부를 하게 되었다. 이때도 나는 아침에 일어나면 1시간씩 기도했고, 말씀을 대하는 일도 게을리하지 않았다. 그런데 하루의 많은 시간을 공부하는 데 집중했기 때문이었을까? 하루 온종일 주님의 양 떼를 돌보며 24시간 내내 주님을 묵상하며 살다가 갑자기 정적인 생활을 하게 되어서였을까? 마음이 점점 메마르기 시작하는데 그 마음을 어떻게 할 수가 없었다. 나중에는 내 마음이 마치 팍팍한 사막처럼 느껴졌다. 잘 먹고 잘 자고 잘 쉬는데 왜 내가 그런 영적 곤핍함을 경험해야 하는지 모를 일이었다. 성령으로 가득 찼던 내 마음이 갑자기 텅 비어 버린 것 같았다.

그러던 어느 날, 나는 스스로의 영적 상태를 진단해 보게 되었다. 이런 상태로 계속 살다가는 더 이상 목회를 하지 못할 거라는 위기감마저 들었다. 이렇게 은혜도 없이 메마른 상태로 안식년을 계속 보낸다면 박사 학위는 받고 돌아갈지 몰라도 목회 현장은 복을 받을 수 없을 것 같았다. 나부터 목이 말라 갈급해서 죽을 지경인데 어떻게 목회를 한단 말인가.

목회자가 누구인가? 목회자는 어느 순간도 은혜 없이 살아갈 수 없는 사람이다. 은혜 없이 심방하고, 은혜 없이 성경 공부 하고, 은혜 없이 설교하는 목회 현장에는 소망이 없다. 목회 현장에 은혜의 샘이 흘러야 그곳에 목마른 양 떼들이 와서 물을 마시고 힘을 얻을 수 있는 것이다. 그것이 부흥이다. 그러므로 부흥을 원한다면 먼저 은혜가 채워져야 한다. 목회자가 늘 은혜의 샘 가에서 살아야 하는 것이다. 그것이 먼저다.

나는 이 사실을 기억하며 하나님 앞에 우선순위를 다시 정했다. 아무리 공부도 중요하지만 내 심령이 하나님 앞에 메마르지 않도록 충분히 기도하는 것이 더 중요했다. 하루 1시간 기도, 1시간 성경 읽기는 충분하지 않았다. 이제부터는 충분히 기도하고 충분히 말씀을 본 후, 그런 후에 공부를 하기로 했다. 사역을 해도 마찬가지다. 충분히 말씀과 기도에 전념한 후, 그런 후에 사역을 하지 않으면 사역 현장이 부흥되는 것을 보기도 전에 목회자의 영육이 먼저 메마르게 되어 있다. 이제 나는 어떤 순간에도 이 사실을 놓치지 않으리라 결심했다.

다음날 새벽, 새벽 기도 갈 마땅한 교회가 없던 차라 나는 집 앞마당에 있는 자그만 개집처럼 생긴 곳으로 들어갔다. 그곳은 아이들이 들어가서 노는 놀이 공간이기도 했다. 머리를 숙여 들어가니 천장이 머리에 닿을 정도였으나 기도하기에는 더할 나위 없이 좋았다. 그때부터 나는 그곳을 기도 처소로 삼고 매일 새벽마다 1시간이든 2시간이든 3시간이든 내 마음이 주님 앞에 충만히 젖을 때까지 기도했다.

내게 회복은 그렇게 찾아왔다. 새벽 미명에 들어가서 기도하다가 나오면 눈부신 햇살이 내리쬐었다. 아침이슬은 햇살을 받고 반짝거렸고 내 심령은 기도의 눈물에 젖어 반짝거렸다. 그렇게 반짝이는 마음을 안고 말씀을 대하면 얼마나 은혜가 충만한지 몰랐다.

그런 후에 공부를 했다. 그런데 놀라운 일이 생겼다. 그렇게 하나님 앞에 은혜를 회복하면서부터는 영어로 하던 공부도 훨씬 잘 되었다. 마치 초등학교 때 예수님을 만난 후 공부가 더 잘되었던 것처럼, 내 심령의 팍팍함이 은혜로 회복되니까 짧은 시간 공부를 해도 그전보다 눈에 띄게 향상되었다. 머릿속이 맑고 단순해지니까 집중력이 좋아지면서 우리말로 써도 힘든 한 학기 논문을 영어로 슬슬 써 내려갈 수 있었다. 그때부터 전에 없던 마음의 여유까지 생겨났다. 너무 여유가 없어 충분히 기도하고 말씀을 대하지 못했었는데, 시간을 뚝 떼어 말씀과 기도에 전념하지 오히려 전에 없던 여유로움이 생겨난 것이다.

그 사실을 미국의 교회들이 어떻게 알았는지 그때부터 부흥회 요청이 들어오기 시작하는데 한 주도 빠짐없이 들어왔다. 시카고, 그린스보로, 클리브랜드 등등 전혀 낯선 동네, 낯선 교회에서 나를 초청했다. 교단도 다른 교회에서 어떻게 나를 알고 집 전화번호를 알아냈는지 모를 일이었다. 때로는 한 주 간에 두 교회씩 부흥회를 인도한 일도 있었다. 한국에 들어갈 때까지 부흥회 요청이 끊이지 않았다. 교회 안식년 기간 중에 내가 하나님의 은혜에 젖어 살기 시작하자 하나님께서는 그렇게 은혜를 나누게 하셨다.

그때 나는 다시 한 번 실감했다. 하나님의 종은 준비만 되면 우선적으로 쓰신다는 사실을. 하나님의 은혜만 그 심령 위에 촉촉이 내리면 하나님은 그런 종을 가만히 두실 수 없으시다는 것을. 복음 전할 일은 급하고 은혜 받아야 할 곳은 많은데 심령이 충만한 주의 종들이 너무 적기에 하나님이 급하게 당신의 종을 찾고 계신 것이다.

그러므로 교역자에게 경건은 생명과 같다. 경건만 준비되면 하나님께서는 그 종을 쓰되 넘치도록 쓰신다. 경건한 삶이 그렇게 귀하기에 마귀는 오늘도 목회자의 경건을 깨뜨리려고 사방에서 공격한다. 이럴 때 목회자는 더 큰 은혜를 사모하며 은혜의 바다로 노를 저어 나아가야 한다. 한 번이라도 깊은 은혜를 체험한 사람은 계속해서 깊은 은혜 속에 살지 않으면 그 심령이 컬컬해서 견딜 수가 없다. 마치 깊은 바다에서 헤엄치던 사람이 더 이상 얕은 물가에서 헤엄치기 싫은 것과 같은 이치다. 목회자는 그런 사람이다. 계속해서 은혜의 깊은 물가로 나아가서 온몸을 은혜의 바다에 적셔야 심령이 메마르지 않고 양들에게 은혜를 전할 수 있다. 그래서 교역자의 목표는 교인 수가 늘어나는 게 아니다. 주님과 더 깊이 교제하기 위해 은혜의 깊은 바다로 나아가는 게 목표여야 한다. 그런 목표를 갖고 있는 목회자를 하나님은 오늘도 찾고 계신다.

내 주 하나님 넓고 큰 은혜는 저 큰 바다보다 깊다
너 곧 닻줄을 끌러 깊은 데로 저 한 가운데 가 보라
언덕을 떠나서 창파에 배 띄워
내 주 예수 은혜의 바다로 네 맘껏 저어가라//

왜 너 인생은 언제나 거기서 저 큰 바다 물결 보고
그 밑 모르는 깊은 바다 속을 한번 헤아려 안 보나
언덕을 떠나서 창파에 배 띄워
내 주 예수 은혜의 바다로 네 맘껏 저어가라//

많은 사람이 얕은 물가에서 저 큰 바다 가려다가
찰싹거리는 작은 파도 보고 맘이 졸여서 못 가네
언덕을 떠나서 창파에 배 띄워
내 주 예수 은혜의 바다로 네 맘껏 저어가라//

자 곧 가거라 이제 곧 가거라 저 큰 은혜 바다 향해
자 곧 네 노를 저어 깊은 데로 가라 망망한 바다로
언덕을 떠나서 창파에 배 띄워
내 주 예수 은혜의 바다로 네 맘껏 저어가라//(찬 408장)

경건의 양 날개, 말씀과 기도

삼손은 어느 누구보다 기골이 장대한 멋진 남성이었다. 어느 누가 삼손의 힘을 당해 내며, 어느 누가 삼손의 외적인 매력을 넘어설 수 있었을까? 그런데 그는 결정적인 실수를 하고 말았다. 기생 들릴라의 무릎을 베고 잤던 것이다.

그는 머리카락이 잘려서 망한 게 아니었다. 기생 들릴라의 무릎에 누웠을 때 이미 그의 생명은 끝이 난 거나 다름없었다. 거룩을 생명으로 해야 할 나실인이 그 거룩을 스스로 던져 버린 꼴이었다.

이처럼 교역자가 경건을 잃으면 모든 것을 잃게 된다. 성령도 떠나시지만 성도들의 존경도 떠나게 되어 있다. 교역자의 삶이 그런 것이다. 교역자는 "날 좀 대접해라, 날 좀 존경해라"고 백날 외친다고 해서 존경과 사랑을 받는 사람이 아니다. 교인들이 볼 때 존경과 섬김의 마음이 저절로 우러나도록 살아야만 존경을 받게 되어 있다.

그러면 어떻게 해야 그런 목회자가 될 수 있을까?

경건이다. 교역자를 가장 빛나게 해 주는 힘은 역시 경건밖에 없다. 경건의 힘과 능력만이 목회의 진정한 파워를 만들어 낸다. 그렇게 살면 때로 고난과 좌절이 있어도 결국은 승리의 면류관을 쓰게 된다. 경건의 힘은 처음엔 무기력해 보여도 종내에는 가장 큰 힘으로 작용하게 되어 있다. 경건의 능력을 주시는 분이 성령이시기 때문이다. 그렇게 경건의 능력으로 살아가는 사람은 "속이는 자 같으나 참되고 무명한 자 같으나 유명한 자요 죽은 자 같으나 보라 우리가 살고 징계를 받는 자 같으나 죽임을 당하지 아니하고 근심하는 자 같으나 항상 기뻐하고 가난한 자 같으나 많은 사람을 부요하게 하고 아무것도 없는 자 같으나 모든 것을 가진 자"(고후 6: 8-10)가 되어 많은 이들의 존경과 사랑을 받을 수밖에 없다.

이와 반대로 육체의 소욕을 따라 살면 "참된 자 같으나 속이는 자요, 유명한 자 같으나 무명하고, 산 자 같으나 죽은 자요, 징계를 받되 죽임을 당하는 자요, 기뻐하는 자 같으나 근심하는 자요, 많은 사람을 부요케 할 자 같으나 가난한 자요, 모든 것을 가진 것 같으나 아무것도 없는 자"가 되고 만다. 목회 현장은 성령께서 운행하는 곳이므로 결국 교인들의 눈을 속일 수 없다는 것이다.

따라서 목회자가 추구해야 할 단 하나의 매력이 있다면 그것은 경건의 매력이다. 이는 인위적으로 나타날 수 없는 매력이기도 하다. 스스로 경건한 척 포장한다고 해서 경건해 보이지 않는다. 그러나 경건하게 살기만 하면 아무리 겸손으로 자신을 가려도 경건의 매력, 경건의 능력이 나타나게 되어 있다. 마치 죽은 사람을 아무리 산 사람처럼 포장해도 시체에서는 썩은 냄새가 나듯, 그리고 산 사람이 아무리 죽은 척해도 이를 감출 수 없는 이치와 같다. 경건의 능력을 지닌 사람은 외모가 보잘 것 없어도, 재능이 없고 학벌이 없고 돈이 없어도 그리스도의 향기가 난다. 그런 목회자를 보며 사람들은 이런 말을 할 것이다.

"우리 목사님은 참 은혜 받은 목사님이야. 우리 목사님은 은혜 속에 살아."

교역자를 가장 빛나게 해 주는 힘은 역시 경건밖에 없다. 경건의 힘과 능력만이 목회의 진정한 파워를 만들어 낸다. 그렇게 살면 때로 고난과 좌절이 있어도 결국은 승리의 면류관을 쓰게 된다.

경건을 지키기 위해서는 큰 믿음과 지혜와 결단이 필요하다. 이를 위해 언제나 말씀과 기도의 양 날개를 펴야 한다. 기도가 호흡이 되고 말씀이 매일의 양식이 되어야 한다.

목회자의 삶에 대한 평가는 일시적인 쇼나 포장으로 이루어지지 않는다. 오랫동안 함께 지내면서 자연스럽게 형성되는 것이 진정한 평가가 될 것이다. 그런 면에서 부부간에 "우리 남편(아내)은 참 은혜에 젖어 사는 사람이야"라는 말을 들을 수 있는 사람은 진정한 능력자다. 삶이 곧 경건이고 은혜가 곧 삶인 사람, 그런 사람을 하나님이든 사람이든 어찌 사랑하지 않을 수가 있겠는가!

그래서 사도 바울은 경건한 삶을 위해 자신의 몸을 치고 복종시키느라 몸부림을 쳤다. 사람의 본성이 결혼을 하고 살아도 경건을 지키기가 힘이 드는 법인데 사도 바울은 평생 독신으로 살았으니 더더욱 경건의 삶을 지키기가 힘들었을 것이다. 그러나 그는 혹이라도 주님께 버림받을까 봐 끝까지 자신을 쳐서 복종시키며 경건한 삶을 살았다. 그것이 사도 바울과 다른 사람의 차이점이다.

하나님의 종은 이와 같아야 한다. 다른 것은 부족해도 경건만은 사수하려고 힘써야 한다. 사람이 좀 못났어도, 설교를 좀 못하더라도 끝까지 경건을 사수하면 놀라운 주의 역사가 나타난다. 어눌한 설교 속에 놀라운 성령의 파워가 나타나고, 비좁은 지하 예배당에 사람들이 몰려오기 시작한다. 사람의 머리로 이해되지 않는 부흥의 역사가 나타난다.

이렇게 귀한 것이 경건의 능력이기에 경건을 지키기 위해서는 더 큰 믿음과 지혜와 결단이 필요하다. 어떤 면에서 영적 전쟁을 치르지 않으면 절대로 이루어질 수 없는 것이 경건의 삶이기 때문이다. 이를 위해 교역자는 언제나 말씀과 기도의 양 날개를 펴야 한다. 습관처럼 말하는 말씀과 기도 생활이지만 정작 목회자 자신이 말씀과 기도 생활을 규칙적으로 지켜나가기란 쉽지 않다. 호흡하듯 기도하고 호흡하듯 말씀을 대하는 수준이 될 때까지 말씀과 기도에 전념하기란 쉬운 일이 아니다. 목회 현장에는 긴급한 일들의 횡포가 너무나 많기 때문이다. 그러나 말씀과 기도 생활을 통해 경건한 삶을 이루지 못하면 목회도 더 이상 능력 있게 할 수가 없다. 어

하나님의 종은 이와 같아야 한다. 다른 것은 부족해도 경건만은 사수하려고 힘써야 한다. 사람이 좀 못났어도, 설교를 좀 못하더라도 끝까지 경건을 사수하면 놀라운 주의 역사가 나타난다. 어눌한 설교 속에 놀라운 성령의 파워가 나타나고, 비좁은 지하 예배당에 사람들이 몰려오기 시작한다. 사람의 머리로 이해되지 않는 부흥의 역사가 나타난다.

찌됐거나 이 양 날개를 펼쳐야만 목회 능력을 받을 수 있다. 성경에서는 이를 분명히 하고 있다.

"혼인을 금하고 식물을 폐하라 할 터이나 식물은 하나님이 지으신 바니 믿는 자들과 진리를 아는 자들이 감사함으로 받을 것이니라 하나님의 지으신 모든 것이 선하매 감사함으로 받으면 버릴 것이 없나니 하나님의 말씀과 기도로 거룩하여짐이니라"(딤전 4:3-5).

거룩함을 이루려면 뭘 먹고 안 먹고, 결혼을 하고 안 하고가 중요한 것이 아니라 하나님의 말씀 가운데 은혜를 받고, 충분한 기도 속에 능력을 받으라는 것이다. 어떤 일을 하고 안 하고보다 말씀과 기도 그 자체 속에서 충만히 주님을 만나는 것이 필요하다는 것이다.

몇 년 전 나는 오랫동안 금식 기도를 하면서 중요한 깨달음을 얻은 적이 있다. 교회적으로 무척 바쁠 때라 금식 기도를 하면서도 정작 기도에는 전념하지 못하고 단순히 굶기만 했던 시간이었다. 볼 일 다 보고, 할 일 다 하면서 했던 금식이었던 까닭에 배를 곯는 고생만 좀 했을 뿐이었다. 날짜가 이느 정도 지나니까 나중에는 배도 고프지 않았다. '아, 이래서 40일 금식 기도도

하는구나'라고 생각될 정도였다. 그 전까지는 길게 금식 기도를 해 본 적이 없었다. 3~4일 금식하며 기도하다 보면 하나님께서 곧 응답을 주셨기에 길게 할 필요가 없었던 것이다. 그런데 그때는 금식은 길게 했지만 정작 기도에 매달린 시간은 적었다. 아무 의미도 얻지 못한 채 기도를 마쳐야 했다.

단순히 금식 기도 그 자체, 혼인 그 자체, 바쁘게 사역 현장에서 일하는 그 자체는 우리에게 어떤 능력도 주지 못한다. 오히려 죄의 유혹을 더 받게 할 뿐이다.

따라서 우리의 목표는 말씀과 기도 생활이 우리의 일상이 되는 데까지 나아가는 것이어야 한다. 기도가 호흡이 되고 말씀이 매일의 양식이 될 때까지 그렇게 사는 것을 내 삶의 제1목표로 삼아야 한다. 그 속에서 우리 심령이 드넓은 바다처럼 충만해지는 것이다.

그렇게 목회자의 심령이 은혜로 충만해질 때 설교가 선포되는 강단도, 목회가 이루어지는 교회도 은혜의 현장이 된다. 목회자 한 사람의 변화가 교회 전체의 변화를 몰고 오는 것이다.

생각 한번 잘하면 인생이 바뀐다

목회자가 경건한 삶을 위해 말씀과 기도에 전념할 때 가장 우선적으로 정복해야 하는 부분은 '생각'이다. '생각'은 자신의 영적 상태를 진단할 수 있는 가장 예민하고 정확한 지점이다. 내 말과 행실을 낳는 근원이 바로 이곳이기 때문이다.

생각은 아무런 경계도 없이 아무 때나 우리에게 들어온다. 좋은 생각, 은혜로운 생각만 하면 더없이 좋겠지만 나쁜 생각, 더러운 생각, 쓸데없는 생각이 더 많이 들어오는 게 우리의 현실이다. 따지고 보면 전쟁도 그런 전쟁이 없다. 내 안의 마음, 내 안의 생각들은 하루에도 수차례 치열한 전투를 치른다.

어떤 이들은 "생각은 자유"라고 말하지만, 생각은 절대로 방치해 둬서는 안 되는 부분이다. 생각이 우리의 습관을 만들고 그 습관이 우리의 삶을 결정하는 까닭이다. 따라서 될 수 있는 한 성령의 생각을 좇아 행해야 한다. 그럴 때 성령의 열매도 거둘 수 있다.

"너희는 성령을 좇아 행하라 그리하면 육체의 욕심을 이루지 아니하리라"(갈 5:16).

우리 생각 중에는 성령으로부터 온 생각과 마귀로부터 온 생각이 있다. 불시에 찾아드는 생각이야 어쩔 수 없다지만 우리 마음에 육체의 욕심이 깃들면 육체의 생각을 자꾸 반복하게 되고 결국 성령을 거스르는 죄를 범하게 된다. 반대로 성령의 소욕대로 반복적인 생각을 하면 성령의 열매를 맺게 된다. 즉, 반복적인 묵상은 우리가 얼마든지 선택하여 결정할 수 있다는 말이다. 생각은 정복할 수 있는 대상이며 정복해야 할 대상이다.

사람들 중에는 생각 한번 잘해서 성공하는 사람이 있고, 생각 한번 잘못해서 실패하는 사람이 있다. 결정적인 순간에 어떤 마음을 먹느냐, 어떤 생각을 하느냐는 평생의 삶을 결정한다. 성경에서도 이를 말씀해 주고 있다.

"자기의 마음을 제어하지 아니하는 자는 성읍이 무너지고 성벽이 없는 것 같으니라"(잠 25:28).

이 말씀에서 마음을 다스리지 못하는 자는 성벽이 무너져 버린 사람이라

했다. 적이 마음대로 침범할 수 있는 무방비 상태라는 뜻이다. 바로 마귀가 맘껏 역사할 수 있는 상태가 된다는 말이다. 성경은 그래서 "무릇 지킬 만한 것보다 더욱 네 마음을 지키라 생명의 근원이 이에서 남이니라"(잠 4:23)고 했다. 죽고 사는 것이 마음 관리에 달렸다는 것이다.

나는 고3 때 생각 하나 때문에 전혀 다른 인생길을 가게 된 일이 있었다. 당시 우리 집 형편상 내가 대학에 갈 수 있으리라는 희망은 눈곱만큼도 가질 수 없었다. 대학 진학을 포기하는 것만 문제가 아니라 날마다 태산같이 쌓여 가는 빚 때문에 하루하루 살아가는 게 숨이 막힐 지경이었다. 그런 상황 속에서 붙들 수 있는 분은 하나님밖에 없었다. 앞뒤가 꽉 막힌 진퇴양난의 상황이 사춘기의 나를 자극할 때면 나는 주저 없이 기도원에 올라 몸부림을 쳤다. 그리고 하나님의 응답을 얻어 집으로 내려오곤 했다.

그 역시 결정적인 순간에서 생각을 잘했던 결과였다. 만약 그런 극한 상황에서 기도원에 오르지 않고 안 좋은 길로 빠져 버렸다면 나는 어떻게 되었을까? 힘들면 힘들수록 하나님을 찾아야겠다고 생각함으로 인해 나의 그 절망적인 상황은 하나님의 은혜를 체험하는 은혜의 통로가 되었다.

결국, 아무리 고민해 봐도 대학 진학은 거의 불가능했던 차라 나는 당시 이런 결론을 스스로에게 내렸다.

'대학을 못 가게 될 확률이 훨씬 크다. 그렇게 되면 고3 실력이 내 평생 실력이 될 수 있다. 그렇다면 더 열심히 공부해야겠다.'

나는 평생 주를 위해 살아가겠노라 결심하며 자랐다. 그런데 더 이상 공부할 수 없게 된다면 남은 시간만이라도 더 열심히 공부해서 실력을 조금이라도 더 쌓아 두는 게 하나님을 기쁘시게 할 것이라는 생각이 들었다. 그 생각이 들자 어느 순간에도 공부의 끈을 놓을 수 없었다. 대학 진학을 위해서가 아니라 이제는 내 비전을 이루기 위해 공부를 포기할 수 없었다.

그런데 입학시험을 치르기도 전에 내가 장학생으로 선발되어 장학금을 받는 신기한 일이 생겼다. 교복이며 구두, 시계, 책 등 사고 싶은 것은 다 사고도 남을 정도가 되었다. 생각 한번 잘했을 뿐인데 하나님께서는 나를 그토록 풍족하게 인도해 주셨던 것이다.

만약 그때, 부정적인 생각으로 공부하는 걸 포기했더라면 나는 어떻게 되었을까? 아무리 절망적인 순간에도 소망의 생각을 반복해서 갖는다면 하나님께서 그 생각의 터 위에 축복의 씨앗을 뿌려 주신다는 걸 그때 알았다. 앞으로 나 또한 소망의 생각을 심어 주는 사람이 되어야겠다는 생각에 얼마나 행복해 했는지 모른다.

생각은 이처럼 축복과 재앙을 불러오는 강력한 동기로 작용한다. 그래서 마귀는 우리의 생각을 점령하려고 오늘도 갖가지 방법을 동원해 머리와 가슴을 파고든다. 성령의 충만이 아니고서는 막을 길이 없다.

경건은 마귀의 전략을 무너뜨린다

성경을 보면 인간의 타락은 마음의 생각에서 결정되었다는 사실을 알 수 있다. 노아 시대를 보라. 그 사람들은 이미 마음의 생각과 모든 계획이 악했다고 했다.

"여호와께서 사람의 죄악이 세상에 관영함과 그 마음의 생각의 모든 계획이 항상 악할 뿐임을 보시고 땅 위에 사람 지으셨음을 한탄하사 마음에 근심하시고"(창 6:5-6).

인간의 타락은 이렇게 마음의 생각에서 드러난다. 밤낮 생각하는 게 더럽고 추할 뿐 아니라 계획을 해도 악한 계획만 한다면 더 이상 인간에게는 소망이 없다. 생각이 타락하면 모든 게 타락했다는 뜻이다. 하나님은 이를 보시고 인간들을 멸하려 작정하셨다. 하나님이 얼마나 우리 마음의 생각과 계획을 중요하게 보시는지를 알려 주는 대목이다.

예수님도 우리 마음 상태의 중요성에 대해 이렇게 말씀하셨다.

"선한 사람은 그 쌓은 선에서 선한 것을 내고 악한 사람은 그 쌓은 악에서 악한 것을 내느니라"(마 12:35).

이 말씀은 우리가 마음의 창고에 악한 생각이나 선한 생각을 자꾸 쌓게 되는데, 결국 선한 생각을 많이 쌓아 둔 사람은 말과 행동까지 선하게 표출되지만, 악한 생각을 가득 쌓아 둔 사람은 악한 말과 행동으로 표출된다는 뜻이다.

이렇게 중요한 마음의 생각을 주도하기 위해 마귀가 가장 집중적으로 공략하는 부분이 있다면 그것은 우리의 '눈'이다. '우리가 무엇을 보느냐?' 그것은 우리의 마음 상태를 결정적으로 나타내는 것이다.

우리가 살아가는 이 세상이 점점 시각적인 세상으로 변하는 것은 그만큼 큰 유혹이 우리를 자극한다는 뜻이기도 하다. 눈만 뜨면 우리를 유혹하는 것들이 가득한 세상이다. 텔레비전, 휴대폰, 컴퓨터…. 이제 이런 것 없이 산다는 것은 거의 불가능한 시대다. 그 시대 속에서 우리는 얼마나 많은 욕심과 음란과 경쟁과 세속적 세계관을 무차별적으로 받아들이고 있는가? 죄를 짓지 않으려면 소경이 더 나은 세상이 되어 버렸다.

다윗을 보라. 그도 눈으로 본 것을 통해 큰 죄악을 저지르고 말았다. 다윗처럼 하나님을 사랑하고 다윗처럼 하나님께 은혜를 받은 자가 음란의 죄를 범하다니 있을 법한 일인가. 그는 밧세바가 대낮에 발가벗고 목욕하는 모습을 본 순간, 음란에 사로잡히고 말았다. 그 영상이 다윗의 머리 속에서 떠나지 않았던 것이다.

우리는 이 사실을 알아야 한다. 영적 전쟁을 치를 때 마귀는 눈을 통해 우리의 생각을 집중 공략한다. 악한 생각을 반복적으로 묵상하게 한다. 이것은 마치 우리 속에 계속해서 쓰레기를 집어넣는 것과 같다. 마음속에 쓰레기가 쌓이고 쌓이면 어떻게 될까. 구더기가 끓고 파리가 몰려오고 쥐들이 몰려온다. 악한 영이 역사하는 것이다.

다윗은 그래서 죄를 저지르고 말았다. 만약 다윗이 눈으로 밧세바의 벗은 몸을 보는 순간에 이렇게 말했다면 역사는 어떻게 되었을까?

"야, 저 여자 봐라. 사람이 다 보는 대낮에 버젓이 목욕을 해? 남자들이 자신을 쳐다볼 줄 알면서 저런 짓을 해? 여봐라, 저 여자 보이느냐? 가서 혼 좀 내 주거라. 두 번 다시 저런 짓을 했다가는 아예 볼기를 칠 거라고 전해라."

이렇게 공격했다면 다윗은 죄를 저지르지 않았을 것이다. 그러나 다윗은 밧세바를 보는 순간, 공격하기보다는 사로잡히고 말았다. 음란의 죄를 미워하는 마음보다 밧세바를 안고 싶은 마음이 더 앞섰던 것이다.

마귀는 자존심이 강해서 대적하면 물러가는 존재다. 마귀를 싫어하면 마귀가 우리 근처에 얼씬거릴 수 없다. 예수 이름으로 대적하면 마귀는 떠나게 되어 있다.

그런데 많은 사람들은 마귀를 좋아한다. 함께 살고 싶어 한다. 그것이 문제다. 죄의 달콤함을 과감히 끊고 성령과 함께 사는 삶을 최고의 낙으로 여기며 살아가는 이가 없다는 것이다.

"그런즉 너희는 하나님께 순복할지어다 마귀를 대적하라 그리하면 너희를 피하리라"(약 4:7).

우리는 언제나 이 말씀대로 살면 된다. 죄가 찾아올 때 분명히 선언하면 된다.

"난 너를 싫어한다. 난 너를 미워한다. 내게서 떠나라!"

그런데 다윗은 여자를 보고 음란한 생각을 즐겼다. 순간적이지만 그 즐기는 동안에 음란의 쓰레기가 생기면서 마음이 그곳에 휘말리고 말았다. 그때부터는 이성을 잃는 게 사람이다. 자기 의지로 이겨낼 수가 없다. 다윗은 곧 밧세바를 불러오라고 하고 그 남편까지 간접적으로 살인하고 말았다. 시간적으로 보면 불과 얼마 안 되는 시간 동안에 벌어진 사건이었다. 다윗처럼 경건하게 살던 사람도 이 눈 관리를 잘못하는 바람에 쉽게 큰 범죄를 저지르고 만 것이다.

그리스도인들은 그런 면에서 눈 관리를 잘해야 한다. 목회자들은 더욱 그렇다. 양 떼를 품고 기도하고 말씀을 묵상하며 하나님의 은혜의 강가에서 목마른 심령을 적셔야 할 그 시간에 두 눈이 텔레비전에 가 있고 컴퓨터에 가 있고 음란 잡지에 가 있고 좋은 차, 좋은 집에 가 있으면 어느덧 심령은 은혜로 채워지기보다 교만과 욕심과 게으름과 허영과 술수로 채워진다. 그런 심령을 안고 설교를 해보라. 똑같은 설교인데도 절대로 은혜를 끼칠 수 없다. 주님의 성령께서 탄식하시는데 어떻게 은혜를 나눌 수 있단 말인가. 마른하늘에서 비가 내리지 않는 것처럼 목회자의 마음이 은혜로 젖어 있지 않으면 은혜가 흘러나갈 수가 없다.

그런 면에서 목회자들은 취미나 여가 선택을 더욱 잘해야 한다. 걸려 넘어질 수 있는 취미라면 아예 근처에도 가지 않는 결단이 필요하다. 좋은 취미를 갖는 것은 목회자에게 활력이 되지만, 경건의 삶에 방해가 되는 취미라면 과감히 버릴 수 있는 사람이 되어야 한다. 버리는 것이 우리에게 복이 되는 까닭이다.

어떤 목사님은 축구를 너무 좋아하다보니 장로님들과 모여 앉아 교회에서 축구 경기를 보다가 오후 예배 시간이 다 되었는데도 거기서 눈을 떼지 못했다고 한다. 그리고는 "축구가 빨리 끝나야 예배를 드릴 텐데…"라며 안절부절못하더라는 것이다. 그런 목회자를 보며 교인들은 얼마나 탄식을 할까.

어떤 장로님은 음란 비디오를 끊지 못해 애를 먹은 경우도 있다. 언제나 은혜 속에 살면서도 출장을 가거나 혼자 있을 때는 꼭 음란 비디오를 보는 고약한 습관에 젖어 버린 것이다. 그렇다고 해서 나쁜 죄를 저지르는 건 아니지만 그걸 보는 재미를 떨쳐 버릴 수 없었다고 했다. 그런데 어느 날부터 이상한 일이 벌어졌다. 자신이 호텔에서 음란 비디오를 보는 그 시간이 되면 멀쩡하던 가족들이 아파 난리가 났다. 전화를 통해 갑자기 아이들이 발작을 일으켰다거나 아내가 복통을 일으켰다는 말을 들을 때마다 그 장로님은 '우연이겠거니' 하고 생각했다. 그러면서도 한편으로는 '이상하다. 혹시 내가 음란한 비디오를 보기 때문에 하나님께서 치시는 것은 아닐까?' 라는 생각에 그 다음 출장에서는 일부러 시험을 해보기도 했다. 일단 비디오를 보기 전에 집에 전화를 걸어 누구 아픈 사람은 없는지 확인부터 하고 편안하게 비디오를 본 후 다시 집에 전화를 걸어 보는 것이다. 그런데 영락없이 그 시간에 가족들이 원인 모르게 아파서 구급차를 불렀다는 등의 소식을 듣게 되었다. 하나님의 진노하심의 증거였다.

그런데도 인간의 습관이라는 것이 하루아침에 고쳐지는 게 아니어서 그 장로님은 또다시 비디오를 보았던가 보다. 그런데 이번에는 다 되어 가던 판매 계약이 갑자기 무산되는 일이 벌어지고 말았다. 그때 이분은 결정적으로 하나님의 사인을 눈치 채고는 회개의 눈물을 흘리며 하나님께 용서를 구했다. 그러자 주님께서 이렇게 말씀하셨다고 한다.

"네가 음란한 영화를 보면서 즐길 때 내가 얼마나 통곡하고 있었는지 아느냐? 너는 나의 거룩한 신부가 아니냐?"

그렇다. 우리 모두는 주님의 성결한 신부다. 그 신부가 어떤 모습으로 살아가느냐에 따라 신랑이신 주님을 통곡하게 할 수도, 환하게 웃음 짓게 할 수도 있는 것이다.

우리가 진정으로 하나님을 사랑한다면, 우리의 두 눈도, 우리가 쓰는 손도, 우리의 발도 하나님께 온전히 내어드려야 한다. 말씀 보고 기도하는 게 우리의 낙이 되고, 양 떼를 돌보는 게 우리의 안식이 되어야 한다. 그것이 하늘에 속한 사람들의 삶이다.

어느 책에선가 캠퍼스 사역에 전 생애를 걸었던 분의 이야기를 읽으며 가슴 뭉클한 감동을 받은 적이 있다.

"캠퍼스에서 우리 학생들과 말씀 나누고 전도하고 사역하는 것이 시원한 바다에 발 담그는 것보다 더 재미있었어요. 그게 영적 안식이죠."

물론 우리에게는 충분한 쉼이 필요한 순간이 온다. 그럴 때는 충분히 쉬어 주는 것이 사역을 잘하는 지름길이다. 안식도 사역의 연장인 것이다.

그러나 안식을 위해 죄를 지어선 안 된다. 그리고 사역을 위해 달려갈 힘이 있을 때는 사역 그 자체를 안식으로 느낄 정도로 하나님 나라와 의를 향한 열정이 불타올라야 한다. 그런 삶은 경건한 삶을 살 때만 가능하다. 경건의 삶이 그 생활 속에 정착되어 있으면 사는 수준이 달라진다. 사역의 차원도 다르다. 그 사역 현장은 성령께서 다 알아서 돌봐주시는 은혜와 능력의 사역 현장이 된다. 성령께서 마음껏 일하시는 현장이기 때문이다.

가정이 웃으면 목회도 웃는다

9

...가정

가정에서 천국을 누릴 수 있어야 한다

모든 사람은 나름대로의 소원을 가지고 산다. 그런데 그 많은 소원 가운데는 공통적인 것이 한 가지 있다. 이 세상에 사는 동안 천국을 경험해 보고 싶은 소원이다. 천국이 있다고 믿는 그리스도인들은 말할 것도 없고, 천국이 없다는 사람들조차 천국과 같은 좋은 곳에서 살고 싶어 한다.

그렇다면 천국은 어떤 곳인가? 성경에 의하면 천국은 영원토록 행복한 곳이다. 죽음도 없고 슬픔도 없으며, 아픔도 없고 고통도 없는 곳, 늙고 병들고 쇠하는 일도 전혀 없는 곳이 천국이다. 서로 미워하거나 질투하거나 싸우는 일도 없고 오직 사랑과 기쁨이 넘치는 그 자체가 천국이라고 말씀한다.

그러고 보면 우리가 사는 이 세상은 천국과 반대되는 세상임에는 틀림없는 것 같다. 죽음도 있고 슬픔도 만연하며 아픔과 고통이 가득한 곳, 늙고 병들고 다치고 싸우며 미움과 시기와 분쟁과 질시가 끊일 날이 없다.

그래서 우리에게는 예수님이 필요하다. 예수님을 믿고 영접하여 성령으로 거듭나야만 이 땅에서도 천국을 맛볼 수 있기 때문이다. 그것이 유일한 천국의 길이다.

"내가 진실로 진실로 너희에게 이르노니 내 말을 듣고 또 나 보내신 이를 믿는 자는 영생을 얻었고 심판에 이르지 아니하나니 사망에서 생명으로 옮겼느니라"(요 5:24).

누구든지 예수님을 믿는 사람은 천국에서 영생복락을 누리게 된다는 말씀이다. 이 말씀은 또한 누구든지 예수님을 믿고 하나님의 자녀가 되면 아직 천국에 들어가지 않았어도 하나님 나라를 경험할 수 있다는 뜻이기도 하다. 예수님이 내 심령 안에 있으면 "초막이나 궁궐이나 그 어디나 하늘나라"가 되는 체험을 하게 된다는 것이다.

특별히 하나님은 천국의 모형인 교회와 가정을 세우셔서 이 땅을 사는 동안 우리에게 천국의 기쁨을 누리도록 허락하셨다. 그래서 목회자들은 힘을 다하여 교회 사역을 한다. '어떻게 하면 성도들이 교회에서 천국의 기쁨을 누리게 할 수 있을까?'를 고민하며 밤낮으로 애쓰고 힘쓴다. 성도들을 품고 기도하며 그들의 눈물을 닦아 준다. 그 결과 많은 성도들이 지치고 힘든 모습으로 교회에 와서 힘을 얻고 주님을 만나는 회복의 역사를 경험한다. 완전하지는 않지만 교회 안에서 천국의 기쁨과 소망을 발견하는 일들이 일어난다.

그런데 이상한 것은 교회 안의 천국을 위해 많은 목회자들이 힘쓰고 애쓰는 만큼 가정 안의 천국을 위해서는 그리 힘쓰고 애쓰지 않는다는 사실이다. 교회 안에선 웃지만 가정에 가면 우는 목회자 부부가 너무나 많다. 교회 안에서 "내 탓이오"라며 회개하지만, 가정 안에선 "네 탓이오"라며 원망의 목소리를 높이는 가정이 많다. 왜 이런 일들이 일어나는가?

우리가 가장 힘써야 할 목회지가 어디인지를 놓쳐 버렸기 때문이다.

어느 책에선가 가정에 대해 이렇게 써 놓은 것을 보았다. "가정은 아기의 울음소리와 어머니의 노랫소리가 멋지게 화음을 이루는 곳이요, 따뜻한 심장과 행복한 눈동자가 서로 만나는 곳이다. 상함과 아픔이 싸매지고 기쁨과 슬픔이 나누어지는 곳이요, 어버이가 존경받고 어린이들이 사랑받는 기쁨의 공동체다. 조촐한 식탁일지라도 왕궁이 부럽지 않고 돈도 그다지 위세를 부리지 못하는 곳이요, 사랑이 무엇이며 바른 것이 무엇인지를 아이들이 처음으로 배우는 학교다. 서로에게 관심을 갖고 그 관심을 고맙게 받아들이는 아름다운 곳, 그곳이 바로 가정이다."

가정이 이런 곳이라면 가정만큼 천국의 기쁨을 확실히 누릴 수 있는 곳이 이 세상 어디에 또 있겠는가? 그런데 왜 많은 이들의 가정에선 기쁨보다는 슬픔과 탄식의 소리가 터져 나올까? 특히 목회자의 가정이 천국의 모형을 이루지 못하면 아무리 교회에서 천국의 소리가 난다 해도 목회자의 가슴엔 슬픔과 고통이 고이는 법이다. 가정은 목회자에게 맡겨진 첫 번째 안식처요, 사역지이기에 그곳이 황폐하다면 목회자의 가슴과 심령도 황폐해질 수밖에 없는 것이다.

그래서 목회자의 가정은 더욱 행복해야 한다. 교회에 많은 동역자들이 있지만 가장 중요한 아내의 동역이 없으면 목회가 온전할 수 없고, 교회가 사랑을 외치지만 가정 안에서 사랑이 흐르지 않으면 목회자의 외침은 울리는 꽹과리가 될 수밖에 없다.

따라서 목회자는 가정 안에서야말로 진정한 실천가가 되어야 한다. 성령의 절대주권을 외치면서 가정 안에서는 자신이 군림하려 하고, 먼저 섬길 것을 가르치면서 가족들 사이에서는 섬기라고만 명한다면 이 얼마나 회칠한

무덤과 같은 삶인가!

주님은 진정한 동역이 무엇이고 사랑이 무엇이며 용납이 무엇인지, 주를 대하듯 사람을 대하는 게 무엇이고 오래 참음이 무엇이며 헌신이 무엇인지 가정을 통해 배우기 원하신다. 그래서 우리는 '가정'을 얘기하지 않을 수가 없다. 비로소 우리의 벗은 몸이 가장 진실하게 드러나는 곳이기 때문이다.

가정의 행복지수, 준비된 만큼 높아진다

언제부터인가 우리 집에선 아내가 하던 설거지를 내가 종종 하곤 한다. 아내가 어떤 면에선 나보다 더 바쁘기 때문이다. 내가 입버릇처럼 "당신은 하나님께 크게 쓰임받을 거야"라고 했던 말이 현실이 되었기 때문이다. 밥이야 전기밥솥에 하면 되고 반찬이야 냉장고에 가득하니 필요하면 그때마다 꺼내 먹으면 되니까 문제될 건 하나도 없다. 그래서 아예 아내에게 이런 선언을 해 버렸다.

"여보, 하나님이 당신에게 너무 귀한 일을 시키시기 때문에 나를 위해서 밥하는 데 시간 보내는 게 너무 아까워. 그러니까 이제 부엌에서 해방! 밥 안 해도 좋고, 반찬 안 해도 좋아. 나는 거기에 대해서 절대로 불평하지 않을 테니까 자유해!"

실제로 아내는 내가 끓인 김치찌개도 맛있다며 사모님들끼리 모임을 가질 때 그 김치찌개를 들고 가 나눠 먹은 적도 있었다.

우리는 애정 표현을 하는 데 있어서도 젊은 부부 못지않다. 아내가 설거지하고 있으면 내가 뒤에 가서 꼬옥 안아 주고, 그런 내 모습을 설교 시간에 말하기도 한다. 우리 가정의 이야기를 오픈해서 나누고 가정의 행복이 성도의 삶에서 얼마나 큰 비중을 차지하는지 강조하기 위해서다. 부부 세미나를 할 때는 아예 교인들끼리 애정 표현에 익숙하도록 훈련까지 시킨다. 나 자신이 가정 안에서 많은 기쁨과 활력을 얻기 때문에 성도의 가정 또한 그러기를 바라는 마음에서다.

그런데 이런 우리의 행복지수가 처음부터 높았던 것은 아니었다. 많은 실수와 시행착오 끝에 얻은 열매기에 더욱 값지게 다가올 뿐이다. 가정의 행복 역시 하나님의 은혜가 임해야 이루어지고 이를 위해 남편과 아내가 똑같이 힘쓰고 애써야 된다는 사실을 나는 알지 못했었다. 하나님의 말씀대로 사랑하고 섬기는 곳이 가정이고, 그러기에 목회자의 산 믿음이 증명되는 곳이 가정임을 나는 너무도 몰랐었다.

나는 남편이 아내에게 어떤 존재인지, 서로 다른 두 사람이 만나 어떻게 한 가정을 이루고 사는지 전혀 배운 바도 없었고 관심도 없었다. 아무것도 준비되지 않은 한 남자가 꽃다운 여자를 데려와서 무턱대고 결혼하고 살았으니 아내의 마음고생은 이루 말할 수 없었을 것이다.

목회는 어린 시절부터 준비했지만 그 준비 과정 속에 유독 가정에 대한 준비만은 빠져 있었다.

무엇보다 한평생 하나님의 뜻대로만 살고 싶었고 또 그런 마음의 준비가 되어 있어서 결혼을 망설였는지도 모르겠다. 하나님께서 아프리카로 가라면 가고, 소록도로 가라면 갈 수 있는 그런 마음이어서 사도 바울처럼 혼자 사는 게 더 부담이 없을 것 같았다. 혼자가 아니면 훌쩍 떠날 수도 없을 거라는 생각에 결혼을 자꾸만 미루게 된 것이다. 혹여 결혼을 해야 한다면 나처럼 가난 속에서 고생 많이 하며 자란 여자, 오로지 기도 속에서 소망을 발견하고 주님밖에 모르는 여자, 학벌은 초등학교 정도 나와서 남편의 말이라면 하늘같이 알고 순종할 여자와 결혼할 생각이었다.

그런데 목사 안수를 앞두고 노회에서는 결혼하지 않은 총각에게는 안수를 줄 수 없다고 했다. 어떻게든 빨리 결혼을 해야 했다. 그 시점에서 교수님들과 주변 분들이 여러 규수들을 추천해 주셨다. 그런데 이상하게도 내 마음은 흔들림이 없었다. 그때 교회 여 전도사님이 아내의 사진을 보여 주며 어떠냐고 물어 왔다. 교회 장로님의 따님이었다.

"글쎄요. 뭐 좋죠, 뭐."

그 한마디가 아내와 나의 인생을 바꿔 놓고 말았다. 사진만 보여 줘도 "아직은 아닌 것 같아요"라고 대답하던 내가 웬일로 그때는 "좋다"는 말을 했던 것이다. 그 말이 떨어짐과 동시에 결혼은 일사천리로 진행되었다. 당시 나는 신현교회 부교역자로 섬기고 있었고 아내는 대학생으로, 신현교회 장로님의 귀한 딸이었다. 여 전도사님은 나의 그 말을 장로님께 가서 전했는데 장로님 댁에서는 좋다고 하시면서 "교역자니 소문이 나기 전에 빨리 약혼식을 치르자"는 연락을 보내오셨다.

그렇게 일은 진행되었다. 아버지의 뜻에 떠밀려 너무도 급작스레 약혼식과 결혼식을 치른 아내는 얼마나 황망했을까? 아내는 울고불고 야단이었지만 아버지 말이라면 늘 순종하며 자라왔던 터라 굴복할 수밖에 없었다고 한다. 전혀 마음의 준비도 없이, 그것도 목회자와 결혼식을 올린 것이다. 그때 갑작스레 치러진 우리의 약혼식이 교회에서도 얼마나 화제가 되었는지 모른다. 담임목사님 내외분은 너무도 충격이 커서 밤을 새웠다고 하셨다.

그러나 아무리 충격이 크다 한들 아내와 나만큼 충격에 휩싸인 사람은 없었을 것이다. 우린 둘 다 아무 준비도 없이 결혼부터 치른 사람들이었다. 좌충우돌 갈등이 생길 것은 불을 보듯 뻔한 일이었다.

나의 아내에게도 마음의 아픔이 있었다

결혼식을 치르고 보니 우리 둘은 달라도 너무 달랐다. 나는 가난했지만 아내는 부잣집 딸이었고 나는 서울 사람이었지만 아내는 이북 사람이었다. 나는 목소리가 작고 내성적이지만, 아내는 목소리가 크고 활달하였다. 나는 얼큰한 음식을 좋아하지만 아내는 싱거운 음식을 좋아했다. 나는 매사에 점잖고 꼼꼼한 반면 아내는 매사에 활달하고 덜렁대는 사람이었다.

아, 달라도 이렇게 다를 수가 있을까? 아내의 그런 구김살 없는 성품을 사랑스럽고 예쁘게 봐줬더라면 더없이 좋았을 것을, 그때는 왜 그렇게 '큰일났다'고 생각했는지 모를 일이다. 전통적인 가부장적 사고 때문이었을까, 아니면 자격지심 때문이었을까? 나는 결혼하자마자 '여자는 1주일 안에 꽉 잡아야 한다'는 생각에 사로잡히고 말았다.

그래서 나는 "무조건 칭찬하지 말자. 예쁘다, 맛있다, 잘했다 등의 소리는 하지 말자. 그러면 까불지 못할 것이다"라고 생각하고 그대로 실천했다. 그러니 아내가 얼마나 당황스럽고 외로웠을까? 교회에 가면 그렇게 교인들을 섬기고 사랑하고 목숨까지 내어줄 정도로 살면서 집에만 오면 칭찬 한마디

없으니 그 가슴이 얼마나 답답했을까? 간혹 기분 나쁜 일이 생기면 아예 침묵해 버리는 남편, 그런 남편을 보며 얼마나 가슴이 타 들어갔을까? 후에 들은 얘기지만 그때 길게는 2주 동안 단 한마디도 안 할 때가 있었다고 한다. "오직 주의 일을 하는 게 가장 값진 인생"이라는 아버지의 뜻에 따라 믿음 좋다는 거 하나 믿고 결혼을 했지만 어린 아내에겐 하루하루가 지옥이었을 것이다.

나와 전혀 스타일이 다른 아내를 그 모습 그대로 품고 사랑해 주는 법을 몰랐기에 생긴 일이었다. 나는 하나님이 맡겨 주신 양 떼는 돌볼 줄은 알았지만 이 세상에 단 하나뿐인 나의 배필은 사랑해 줄 줄 몰랐다. 물론 사랑하는 마음도 있었고 좋아하기도 했지만 어떻게 표현하는지 몰랐다. 나는 밥 좀 차려 달라는 소리조차 안 했다. 차려 주면 먹고 안 차려 주면 안 먹었다. 나야 심방 나가서 잘 먹는데 한 끼쯤 안 먹은들 무슨 상관이었겠는가. 내 머릿속에는 온통 사역에 대한 것으로 가득 차 있었다. 새벽기도회에 나가 뜨겁게 기도하고 하루 온종일 심방하며 저녁 늦게 집으로 돌아오는 날들의 반복 속에서 나는 내가 무얼 잘못하고 있는지조차 몰랐다. 하나님께 충성하며 살고 있으니까 그걸로 다 된 줄 알았다. 아내의 얼굴이 어두운 것도, 그 활달하던 모습이 점차 시들어가고 있다는 것도 알지 못했다.

당시를 회상할 때마다 아내는 죽고 싶었다는 말로 그 심경을 고백한다. 쪽지를 써 놓고 도망가려 했다가 포기하고, 17일 동안 아무것도 안 먹고 금식 기도하며 하나님께 매달리기도 했다고 한다. 감사한 것은 그때마다 하나님께선 "네 남편은 하나님의 종이니 순종하며 살라"고 응답해 주셨다는 것이다. 하나님께서 그렇게 응답해 주셨기에 망정이지 안 그랬으면 나는 일찍

감치 홀아비로 살았을지도 모른다.

그런데도 무심한 남편은 아내가 금식 기도를 하는지조차 몰랐다. 오히려 나는 아내가 점점 내 뜻대로 순종하는 것 같아 내심 좋아했다. 그 응답을 받은 뒤로 눈에 띄게 순종적인 아내로 바뀌고 있었기 때문이다. 지금 생각해 보면 아내는 나보다 훨씬 성숙하고 넓은 믿음을 지닌 사람이었다. 믿음으로 양육받으며 자란 사람답게 모든 문제를 주님 안에서 해결하려고 몸부림쳤기 때문이다. 속은 곯아 가고 있으면서도 남편과 자식들을 위해 기도하기를 멈추지 않았고 어떻게든 '믿음의 가정'을 세워 보려고 많은 애를 썼다.

나는 아내의 속을 들여다볼 줄 모르는 단순한 사람이었던 까닭에 그런 아내를 보며 그저 '모든 게 잘 되어 가고 있다'고만 생각했다. 그동안 가난하게 살면서 집안의 온갖 시름을 다 안고 살다가 아내가 마련해 온 살림 덕분에 좋은 이불 덮고 자고, 아내가 아이도 낳아 혼자 잘 양육해 주며, 음식도 척척 해 주니 얼마나 편안한지 몰랐다. 특히 아내는 내가 설교 준비를 할 때는 기도로 동역하는 것을 잊지 않았다. 설교를 준비하는 동안 다른 방에 가서 몇 시간씩 기도해 주고, 내가 작성한 원고를 다른 종이에 깨끗하게 옮겨 적어서 설교할 때 보기 편하도록 해 주었다. 아이들을 낳은 뒤에는 아이들까지 아빠의 설교를 위해 함께 기도하도록 이끌었다. 때로 엄마가 외출할 때면 아이들끼리 모여 찬송하고 기도하는 모습에 내가 눈시울을 적신 적도 있다.

아이를 낳아 기를 때도 새벽에 깨어 칭얼거리면 아내는 얼른 아이를 안고 어둠 속에서 아이를 달래다가 들어오곤 했다. 새벽 기도 가야 할 남편이 잠을 설치면 안 될 줄 알고 홀로 두 아이를 그렇게 키웠던 것이다. 그 사실 역시 나는 나중에야 알았다. 아내가 새벽에 깨어 아이들 젖을 먹이는 것도, 우는 아이를 안고 방 밖으로 나가 혼자 달래는 것도 나는 전혀 몰랐다. 한마디로 나는 장가 잘 들어서 수지맞은 남자였던 것이다.

> 함께 양 떼를 돌보고 사역의 간증을 나누며 함께 기도하며 기뻐하는 것! 그것이 동역이다. 목회 현장은 목사와 사모의 아름다운 동역을 통해 비로소 가장 건강한 목양의 현장이 된다.

그러나 아내 쪽에서 보자면 시집 한번 잘못 가는 바람에 사서 고생하는 꼴이 되었다. 부족함 없이 넉넉하게 살다가 아무것도 없는 가난한 목회자에게 시집 와서 밤낮 빨래며 청소며 남편 심부름에다 임신과 해산의 수고까지 홀로 감당해야 했으니 얼마나 힘들었으랴.

그러나 나는 아내의 마음 한번 어루만져 주지 않았다.

사역자 가정의 함정이 바로 그것이다. "이러이러한 일이 있는데 당신의 기도가 필요해"라며 기도에 동참하도록 해주고, 그래서 함께 성취의 기쁨을 누리도록 해야 했는데 나는 사역에서 아내를 소외시키고 있었다. 아내의 친구가 되어서 아무에게도 털어놓지 못하는 마음속의 이야기를 들어 주는 게 남편의 역할임에도 불구하고 나는 내 이야기조차 하지 않았다.

나는 그때 동역의 참된 의미를 모르고 있었다. 함께 양 떼를 돌보고 사역의 간증을 나누며 함께 기도하며 기뻐하는 것! 그것이 동역이다. 집안에서도 하루 온종일 아내 홀로 아이들을 양육한다 해도 저녁에는 퇴근한 남편에게 "우리 아이가 오늘 이런 행동을 했어요. 어떡하면 좋을까요? 이런 점은 당신의 지도가 필요할 것 같아요"라며 함께 양육의 지혜를 모으는 것이 마땅한 부모의 모습이요, 아름다운 협력이다. 만약 아내 혼자 아이들의 양육권을 다 거머쥐고 남편과 한마디 상의도 안 한 채 홀로 성취의 기쁨을 누린다면 아버지 된 자의 상실감과 고독은 얼마나 크겠는가?

목회 현장도 마찬가지다. 목회 현장은 목사와 사모의 아름다운 동역을 통해 비로소 가장 건강한 목양의 현장이 된다. 나는 그걸 몰랐다. 아내를 그저 밥해 주고 아이들 키워 주는 사람으로만 취급했지 나와 가장 가까이서 동역하는 친구요, 이 세상에 단 하나뿐인 나의 애인임을 잊고 살았다.

만약 나 같으면 그런 여자의 자리에 기꺼이 설 수 있었을까? 아마 그렇게 살라고 했다면 절대로 시집을 안 갔을 것이다. 그런데도 여자들은 고생을 자처하며 결혼을 한다. 왜 그럴까? 그것은 남편의 사랑을 기대하기 때문일 것이다. 여자는 남편의 사랑 안에서 비로소 행복을 느끼고 남자는 아내의 존경 속에서 비로소 안정감을 느끼도록 창조되었기 때문이다. 그래서 성경은 남편 된 자를 향해 "아내를 사랑하라"고 명령하고 있다. 아내를 죽도록 사랑하는 것을 남편의 책임이자 의무로 규정한 것이다.

그런데 나는 그 말씀을 따라 살지 못했다. 그 결과 어떻게 되었을까? 결국 손해는 남자가 보게 되어 있다. 여자를 그렇게 품어 주지 못했으니 밥인들 맛있게 지어 줄 리가 없었다. 아내는 점점 의욕을 잃더니 나중에는 밥을 차려도 고추장 한술과 멸치 몇 마리만 밥상에 덩그러니 올렸다. 그래도 나는 요동함이 없었다. 본래 가난하게 자랐으니 멸치만 올라온다 한들 밥을 못 먹을 이유가 없었다. 그런 남편에게 지쳐 아내는 점점 살림하는 재미를 잃어 갔다. 집안에는 웃음도 없고 기쁨도 없었다. 늘 초상집처럼 조용하고 엄숙했다. 나를 반기는 이도 없고 나를 존경의 시선으로 바라봐 주는 이도 없었다. 결국 아내를 사랑으로 품어 주지 못한 남편은 스스로 손해를 자초한 꼴이 되었다. 아내에게 사랑을 베풀지 않으니 아내로부터 돌아오는 사랑이 없었다.

사랑은 관심이다.

그렇게 신혼 3년은 무심히 흘러갔다. 그러던 어느 날, 나는 '내 생각이 뭔가 잘못된 게 아닌가?' 라는 의문을 가졌다. 단순하디 단순한 나는 '그렇다면 이번에는 작전을 바꿔 봐야겠다' 고 결심했다.

그 결심을 한 날, 나는 결혼 후 처음으로 아내의 어깨를 다독이며 이렇게 말했다.

"힘들지? 오늘 고생 많이 했지?"

아내는 결혼 3년 만에 처음으로 남편의 다정한 목소리를 들은 것이었다. 갑자기 아내의 얼굴에 함박꽃이 피었다. 그리고 그날 저녁, 메뉴가 달라졌다. 날마다 멸치에다 고추장만 올리던 아내가 주인댁에서 묵은 열무김치를 급하게 얻어 와서 식탁에 올린 것이다. 하나 집어먹어 봤더니 너무 시어서 도저히 먹을 수가 없었다. 그러나 나는 "여보, 평생 동안 먹어 본 김치 중에 제일 맛있는 김치 같아"라고 말했다.

식사 후 나는 한마디를 더했다.

"잘 먹었어. 당신 애썼어."

다음날이 되자 아내는 어디서 갑자기 힘이 솟아났는지 어린애 둘을 한꺼번에 데리고 시장에 가서 좋은 배추를 사다가 김치를 담그고, 싱싱한 생선을 사다가 밥상에 올렸다. 천을 떠다가 그 좁은 방 창문에 커튼을 해서 달고, 꽃을 사다 방 한켠에 놓으며, 아이들 옷감을 떠다가 옷을 만들어 입혔다. 아내는 그렇게 여성스럽고 사랑스러운 여자였다. 생기 있는 에너지를 소유한 덕분에 집안 곳곳에 활력을 불어넣었다. 그동안 안에서 숨죽어 있던 아내의 그런 장점이 사랑과 칭찬을 받음과 동시에 밖으로 분출되었던 것이다.

남편인 내가 사랑을 전하자 아내는 그 몇 배로 내게 사랑과 섬김을 주었다. 집안 분위기도 완전히 달라졌다. 이참에 나는 아내에게 이런 말을 했다.

"여보, 셰익스피어가 그러는데 인생은 연극이래. 당신하고 나하고 주인공인 이 가정에서 우리 이제부터 비극은 연출하지 말고 희극만 연출하며 살자. 그래야 우리도 재미있고 보는 사람도 즐겁잖아."

나의 제안에 아내도 새끼손가락을 걸고 약속을 했다. 마침 두 딸이 다른 방에 가 있던 터라 나는 아내를 꼬옥 껴안아 주며 말했다.

"여보! 나는 여태까지 당신처럼 예쁜 사람을 본 적이 없어. 당신은 어쩌면 보면 볼수록 예쁘지?"

그러자 아내도 질 세라 말을 잇는다.

"나는 당신 뒷모습만 봐도 좋아요."

뻔히 연극인 줄 알지만 방금 전에 약속한 희극을 위해 서로 둘이 칭찬을 아끼지 않았다. 이 얼마나 재미있는 일인가. 그 다음부터는 우리 가정에 웃음꽃이 피었다. 무관심에서 관심으로, 무반응에서 칭찬으로 패러다임을 바꾸니 우리의 연극은 비극에서 희극으로 달라졌다. 우리 부부의 사랑은 날마다 해피엔딩이었다.

언젠가 한번은 설거지하는 아내를 보고 다가가 뒤에서 안아 주었다. 그러자 아내는 육중한 몸을 내게 기댔다. 그것도 완전히 힘을 뺀 채. 나는 넘어지지 않으려고 온 힘을 두 다리에 모았다. 아내는 웃으며 물어왔다.

"여보, 나 뚱뚱하지요?"

"아니, 당신은 너무 날씬해."

나에게 더 이상 물어볼 필요가 없다. 내 대답은 언제나 "예쁘다. 날씬하다. 복스럽다" 등으로 귀결되는 까닭이다.

나는 사실 여자에 대해 몰라도 너무 모르는 남자였다. 아마 나뿐만 아니라 많은 교역자들이 여자를 모르기 때문에 가정에서 어려움을 겪는 것 같다. 또한 사역을 하듯 몸과 마음과 정성을 다해 가정을 꾸려가야 한다는 사실을 몰라서 가정을 방치하는 일도 많다.

그래서 우리는 아름다운 가정을 위해 많이 공부하고 준비할 필요가 있다. 사역자는 더욱 그렇다. 사역자의 가정은 오픈되어 있어서 많은 영향력을 끼친다. 그래서 더욱 귀하게 세워져야 한다. 그러려면 여자를 학습할 필요가 있다.

"남편 된 자들아 이와 같이 지식을 따라 너희 아내와 동거하고 저는 더 연약한 그릇이요 또 생명의 은혜를 유업으로 함께 받을 자로 알아 귀히 여기라 이는 너희 기도가 막히지 아니하게 하려 함이라"(벧전 3:7).

이 말씀에서 베드로 사도는 지식을 따라 아내와 동거하라고 했다. 아내를 행복하게 해주려면 여자가 무엇을 좋아하고 싫어하는지, 여자에 대한 지식을 갖추어야 한다는 말이다. 왜 이렇게 여자에 대해 학습하는 수고를 감당해야 할까? 아내는 생명의 은혜를 유업으로 "함께 받을 자"로 어떤 누구보다 "귀한 자"이기 때문이다. 남편이 가장 귀히 여길 자는 바로 아내라는 것이다.

여자는 남자가 귀히 여겨 줄 때 존재 가치를 느낀다. 하나님께서 자신에게 허락하신 무한한 재능과 솜씨도 그 귀히 여김 속에서 유감없이 발휘된다. 반대로 남편이 아내를 귀히 여겨 주지 않으면 아내들은 시든 꽃처럼 마음의 힘과 의욕을 잃어버린다. 남편의 사랑 하나 바라고 결혼해서 그 많은 수고를 감당하는네 남편이 사랑을 주지 않으니 햇살을 받지 못한 꽃처럼 시들게 되어 있다는 것이다.

귀히 여긴다는 게 무엇인가? 아내의 수고를 알아주고 아내의 마음을 알아주는 것이다. 아내의 필요를 알고 채워 주는 것이다.

"여보, 힘들지?"

"여보, 당신에겐 휴식이 필요해. 일주일만 무조건 쉬도록 해. 일주일 동안은 내가 알아서 밥 해먹을 게. 당신은 일주일 휴가라고 생각해."

"여보, 나는 당신 없으면 아무것도 못해. 당신이 나를 위해 조언해 주고 기도해 주니까 이만큼 사역하는 거야. 당신은 우리 집 복덩어리야."

목회자가 강단에서 성도들을 향해 "당신은 예수 그리스도를 믿는 그 순간부터 가장 존귀한 자로 태어나셨습니다"라고 백날 외친들 소용이 없다. 가정에서 아내를 그렇게 존귀한 자로 세워 주지 않는다면 목회자의 강단이 진정한 사랑의 샘이 되고, 용납과 존귀의 샘이 되기는 어려울 것이다. 주의 종들은 말씀을 전하며 그 말씀을 통해 성도의 삶이 온전히 변하기를 바라지만 하나님은 그 말씀대로 사역자의 가정이 먼저 변화되기를 바라고 계실지 모른다. 아마도 그 가정의 변화를 위해 먼저 교역자 자신이 말씀대로 살기를 가장 간절히 바라고 계실 것이다.

가정이 웃으면 목회도 웃는다

내가 이런 얘기를 하면 남편들은 이렇게 되물을 수도 있다.

"나도 사람인데 집에서만이라도 좀 쉬고 싶어요."

"밖에서 그렇게 눈치 보며 하루 종일 피곤하게 살았는데 집안에서까지 마누라 눈치를 봐야 합니까?"

이런 질문을 하는 것은 아내와 사랑을 나누는 게 얼마나 큰 기쁨이요 활력인지를 아직 겪어 보지 못했기 때문이다. 아내의 수고를 덜어 주고 아내를 격려해 주는 것이 또 다른 '일'이 아니라 그 자체가 '안식'이라는 사실을 모르기 때문이다.

가정에서 아내를 존귀한 자로 세워 주지 않는다면 목회자의 강단이 진정한 사랑의 샘이 되고, 용납과 존귀의 샘이 되기는 어려울 것이다.

주의 종들은 말씀을 전하며 그 말씀을 통해 성도의 삶이 온전히 변하기를 바라지만, 하나님은 그 말씀대로 사역자의 가정이 먼저 변화되기를 바라고 계실지 모른다. 아마도 그 가정의 변화를 위해 먼저 교역자 자신이 말씀대로 살기를 가장 간절히 바라고 계실 것이다.

목회자는 말씀을 대하고 기도하는 시간을 어쩔 수 없는 의무로 생각해선 안 된다. 그렇게 되면 말씀과 기도 사역이 언제나 짐으로 다가오기에 능력을 받을 수 없다. 말씀과 기도를 호흡으로 생각하고 "내 기도하는 그 시간 그때가 가장 즐겁다"는 고백과 "주의 말씀 받은 그날 참 기쁘고 즐겁도다"라는 고백으로 살 때 하나님의 능력이 날마다 부어진다. 주님과 호흡하며 동거함을 삶의 체질로 만들 수 있다면 목회 능력을 따로 받지 않아도 된다. 그 자체가 능력이 되어 나타나는 까닭이다.

마찬가지로 남편이 아내를 사랑하는 것을 일로 여긴다면 사랑의 능력이 그 가정 안에 나타날 수가 없다. 사랑하는 것, 격려하는 것, 도와주는 것은 사역이 아니라 기쁨의 근원이다. 생각 자체를 바꾸라는 것이다. 생각 하나를 바꾸면 가정을 천국으로 만들기 위해 따로 노력할 필요가 없다. 그 자체가 천국이 된다.

나는 세계 각지를 돌며 부흥회를 인도하는데 특별히 선교사 가정의 사모님들을 세우는 데 시간을 할애하곤 한다. 사역자 가정, 특별히 선교사 가정의 사모님들의 슬픔과 고통이 내 눈에 많이 들어오는 까닭이다. 우울증에 걸려 날마다 자살을 묵상하며 살지만 할 수 없이 살아가는 사모님들의 그 마음이 얼굴에서 읽혀질 때면 나 역시 안타까운 마음을 금할 수가 없다. 그래서 부흥회를 인도하러 갔다가 부부 세미나를 하고 돌아오는 일이 종종 있다.

어느 선교지에서 있었던 일이다. 그곳에서 선교사님 부부를 보니 목사님은 너무 충만한데 사모님의 얼굴이 완전히 쓰러지기 직전의 얼굴이었다. 내 마음속에서 '이거 큰일이다'는 경고가 울렸다. 이 집회에서는 다른 분보다 그 사모님을 세워 드리라고 나를 부르셨다는 생각이 들었다. 어떤 식으로 그분을 세워 드려야 할지 집회 내내 고민되었다.

집회가 끝난 뒤 마침 선교사님 가정에서 조촐한 파티를 연다고 했다. 각 가정에서 음식을 하나씩 준비해 와서 파티를 연다는 것이다. 그 자리에서 나는 이런 요지의 말씀을 드렸다.

"여러분, 여러분들이 이렇게 함께 모여 교제하고 사랑을 나누는 것은 참좋은 일입니다. 그런데 이 사실을 알아야 해요. 우리가 이렇게 교제의 떡을 나눌 때 한 사람의 희생이 너무 크다는 사실이에요. 사모님이 누굽니까? 사모님도 여자입니다. 여자는요, 누구든지 자기만의 방이 있어야 해요. 피곤하면 가서 이불 뒤집어쓰고 쉴 수 있는 그런 공간 말입니다. 때론 지저분하게 놔둔 채 그냥 쉴 수 있는, 혼자 숨쉴 수 있는 그런 방이 있어야 합니다. 그런데 제가 여기 와서 보고 너무 놀랐어요. 이곳엔 그런 공간이 하나도 없어요. 사모님 홀로 쉴 수 있는 공간이 없어요. 제가 사모님 얼굴을 보니 곧 쓰러지실 것 같아요. 여러분들이 그런 방을 마련해 주시든지 사택을 옮겨드리든지 빨리 조처를 취해 드려야 하지 않겠어요?"

나는 사실 부흥회에서 "목회자를 섬겨라, 이렇게 해드려라" 등의 말을 인위적으로 하는 걸 별로 좋아하지 않는다. 그런데 그때는 너무도 급해 보였다. 아닌 게 아니라 사모님은 지나치게 과다한 사역의 희생양이 되어 있었다. 남편은 양들만 볼 줄 알았지 그 사모님이 점점 쓰러져 가고 있다는 사실은 볼 줄 몰랐다. 선교사님 가정을 들락거리는 사람들은 교인들뿐만이 아니었다. 한국 목회자들의 문제아들까지 다 받아 주는 바람에 그 가정에서 사모님이 돌봐야 할 아이들은 한둘이 아니었다. 간혹 그 아이들이 문제를 일으킬때마다 가슴을 졸이는 사람도 사모님이었다. 이래저래 사모님의 삶은 고단하기 짝이 없었고 어느 누구 하나 사모님의 수고를 어루만져 주지 않았다.

나는 목회자부터 권면했다. "목사님은 주의 일을 한다고 하면서 밖에서 보람도 느끼고 위로도 받지만 사모님은 뭡니까? 밤낮 교인들 드나들고 아이들 돌보고, 게다가 남의 집 아이들까지…. 정작 그 아이들을 돌보는 사람은 목사님이 아니라 사모님이잖아요. 목사님 뜻에 따라 그렇게 아이들을 데려다 놓고 돌보라 하셨으면 사모님의 수고를 어떻게든 덜어 주셔야지요. 여기에는 사모님이 숨쉴 만한 곳이 한 군데도 없다는 거 모르십니까?"

그러자 사모님이 울기 시작했다. 한번 울음이 터지자 그칠 줄을 몰랐다. 설움과 슬픔의 울음이었다. 그 울음은 곧 전염되어 교인들도 따라 울었다. 그리고 그 눈물은 밤새도록 이어졌다. 몇 년 뒤 그 가정을 다시 만났을 때 몰라보게 달라진 사모님의 모습을 볼 수 있었다.

실례가 되는 일이었을지 모르지만 그게 나에게는 사명처럼 따라다니는 것을 어찌하랴. 특히 주의 종의 가정이 힘을 잃고 쓰러져 있는 모습을 보면 어떻게든 세워 드려야 한다는 생각이 떠나질 않는다. 가정이 건강하게 세워져야 길게 봐서는 목회도 건강하게 설 수 있는 까닭이다.

가정 행복의 샘은 믿음!

가정은 목회의 첫 출발지자 도착지다. 목회자 가정에서 사랑과 행복의 소리가 흘러나갈 때 성도의 가정 또한 행복의 샘이 흘러넘친다. 그런데 그 행복은 거저 주어지는 게 아니다. 또한 노력한다고 해서 되는 것도 아니다. 남편이 아무리 아내를 사랑해 준다 해도, 엄마가 아무리 자식 잘되게 하려고 노력한다 해도 노력한 대로 그 열매가 맺히는 게 아니다. 가정의 범사가 잘되려면 궁극적으로 하나님의 은혜가 머물러야 한다.

은혜라는 게 무엇인가? 은혜란 거저 주어지는 선물을 말한다. 우리가 노력하지 않은 부분, 우리가 헤아리지 못하는 부분, 우리가 힘쓰지 못하는 부분까지도 하나님의 사랑으로 채워지고 완성되는 것을 말한다.

자식을 길러 보면 자식은 부모가 키우는 게 아니라 하나님의 은혜로 자란다는 사실을 깨닫게 된다. 부모가 자식을 위해 한 가지를 한다면 하나님은 그 자식을 위해 천 가지 만 가지를 해 주신다. 자식을 위해 엄마는 밥을 짓지만, 그 밥의 재료인 쌀을 위해 하나님은 만 가지가 넘는 은혜를 베푸셔서 쌀한 자루를 우리 가정에 보내 주신다. 때마다 이른 비와 늦은 비로 곡식을 익게 하시고 농부의 손길을 거치게 하셨다가 온갖 유통과정을 거쳐 우리 집에 보내 주시는 것이다. 엄마는 자식에게 "찻길에서 조심해"라고 한마디하고 말지만 많은 차들이 질주하고, 넘어지면 코가 깨지는 이 세상에서 그 아이들을 눈동자처럼 지키시고 교통정리를 하시는 분은 하나님이시다. 아이의 머릿속에, 가슴속에 영적 자산이 쌓이도록 때마다 도전과 은혜로 채워 주시는 분도 하나님이다. 그렇게 고른 하나님의 은혜가 머물 때 아이도 성숙하고 부부도 사랑으로 결속될 수 있다. 가정의 주인이신 하나님을 잘 모셔야만 우리의 행복을 보장받을 수 있다는 뜻이다.

그러므로 하나님의 은혜 안에 거하려면 가족 모두가 믿음 안에 굳게 서야 한다. 믿음으로 살고 믿음으로 가정의 비전을 세워야 한다. 믿음으로 사는 일이 가정의 행복을 이루는 알파요, 오메가인 것이다.

나는 사실 사모 한 사람의 기도는 전 교인의 기도와 맞먹는다고 믿는다. 그만큼 남편을 향한 사모의 기도는 가장 절절하고 애타는 기도다. 그런 면에서 목사가 제일 좋아하는 사모상은 말없이 기도해 주는 사모이고, 제일 싫어하는 사모상은 기도는 안 하고 자꾸 비판만 하는 사모다.

나는 아내를 많이 칭찬한다. 아내 역시 나를 많이 칭찬해 준다. 그럴 때 우리는 서로에 대해 고마움을 느낀다. 그러나 우리 부부가 가장 큰 행복을 느낄 때는 역시 서로를 위해 기도해 줄 때다. 부부가 함께 있는 그 시간이 어떤 부흥회, 어떤 집회보다 은혜로울 때 그야말로 천국을 경험한다. 그때가 가정 안에서 맛볼 수 있는 최상의 기쁨을 맛보는 순간이다. 세상 사람들은 "그렇게 사는 게 뭐가 행복하냐?"고 반문하지만 그렇게 한번 살아 보라. 천국이 그대로 내 가정 안에 옮겨진 것을 체험할 수 있을 것이다. 부부가 기도하면서 서로의 눈물을 닦아 주고 함께 이불을 덮고 자면서 주인 되시는 주님을 이야기하고, 함께 어려움을 나누면서 "우리 기도로 풀자. 하나님께서 하실 일을 기대하자"며 믿음을 고백하는 순간 천국이 지상 위에 연출되는 것이다.

그렇게 온 가족이 믿음으로 사는 모습이 체질화되면 가정이 복 받는 것은 시간 문제다. 하나님 편에서 볼 때 복 주시는 일은 어려운 것이 아니다. 다만 우리가 하나님 말씀대로 살지 못하는 게 어려울 뿐이다. 말씀대로만 살면, 말씀대로 그 가정이 하나님을 주인으로 모시면 하나님께서 다 알아서 복을 내려 주신다.

"이 율법책을 네 입에서 떠나지 말게 하며 주야로 그것을 묵상하여 그 가운데 기록한 대로 다 지켜 행하라 그리하면 네 길이 평탄하게 될 것이라 네가 형통하리라"(수 1:8).

이것이 하나님의 마음이다. 하나님은 어떻게 하면 가정을 복되게 할까 고심하고 계신다. 문제는 주의 종의 가정이 온전히 말씀대로 사랑하고 말씀대로 믿으며 말씀대로 섬기지 않는다는 것이다.

물론 주의 나라와 의를 위해 살다 보면 불가불 가족의 희생이 필요할 때가 있다. 고난이 올 때도 있다. 그러나 그때에도 하나님의 말씀대로 살면 결국 복에 복을 더해 주신다.

나는 우리 둘째아이에게 지금까지도 미안한 게 있다. 우리 세 아이들은 순한 성품을 타고나서 그다지 부모를 애먹인 적이 없었다. 하나님께서 그 성품도 만져 주시고 아이들의 손을 잡고 직접 키워 주셨다. 아이들이 너무 착해서 첫돌 무렵에는 대예배 시간에 혼자 맨 앞줄에 앉아 예배를 드리기도 했다. 엄마는 성가대로 섬기고 아빠는 강단에서 설교해야 했기에 혼자 앉아 예배드리다가 잠들어 버리곤 했다. 아이들 모두가 그렇게 착하게 자랐다.

그런데 언젠가 한 번은 둘째아이에게 손을 댄 적이 있다. 아마 아이가 네댓 살 무렵이었을 것이다. 심방을 가야 하는데 아이가 칭얼거렸다. 떨어지기 싫다는 것이다. 충분히 납득할 수 있도록 설명을 해줬다. "아빠, 엄마는 심방을 가야만 한단다. 잠깐 동안 집에 있어라." 그래도 아이가 울어댔다. 우는 아이를 두고 집 밖을 나섰다. 꼭 가야만 하는 심방이었기에 그렇게라도 가야만 했다.

그러자 이번에는 엄마, 아빠를 따라오며 울었다. 그때 나는 그 어린애를 안고 집 안으로 들어가서 매를 들고 말았다. 아빠의 매는 무섭다. 평소 잘 들지 않기 때문에 한번 아빠가 매를 들었다 하면 아이들은 겁에 질린다. 그렇게 겁에 질린 아이를 두고 나는 심방을 다녀왔다. 그리고 그 사실을 잊고 있었다.

그런데 몇 년 전, 미국에서 공부중인 둘째 딸아이가 엄마와 대화를 나누던 중 그때 이야기를 하며 울더라고 했다. "엄마, 난 그때 생각을 하면 왜 그렇게 눈물이 나오는지 모르겠어요. 아빠가 다 이해되고 그럴 수밖에 없었다는 사실도 아는데 그래도 그렇게 눈물이 나와."

아, 나는 그 이야기를 전해 듣고 얼마나 마음이 찢어졌는지 모른다. 그리고 딸아이를 만났을 때 정식으로 용서를 구했다. 나는 아이들에게 어쩌다 매를 들면 반드시 아이들을 안아 주는 아빠다. 아이에게 상처가 남지 않도록, 아빠의 진짜 마음이 전달될 수 있도록 아이를 꼬옥 끌어안아 주곤 한다. 그런데 그때는 아이에게 매를 들었을 뿐 아니라 한번 안아 주지도 않은 채 아이를 집에 남겨 두고 심방을 가 버린 것이다.

"이 아빠를 용서해 다오. 아빠는 너를 너무나 사랑한단다."

그 후, 아이의 마음속 상처의 뿌리까지 하나님께서 다 치유해 주셨으리라 믿으며 그 아이들을 품고 더욱 기도하는 아버지로 살아가고 있다.

　우리 각 가정에는 이처럼 시행착오와 실수들이 있다. 때로는 아픔의 자국이 선명하게 남아 있는 일들도 많다. 그러나 그럴지라도 이제라도 하나님 말씀대로 사랑하고 하나님 말씀대로 믿음을 따라 살면 하나님은 반드시 주의 종의 가정에 복에 복을 더해 주실 줄 믿는다. 하나님은 오늘도 우리에게 복을 주고 싶어 애가 타시는 분이기 때문이다.

부부는 의지의 대상이 아니라 섬김의 대상이다

남편과 나는 참 다른 체질의 사람이다. 서로가 좋아하는 취향도 다르다. 남편은 조용하고 부드러운 사람을 좋아한다. 그런데 나는 그렇지 못하다. 그러나 남편은 그런 나를 아무 조건 없이 사랑해 준다. 아마 남들이 생각하는 것 이상일 것이다. 마치 예수님처럼 아내를 대하는 남편의 섬김을 보면서 나는 많은 걸 배운다.

남편은 우리의 다른 점이 서로의 부족함을 보완해 주는 좋은 통로가 되었다며 좋아한다. 물론 처음엔 다르다는 사실이 너무 힘들었다. 내가 '어' 하면 남편은 '아'로 받고, 남편이 '아' 하면 나는 '어'로 받았으니 의사소통인들 제대로 이루어질 리 없었다. 더군다나 나는 아버지 뜻에 따라 강제로 결혼한 것이나 다름없었기에 남편과 함께 산다는 게 힘이 들 수밖에 없었다.

그러나 그 모든 것은 나를 연단하시는 하나님의 부르심이었다. 남편은 어린 시절부터 하나님의 종으로 철저하게 준비된 사람이었다. 앉으나 서나 사나 죽으나 하나님만 생각하며 살았다. 생각도 마음도 온통 하나님께 가 있었다. 거룩한 삶을 습관처럼 좇아 살았다.

그러나 나는 그렇지가 못했다. 신앙으로 자랐지만 늘 부모님의 보호 밑에 별다른 고생 없이 컸던 터라 내 믿음의 내공은 그리 견고하지가 못했다. 겉으론 천방지축 말괄량이였지만 내 속은 연약한 갈대와 같았다. 온실 속의 화초였던 것이다.

남편과 결혼한 것은 그래서 처음부터 내겐 연단이었다. 우리는 3년 동안 참으로 힘들게 살았다. 남편은 그 시간을 놓고 나중에 회개했지만, 내 쪽에서 보자면 그 3년은 당신께 가까이 다가서게 하시려는 하나님의 의도적인 부르심이었다. 그때 나는 날마다 기도할 수 있는 교회를 찾아다녔다. 더 이상 살고 싶지 않았기 때문이었다. 오직 기도로 나를 키워 준 친정 부모님께도 내 속마음을 내비칠 수 없었다. 나는 결국 하나님께 부르짖으며 "살려 달라"고 외쳤다. 군목 시절에는 별다르게 섬기는 교회가 없던 터라 동네 교회를 돌다가 문이 닫혀 있으면 두드려서라도 교회 안에 들어가 기도했다. 남편은 가족까지도 내버려둔 채 자신의 목숨을 걸며 주의 사역을 할 사람처럼 보였기에 나는 언제나 절박하게 하나님께 매달릴 수밖에 없었다. 남편은 내가 기댈 수 있는 대상이 아니었기 때문이다. 내가 의지할 대상은 오직 주님밖에 없었다.

남편의 무정함으로 인해 나는 그 3년 간 하나님을 뜨겁게 만났다. 그렇게 절박하게 기도하기 시작하면서 하나님의 음성을 듣기도 하고 성령의 임재를 체험하기도 했다. 하나님께서는 그렇게 나를 한 단계씩 당신께 가까이 다가서도록 하셨다.

3년의 연단 이후 남편의 달라진 모습으로 우리 부부는 행복을 노래했지만 가정사라는 게 어디 단 한 번의 사건으로 달라질 수 있겠는가. 때로는 몸이 아파서, 때로는 남편이나 교인의 말 한마디가 상처가 되어서, 때로는 주님의 요구하심이 너무 벅차서 나는 끙끙 앓기도 했다. 그런데 그런 힘든 일들을 겪을 때마다 주님은 내게 승리의 간증을 안겨 주셨다. 결국은 이 승리의 복된 면류관을 씌워 주시려고 나를 이끌어 가고 계심을 언제부터인가 확신할 수 있었다. 주님은 내 편이고 나의 하나님이셨다. 그래서 나는 몸과 마음과 뜻과 정성을 다해 하나님을 섬기지 않을 수가 없었다. 그렇게 세월이 흐르면서 나도 어느덧 내 남편처럼 경건의 삶을 사모하며 사는 일이 조금은 일상이 되어 가고 있었다. 무엇보다 부잣집 딸로 자란 내가 물질에 연연하지 않게 되었다. 있으면 나누고 싶었고 하나님께 드리고 싶었다. 그런 나를 남편은 언제나 흐뭇한 눈길로 지켜봐 주었다.

그렇다. 남편은 그렇게 나를 흐뭇하게 지켜봐 주는 사람이었다. 기도하라고, 더 섬기라고 다그치거나 몰아세운 적이 한 번도 없었다. 내게 능동적인 열정이 생길 때까지 기다려 줬다. 교육관을 지을 때였던가? "여보, 앞으로 4년 동안 당신이 받아오는 모든 사례비를 모은 액수만큼 주님께 드리기로 작정했어요." 내가 어느 날 성령의 감동을 받아 이렇게 말하자, 남편은 "당신 얼굴이 흥분돼서 빨갛게 됐네"라며 나의 헌신에 박수를 쳐 주었다. 그리고는 한 주도 빠짐없이 부흥회를 인도하고 돌아와 그 사례비를 하나님께 드리곤 했다.

나는 그런 남편으로 인해 하나님께 헌신하는 기쁨, 하나님께 매달리는 기쁨을 한없이 누릴 수 있었다. 만약 내 남편이 나를 다그치고 몰아세웠다면 나는 주님이 인도하시는 대로 순종하며 살아가지 못했을지도 모른다. 그러나 남편은 있는 그대로의 나를 용납해 주고 사랑해 주었다. 격려해 주었다. 그리고 기다려 주었다. 나는 그 기다림 속에서 하나님의 인도하심을 따라 예수님을 만나는 체험과 기도의 능력과 하나님만이 나의 주인 되심을 뼈저리게 경험할 수 있었다.

언젠가 한번은 남편의 몸이 몹시 안 좋아서 걱정을 하고 있었다. 그러던 차에 남편은 여전히 몸 돌볼 생각도 않고 밤 12시, 1시가 되도록 방송 설교를 준비하느라 여념이 없었다. 그때 나는 여느 때처럼 다른 방에서 기도하고 있었는데 그날따라 내 마음속에 슬픔이 밀려왔다. '남편의 몸이 매우 안 좋은 상태인데 혹시나 잘못되지 않을까?' 하는 두려움 때문이었다. 그때 주님께서 내게 찾아오셔서 이렇게 말씀하셨다.

"네가 나를 사랑하느냐?"

그 음성을 듣고 나는 나 자신을 살펴보기 시작했다. 왜 주님께서 그렇게 말씀하시는지 알아야 했기 때문이었다. 곧 숨길 수 없는 내 마음의 진실이 드러났다. 내가 두려웠던 것은 '남편이 잘못되지 않을까?' 하는 생각이 아니라 '남편이 잘못되면 나는 어떻게 살아야 하나?' 하는 마음이었다. 그때 주님께서 다시 말씀하셨다.

"네가 나를 사랑하느냐? 정말 네가 나를 온전히 신뢰하고 사랑하느냐?"

나는 엎드려 주님 앞에서 울기 시작했다.

"하나님 정말 그렇습니다. 저는 정말 하나님을 신뢰하지 않고, 남편으로부터 오는 공급과 남편으로부터 오는 풍요를 신뢰했습니

다. 하나님, 이제는 제가 정말 하나님만을 신뢰하고 하나님만을 사
랑하겠습니다. 어떤 환경에서도 하나님만을 붙들겠습니다."

그 후 나의 그런 고백은 여러 차례 이어졌다. 특히 교통사고로 입
원해 있을 때 하나님께서는 아주 세밀한 음성을 들려주셨다. "일어
나 기도하라"고 말씀하시고는 "내가 너를 이 자리에 심었다"고 말
씀하셨다. 남편도, 아버지도 아니고 바로 하나님께서 나를 이 자리
에 심으셨다는 것이다. 그리고는 나를 향한 하나님의 뜻과 남편을
향한 하나님의 계획을 들려주셨다. 그 계획을 이루시려고 나와 남편
을 한몸 되게 하셨다고 말씀하셨다. 그때 나는 알았다. 우리 부부를
통해 하나님께서 하실 일이 많으시다는 것을. 그 일을 위해 부부는
함께 부름받아 서로 돕고 격려해 주는 존재라는 것을.

그러므로 부부는 기도로 돕는 관계이며 사랑으로 격려하는 관계
다. 서로가 하나님이 부르신 그 사명을 잘 감당할 수 있도록 돕는 배
필로 부름받은 존재다. 따라서 부부는 최선을 다해서 돕되 각각 최
선을 다해서 하나님만 의지해야 한다. 그것이 행복한 가정을 이루는
비결이다. 부부는 섬김의 대상이지 의지의 대상이 아니라는 것이다.

나는 그 후로 남편을 사랑하고 존경하지만 의지할 대상으로 바라
보지 않았다. 남편이 내게 어떻게 말하는지, 교인들이 어떻게 말해
오는지 그것만 바라보고 있다가 한숨 쉬지 않았다. 모든 것을 성령
께 맡긴 채 그저 하나님과 호흡하며 살아가는 기쁨에 집중했다. 그
러자 놀라운 평안과 행복이 우리 가정과 목회 현장에 찾아드는 것을
경험했다.

그러기까지 남편은 나를 언제나 귀하게 여겨 주며 기다려 주었다. 주님 앞에 달려가는 믿음의 경주에서도 나보다 저만치 앞서서 혼자 달려 나간다는 느낌을 주지 않았고 오히려 한 걸음 내 뒤에 서서 나를 지켜봐 주었다.

목회 40여 년. 그동안 나는 남편을 내조한 게 아니었다. 오히려 외조를 받고 있었다. 남편은 내가 하나님께 쓰임받을 수 있도록 끊임없이 나를 돕고 있었다.

교회는 반드시 승리한다

10

..교회

"누가 뭐래도 교회는 이 땅의 소망이다.
이 소망이 있기에 이 나라 이 땅은 미래가 있다."

교회만이 세상의 소망이다

이 세상에는 많은 단체와 조직과 모임이 있다 하지만 교회처럼 소중하고 특별한 단체는 그 어디에도 없다. 교회는 시간과 공간을 초월한다. 옛날 사도 시대로부터 지금에 이르기까지, 그리고 하늘과 땅에 있는 모든 성도들에 이르기까지 우리는 모두 한 교회에 속해 있다. 따라서 교회만큼 큰 단체는 이 우주 어디에도 없다.

특별히 교회는 주님이 목숨을 바치고 피 흘려 세운 곳이기에 더욱 소중하다. 한마디로 교회는 주님의 사랑이 가장 집중되어 나타나는 곳이다. 따라서 교회는 절대로 주님이 외면하실 수 없는 곳이다. 교회는 주님의 몸이고, 주님은 교회의 머리가 되시기(골 1:18) 때문이다. 아무리 공중권세 잡은 사탄의 공격이 심하다 해도 교회는 결국 승리하게 되어 있다. 우리는 승리의 결과를 알고 싸우는 사람인 것이다.

따라서 아무 염려나 걱정을 할 필요가 없다. 우리는 이미 이긴 싸움을 위해 전장에 나선 십자가 용사들이기 때문이다. 이 용사들은 이미 약속된 승리를 위해 하나님의 말씀대로 전장에 나가 싸우기만 하면 된다. 그런데 어떻게 싸우는가의 문제를 해결해야 한다.

"내 안에 거하라 나도 너희 안에 거하리라 가지가 포도나무에 붙어 있지 아니하면 절로 과실을 맺을 수 없음같이 너희도 내 안에 있지 아니하면 그러하리라 나는 포도나무요 너희는 가지니 저가 내 안에 내가 저 안에 있으면 이 사람은 과실을 많이 맺나니 나를 떠나서는 너희가 아무것도 할 수 없음이라 사람이 내 안에 거하지 아니하면 가지처럼 밖에 버리워 말라지나니 사람들이 이것을 모아다가 불에 던져 사르느니라"(요 15:4-6).

주님의 몸 된 교회의 지체인 우리가 어떻게 해야 약속된 승리를 얻을 수 있는지에 대해 잘 보여 주는 말씀이다. 주님을 떠나지 말라는 것이다. 성도는 교회를 떠나지 말라는 것이다. 교회를 떠나면 말라죽을 수밖에 없기 때문이다. 특히 마지막 때일수록 성도는 교회와 더불어 살아야 한다. 죽으나 사나 주님의 몸 된 교회에 붙어 있어야 살아남을 수 있다.

우리는 몸 된 교회의 지체들이다. 지체는 언제나 머리의 지시를 따라 움직여야 정상이다. 머리이신 예수님의 명령에 따라 움직여야 온전한 교회가 된다. 그러나 각 지체가 머리의 명령을 따르지 않을 때 그것은 곧 병들었다는 증거다. 손과 발이 마비되거나 보지 못하거나 듣지 못하는 일은 각 지체가 머리의 신경선과 연결되지 못할 때 벌어지는 일이다. 이 말은 곧 우리 몸은 반드시 머리의 지시대로 하나 되어 움직일 때 제 역할을 할 수 있다는 뜻이다. 그것이 바로 교회다. 이 모습이 있으면 하나님이 약속하신 승리가 반드시 우리의 것이 된다.

그래서 마지막 때일수록 교회는 우리의 소망이다. 우리는 교회를 세워야 한다. 교회를 통해 온전히 한 몸을 이루어 머리 되신 주님을 알려야 한다. 그것이 우리 수영로교회가 세워진 목적이다. 주님과 한 몸을 이루어 주의 사명을 감당하기 위해 30년 전 수영로교회가 세워졌다. 부산과 이 나라와 전 세계에 주의 복음을 전하기 위해 1975년 6월 1일에 수영로교회가 세워진 것이다.

나는 든든한 맏형 같은 목사가 되고 싶다

누가 뭐래도 교회는 이 땅의 소망이다. 이 소망이 있기에 이 나라 이 땅은 미래가 있다. 사탄은 어떻게든 이 소망의 빛을 꺼뜨리려고 우는 사자처럼 공격한다. 그리고 그 공격의 핵심에는 목회자가 있다. 이것이 목회자를 위해 모두가 기도해야 하는 이유다. 목회자 한 사람을 넘어뜨리기 위해 사탄을 섬기는 종교 집단에서는 금식하며 사탄에게 기도한다고 한다. 목회자가 넘어지면 교회가 분열되는 것은 시간 문제이기 때문이다.

나는 40년 동안 목회를 해오면서 언제나 이 사실을 중심에 두고 살았다. 그래서인지 목회자들에 대한 애정과 관심이 언제나 남달랐던 것 같다. 수영로교회 30여 년의 역사를 돌아보며 특별히 목회자들에게 들려주고 싶은 이야기가 많은 것도 그런 까닭이다.

나는 우리 교회를 사랑하고 특별히 우리 교회 목회자들을 사랑한다. 그래서 목회자들부터 하나가 되어야 한다고 생각한다. 성경에는 왜 우리가 이렇게 하나 되어야 하는지에 대해 자세히 나와 있다.

"그러므로 주 안에서 갇힌 내가 너희를 권하노니 너희가 부르심을 입은 부름에 합당하게 행하여 모든 겸손과 온유로 하고 오래 참음으로 사랑 가운데서 서로 용납하고 평안의 매는 줄로 성령의 하나 되게 하신 것을 힘써 지키라 몸이 하나이요 성령이 하나이니 이와 같이 너희가 부르심의 한 소망 안에서 부르심을 입었느

교회는 이 땅의 소망이다. 사탄은 어떻게든 이 소망의 빛을 꺼뜨리려고 우는 사자처럼 공격한다. 그 공격의 핵심에는 목회자가 있다. 이것이 목회자를 위해 모두가 기도해야 하는 이유다.

사탄의 세력은 목회자 한 사람을 넘어뜨리기 위해 부단히 공격한다. 목회자가 넘어지면 교회가 분열되는 것은 시간 문제이기 때문이다.

니라 주도 하나이요 믿음도 하나이요 세례도 하나이요 하나님도 하나이시니 곧 만유의 아버지시라 만유 위에 계시고 만유를 통일하시고 만유 가운데 계시도다"(엡 4:1-6).

이 말씀은 우리가 하나 되어야 하는 이유와 함께 어떻게 하나 될 수 있는지 말해 주고 있다. 겸손하고 온유하며 오래 참고 사랑 가운데서 서로 용납해야 가능한 것이 하나 됨이다. 상대방을 내 뜻에 맞게 뜯어고치려 하는 게 아니라 있는 그대로 겸손과 온유로 받아들일 때 교회는 비로소 하나 될 수 있다는 것이다.

나는 이 사실을 교역자들과의 동역 속에서 깨닫게 되었다.

아마 10년 전쯤이었을 것이다. 교회가 커지면서 부교역자들 숫자가 많아지고 그 만큼 다양한 열심과 충성의 수준으로 담임목사인 나는 속을 태운 일이 있었다. 내 스스로 세운 목회자의 기준에서 볼 때 마음에 드는 사람이 한 사람도 없었다. 사실 나인들 어느 누군가의 마음에 쏙 들 수 있겠는가. 스스로 세운 기준에 비춰 보면 어떤 사람도 100퍼센트 맞지는 않을 것이다. 나는 이 사실을 잊은 채 '목회자가 그렇게 게으르고 나태해서 어떻게 주의 일을 감당할

까? 싶어 애간장이 탔다. 이 문제를 놓고 하나님 앞에 떼를 쓰며 기도했다.

"하나님, 이 교역자들과 함께 일할 수 없습니다. 나와 함께 순교할 수 있는 교역자를 보내 주십시오!"

그러자 주님은 뜻밖의 말씀을 들려주셨다.

"네가 이 부교역자들에게 평생 제일 좋은 형님 밑에서 사역했었다는, 그렇게 기억에 남을 만한 목사가 되어 줄 수 없겠니?"

나는 지금 "이 고약하고 게으른 사람들과 도무지 함께 동역할 수 없다"고 떼를 쓰고 있는데 주님은 "가장 좋은 형님이 되어 주라"고 말씀하고 계셨다. 그 한 번의 주님 음성으로 나의 모든 투정과 불만은 쏘옥 들어가고 말았다.

"주님께서 그리 하라시면 그렇게 하겠습니다."

이 일 이후 나는 수영로교회 목회 동역의 패턴을 완전히 바뀌게 되었다. 나는 곧 모든 교역자들을 불러 모아 이 사건을 그대로 간증하며 아예 선포를 해버렸다.

"이제부터는 여러분들 모두가 이 교회 당회장입니다. 그러니 담임목사 눈치 보지 말고 소신껏 일하세요. 이제 나는 절대로 여러분들의 사역에 간섭하지 않겠습니다. 혹 실수를 하면 그 실수를 막아 주는 방패막이가 되어 드릴 테니 여러분들은 죄를 짓거나 이단으로 끌고 가지만 말고 열심히 사역하세요. 나한테 보고하지도 말고 회의도 가급적 하지 맙시다."

하나님 편에서 보자면 모두가 소중한 주의 종들이었다. 그들의 사역하는 모습이 내 기준에 비춰 보면 때로 게으르고 나태해 보일지라도 하나님이 보시기엔 다를 수 있었다. 하나님 보시기에 결함 사유가 있다면 하나님이 직접 나서서 그들을 변화시키실 것이다.

내 기준에 안 맞아 도무지 동역할 수 없다고 떼쓰는 내게 하나님은 그렇게 사랑 가운데서 용납할 것을 요구하고 계셨다. 그들 모두를 큰형님처럼 품어 주고 받아 주라고 하셨다. 나는 그래서 일부러 회의에도 참석하지 않고 보고도 받지 않았다. 대신 전적으로 믿어 주었다. 그런데 결국 그것이 교회를 하나 되게 했다. 그리고 그 하나 됨 속에서 교회는 놀랍도록 성장의 가속도를 냈다. 부교역자들의 얼굴에 기쁨이 넘치니 교회 전체에 기쁨이 넘쳤다. 그들이 주님 앞에서 성장하니까 교회도 자연스럽게 성장해 갔다.

하나님은 이 사실을 알려 주고 싶어 하셨다. 교회를 섬기는 목회자들이 먼저 사랑 가운데서 용납하고 겸손과 온유로 하나 되어야 교회도 온전히 하나 된다는 사실이다.

그 뒤 한 해 두 해가 지나갈수록 나는 점점 수영로교회 목회 일선에서 손을 떼어 갔다. 이미 나는 40년 전에 목회를 시작한 사람이라 어쩔 수 없이 이 시대의 감각에 뒤쳐지기 때문이다. 이 사실을 아는 까닭에 지금은 설교만 감당할 뿐, 모든 사업과 목회 계획은 수영로교회의 반짝이는 젊은 목회자들이 자발적으로 감당하고 있다. 이 사실이 나는 진심으로 기쁘고 감사하다. 나는 한 해 두 해 나이 들어도 수영로교회는 여전히 젊고 열정적인 목회자들로 인해 젊은 감각을 유지할 수 있기 때문이다.

가장 좋은 것은 아직 오지 않았다

나는 지금껏 하나님 앞에 바라고 소원했던 것들을 대부분 응답 받으며 살았다고 생각한다. 하나님께서 주신 은혜와 복이 그만큼 많았다. 어린 날의 소원대로 목회자가 되게 하셨고 하루가 다르게 성장하는 교회의 모습도 보게 하셨다. 현숙한 아내와 착하게 자란 아이들, 주님의 일을 위해 온전히 순종하며 따라 주는 수영로교회의 사랑하는 성도들, 나보다 훨씬 능력 있고 신실하게 사역을 펼쳐 가는 수영로교회의 목회 동역자들…. 주신 복을 헤아려 보면 나만큼 많은 복을 받은 이도 없을 성싶다.

그런데도 나는 아직 만족할 수 없는 게 하나 남아 있다. 아직 응답되지 않은 주의 약속을 바라보느라 날마다 새벽 제단을 눈물로 적실 수밖에 없다.

'부산 복음화, 민족 복음화, 세계복음화….'

나는 어린 시절부터 이 나라 이 백성들 모두가 예수 믿는 그날을 꿈꿔 왔다. 그리고 부산에서 사역을 시작할 때부터 "내 생전에 부산의 복음화를 이루리라"는 비전을 한 번도 잃어 본 적이 없다. 내 나이 예순넷. 이제 은퇴를 6년 남겨 두고 있다. 그 안에 하나님은 비전을 이루시기 위해 가장 좋은 일을 내게 보여 주실 것이다. 나는 여전히 가장 좋은 것은 아직 오지 않았음을 믿기에 부산 복음화, 민족 복음화, 세계 복음화의 꿈을 놓을 수가 없다.

이러한 꿈을 위해 우리 교회는 개척 초기부터 지금까지 세계 선교에 전심전력을 기울이며 달려왔다. 당연한 일이다. 어떤 면에서 교회는 선교를 위해 존재한다. 그러기에 교회가 선교를 위해 전심전력한다고 해서 자랑할 것은 하나도 없다. 사도 바울은 이에 대해 이렇게 말씀하고 있다.

"내가 복음을 전할지라도 자랑할 것이 없음은 내가 부득불 할 일임이라 만일 복음을 전하지 아니하면 내게 화가 있을 것임이로다"(고전 9:16).

선교 사역은 부득불 해야 하는 일이며, 하지 않으면 화가 있다고까지 했다. 이 말씀을 뒷받침해 주는 말씀이 에스겔서다.

"인자야 내가 너를 이스라엘 족속의 파수꾼으로 세웠으니 너는 내 입의 말을 듣고 나를 대신하여 그들을 깨우치라 가령 내가 악인에게 말하기를 너는 꼭 죽으리라 할 때에 네가 깨우치지 아니하거나 말로 악인에게 일러서 그 악한 길을 떠나 생명을 구원케 하지 아니하면 그 악인은 그 죄악 중에서 죽으려니와 내가 그 피 값을 네 손에서 찾을 것이고 네가 악인을 깨우치되 그가 그 악한 마음과 악한 행위에서 돌이키지 아니하면 그는 그 죄악 중에서 죽으려니와 너는 네 생명을 보존하리라"(겔 3:17-19).

이미 부름받은 우리는 하나님의 파수꾼이다. 파수꾼은 죄에 대해서는 하나님의 심판을, 의와 진리에 대해서는 하나님의 축복을 선포하는 삶을 살아야 한다. 그렇게 선포하는 사역이 바로 복음 전파의 사역이다. 하나님의 복음을 있는 그대로 선포할 책임이 우리에게 있다는 것이다. 따라서 우리는 반드시 모든 족속을 제자로 삼아 이 세상이 하나님의 복음으로 정복되도록 복음을 들고 땅 끝까지 가야만 한다. 이를 위해 수영로교회는 5천 명 선교사 파송 및 후원을 목표로 선교 전략을 세우며 기도를 모으고 있다.

그러나 이 비전을 이루는 것 역시 우리의 힘으로 되는 것은 아니다. 오직 성령의 역사로만 가능하다. 선교에 전심전력한다 한들 자랑할 것이 없는 진짜 이유가 이것이다.

하나님은 이 사실을 알리시기 위해 당신의 일을 할 때면 항상 부족한 사람들을 들어 쓰셨다. 사마리아 수가 성 사람들을 구원할 때도 하나님은 어떤 자를 쓰셨는가? 과거에 남편이 다섯이나 있었고 지금도 남편이 아닌 사람과 살고 있는 도저히 얼굴을 들고 밖에 다닐 수 없는 부끄러운 여인을 들어 쓰셨다. 우리 생각으로는 도저히 납득되지 않는 일이지만, 우리 힘이 아닌 성령의 힘으로 된다는 사실을 그토록 보여주시고 싶은 것이다.

그래서 하나님은 오늘도 부족한 자들을 찾으신다. 그런 자들을 통해 성령의 역사를 펼치신다.

"형제들아 너희를 부르심을 보라 육체를 따라 지혜 있는 자가 많지 아니하며 능한 자가 많지 아니하며 문벌 좋은 자가 많지 아니하도다 그러나 하나님께서 세상의 미련한 것들을 택하사 지혜 있는 자들을 부끄럽게 하려 하시고 세상의 약한 것들을 택하사 강한 것들을 부끄럽게 하려 하시며 하나님께서 세상의 천한 것들과 멸시받는 것들과 없는 것들을 택하사 있는 것들을 폐하려 하시나니 이는 아무 육체라도 하나님 앞에서 자랑하지 못하게 하려 하심이라"(고전 1:26-29).

하나님의 위대한 역사인 세계 선교의 사역은 이처럼 세상에 내세울 것 없는 사람, 하나님의 은혜 외에는 아무 소망이 없는 사람, 하나님의 능력을 받아야만 달려갈 수 있는 사람, 그런 작은 자들을 통해 이루어질 것이다. 지금까지의 세계 역사가 이를 증명해 준다.

1956년 1월 2일에 피튼 선교사라는 사람은 자기 아내에게 긴급 전보를 쳤다고 한다.

"흥분한 인디언들이 몰려오고 있어요. 기도해 주세요."

이튿날 구조대원과 가족들이 현장에 도착했을 때 현장에는 피튼을 비롯한 다섯 명의 선교사들이 모두 피살된 채 죽어 있었다. 인디언들에게 복음을 전하려다가 순교한 것이다. 20대의 젊은 선교사 부인들은 남편들의 시체를 끌어안고 목놓아 울었다. 이제 그녀들은 남편 없는 가련한 과부가 된 것이다.

그러나 그렇게 연약한 자들에게 성령이 임하자 어떤 일이 벌어졌을까? 그 아내들은 하나같이 "남편이 이루지 못한 과업을 우리가 완수하리라"는 비장한 결심을 안고 인디언들이 살고 있는 마을 아우카로 들어가 살면서 복음을 전했다. 그 결과 40년이 지난 지금 그 마을은 완전히 예수 믿는 마을이 되었다고 한다. 더욱 놀라운 것은 선교사들을 죽이는 데 가담했던 다섯 명의 마을 사람들이 모두 다 그리스도인이 되었다는 사실이다.

하나님의 역사가 이런 것이다. 하나님은 이처럼 연약한 자를 들어 하나님 나라의 주역으로 사용하길 기뻐하신다. 주님은 내가 연약할수록 더욱 귀히 여기사 높은 보좌 위에서 낮은 나를 주목하여 보시며 그분의 능력으로 채워 주길 원하신다. 그렇게 연약한 자에게 성령이 임하면 무디처럼 세계적인 부흥사로 쓰임받을 수 있고, 산동네 작은 개척 교회라도 성령이 임하면 그 교회를 통해 이 나라 이 민족이 복음화 될 수 있는 것이다.

나는 이 사실을 믿기에 점점 늙어 갈수록 기대치가 높아져 간다. 세월이 흐르고 육체의 기력이 쇠하면 쇠해질수록 하나님께서 나를 통해 이루실 세계 복음화의 꿈을 더 크게 갖게 되는 것이다. 나는 약해져 가지만 주님은 강하시기 때문이다.

주저앉아 있는가? 그렇다면 이제라도 주님을 붙들기 바란다. 교회를 붙들기 바란다. 가장 부족하고 연약한 나를 통해 하나님의 가장 강한 능력을 나타내 보이실 것이다. 우리를 통해 반드시 승전가를 부르게 하실 것이다. 우리는 하나님의 교회이고 교회는 반드시 승리하게 되어 있기 때문이다.